pendo pocket

Zu diesem Buch

Soll die Bundesrepublik Deutschland mit einem zentralen Mahnmal der Ermordung der europäischen Juden gedenken? Diese Frage wird seit Jahren in der deutschen Öffentlichkeit intensiv diskutiert. Dabei geht es um Formen des angemessenen Gedenkens und Erinnerns, aber auch um die Identität der deutschen Nation ein halbes Jahrhundert nach dem Holocaust. Die Dokumentation vereinigt 32 zentrale Diskussionsbeiträge aus den letzten vier Jahren. Dabei kommen Befürworter wie Gegner der derzeitigen Konzeption zu Wort. Autoren sind u. a. Henryk M. Broder, Tilmann Buddensieg, György Konrád, Reinhart Koselleck, Christian Meier und Julius H. Schoeps.

Michael S. Cullen, geboren 1939 in New York, Bauhistoriker und Autor zahlreicher Bücher über den Reichstag, das Brandenburger Tor und den Berliner Städtebau. 1971 machte er Christo und Jeanne-Claude den Vorschlag, das Reichstagsgebäude zu verpacken.

DAS HOLOCAUST-MAHNMAL

Dokumentation einer Debatte

Herausgegeben von Michael S. Cullen

Pendo Zürich München

pendo pocket 19
2. Auflage

Umschlagentwurf: Federico Luci
Satz: Satz für Satz. Barbara Reischmann, Leutkirch
Druck und Bindung:
Clausen & Bosse, Leck
Printed in Germany
ISBN 3-85842-519-2

Inhalt

Vorwort

Daß der Mensch von Natur aus ein »vergessendes Lebewesen« ist, war schon den alten Griechen bewußt. Ohne die Fähigkeit zu vergessen, wäre die Komplexität unserer Lebensumstände kaum zu bewältigen und kein humanes Leben möglich. Das gleiche gilt aber auch für den Gegenpol, für die Fähigkeit, das Bedeutungsvolle im Gedächtnis zu bewahren. Der heilenden Kraft des Vergessens steht die ermöglichende Kraft des Andenkens und Erinnerns gegenüber. Das hat uns inbesondere das 20. Jahrhundert mit seinen totalitären Diktaturen gezeigt. Es gibt historische Ereignisse und Handlungen, die nicht vergessen werden dürfen.

Für uns Deutsche ist es eine Pflicht, die Erinnerung an die Inhumanität des nationalsozialistischen Schreckensregimes zu bewahren – um unseretwillen, um unserer Zukunft willen.

Wenn wir heute die Würde der Person, ihre Freiheit und ihre Menschenrechte dauerhaft festigen wollen, ist es unerläßlich, über den persönlichen Bereich hinaus im gemeinschaftlichen Gedenken die Erinnerung an die Barbarei nationalsozialistischer Herrschaft lebendig zu halten. Sie ist eine der wichtigen Ursprungsquellen in der Bundesrepublik Deutschland für die Mobilisierung jener Kräfte, die die Humanität des gesellschaftlichen Miteinanders verbürgen. Es gibt keine kollektive Schuld, aber das heißt nicht, daß die Katastrophe von 1933 bis 1945 im kollektiven Gedächtnis der Deutschen getilgt werden dürfte. In ihm muß vielmehr unser fester Wille aufbewahrt sein, nie wieder eine solche schreckliche Diktatur, in welcher Form auch immer, zuzulassen. Es ist deswegen die Aufgabe der jetzigen wie der künftigen Generationen, durch die Übernahme der politischen Haftung Verantwortung für die Vergangenheit zu übernehmen und das Bewußtsein für die von einem deutschen Staat begangene Unmenschlichkeit wach zu halten. Die Sorge um die Erinnerung darf deswegen keine lästige Trauer sein und schon gar nicht in formeller Ritualisierung erstarren. Vielmehr bedarf sie immer wieder neuer Anstöße und Formen, um sie lebendig zu erhalten.

Daß dieses nicht leicht ist und oft zu heftigen Kontroversen führt, haben die letzten Jahrzehnte gezeigt. In den Diskussionen um die Goldhagen-Thesen zu den Deutschen als »Hitlers willige Vollstrecker«, zur Wehrmachtsausstellung oder zur Entschädigung der Opfer des Nationalsozialismus und der Zwangsarbeiter wird dies bis heute deutlich. Das gilt auch für das Für und Wider um das geplante Holocaust-Mahnmal in Berlin. Konsens für alle Beteiligten ist, daß wir Erinnerung festhalten und sichtbar machen müssen: an Gedenktagen, durch Mahnstätten, mittels Dokumentationen in Wort und Bild. Aber brauchen wir auch eine zentrale Gedenkstätte, ein zentrales Holocaust-Mahnmal? Können wir dadurch öffentlich in einer angemessenen Form an das eigentlich Unfaßbare erinnern? Bedarf es für dieses Gedenken einer materiellen Dinglichkeit oder wäre es sinnvoller, auf die Kraft der Erinnerung vor allem durch geistige Auseinandersetzung zu bauen? Kann es überdies gelingen, Gedenken mit ästhetischen Kriterien zu verbinden, kann Kunst einen angemessenen Ausdruck für die Erinnerung an Rassenwahn und Völkermord finden? Und wenn ja, ist dann die konkrete Monstrosität des Holocaust ästhetisch faßbar? Gerade weil es kein Monopol für das richtige, korrekte Gedenken gibt, weder moralisch noch politisch noch künstlerisch, ist eine nachhaltige Diskussion über diese Frage unausweichlich und sinnvoll.

Es ist ein Stück Selbstaufklärung der Gesellschaft, wenn sie öffentlich darüber diskutiert, wie sie mit der Vergangenheit, mit der Erinnerung an die Zeiten der Inhumanität und Menschenverachtung, der Diskriminierung und des Genozids, umgehen kann und will. Gerade deswegen gehört diese Debatte um das geplante Holocaust-Mahnmal auch in unser Parlament. Der Deutsche Bundestag ist das Forum der Nation, an dem die wichtigen Fragen aufgenommen und verhandelt werden. Es gilt zu klären und zu entscheiden, was mit einem solchen Mahnmal ausgesagt und wie dieses vermittelt werden kann. Die Parlamentarierinnen und Parlamentarier werden dies nicht isoliert tun. Ihre Auseinandersetzung ist jetzt und auch in Zukunft Teil des öffentlichen Diskurses zu dieser Frage. Die öffentliche Kontroverse, das Pro und Contra der Meinungen, ist das Lebenselixier unserer Demokratie. Deshalb ist es gut, wenn der Denkmalsstreit nicht nur von einzelnen Politikern, Intellektuellen oder Architekten geführt wird, sondern so viele Bürger wie möglich erreicht und einbezieht.

Das vorliegende Buch gibt einen guten, facettenreichen Überblick über den Stand der bisherigen Argumente im Dafür und Dagegen. Es stellt die bisher geäußerte Kritik an Verfahren, dem Ort, der Zeit, der Ausführung und an den Entwürfen vor und ermöglicht so eine rationale Klärung und Urteilsbildung. Es kann deshalb in Hinblick auf das geplante zentrale Holocaust-Mahnmal zu einer Diskussion beitragen, die in der Formung des öffentlichen Bewußtseins selber ein gewichtiger Teil intellektuell-moralischer Erinnerungsarbeit ist, auf die ein

Mahnmal zielen muß. Um der Freiheit willen haben wir Sorge dafür zu tragen, was wir in unserem kollektiven Gedächtnis behalten wollen und mit welchen Formen dieses angemessen geschehen kann.

Wolfgang Thierse
Präsident des Deutschen Bundestags

Einleitung

Gegen die Monopolisierung des Gedenkens

Nur die fanatischen Befürworter eines Mahnmals um jeden Preis werden behaupten, dieses Buch sei überflüssig. Von ihnen gibt es Sätze wie: »Es ist alles gesagt worden, jetzt muß gehandelt werden.« Als bekannt wurde, der neu gewählte Bundestag würde sich der Frage des Mahnmals annehmen, gab es ähnliche Stimmen. Die Debatte solle gleich am 9. November, dem 60. Jahrestag der sogenannten »Reichskristallnacht«, stattfinden oder jedenfalls innerhalb der ersten 100 Tage. Wer es so eilig hat, glaubt offenbar, die Volksvertreter, von denen etwa 200 neu im Bundestag sind, müßten sich nicht informieren, um sich eine Meinung zu bilden. Diejenigen, die dankenswerterweise die Diskussion angestiftet haben, sind paradoxerweise ihre größten Gegner. Sie propagieren ein Mahnmal, das doch gerade zur Toleranz anstiften sollte, und sind selbst von Intoleranz geschlagen. Sie haben versucht, das Gedenken zu monopolisieren. Unentschlossene wurden zu Kritikern, Kritiker zu Gegnern abgestempelt.

Diese Kluft zwischen Wort und Tat hat Heinrich Heine in »Deutschland – ein Wintermärchen« so charakterisiert: »Ich kenne die Weise, ich kenne den Text, / ich kenn' auch die Herren Verfasser; / Ich weiß, sie tranken heimlich Wein / und predigten öffentlich Wasser.« Diese Kluft – man will ein Denkmal für die Opfer eines ungeheuerlichen Verbrechens aus Intoleranz, und ist dabei so intolerant, wie nur möglich – ist vielleicht der Grund, weshalb die Diskussion so geriet, daß nicht einmal die federführenden Politiker einen anderen Ausweg sahen, als die Entscheidung für oder gegen ein Mahnmal von Peter Eisenman unweit des Brandenburger Tores bis nach den Bundestagswahlen zu verschieben. Thomas Jefferson wußte, worauf es ankommt: Intolerant war er nur gegen die Intoleranz selber.

Ich hatte seinerzeit als erster öffentlich die Meinung vertreten, die Entscheidung über das Mahnmal sei Sache des Souveräns, des deutschen Volkes, vertreten durch den Bundestag. Mit dem Vorschlag, der Bundestag möge entscheiden, erntete ich meist Kopfschütteln, mit zwei gegensätzlichen Begründungen. Die Befürworter des Mahnmals befürchteten, der Bundestag werde den Plan begraben; die Gegner befürchteten, er werde seine Einrichtung beschließen. Etwas mehr Vertrauen in die Entscheidungskompetenz unserer Volksvertreter wäre wünschenswert.

Manche, wie die ehemalige Bundestagspräsidentin Rita Süssmuth, sprechen mit Stolz davon, daß der Bundestag über das Holocaust-Mahnmal bereits debattiert hat. Das ist richtig, nur das war im Mai 1996, ein Jahr nach Bekanntmachung der Ergebnisse des ersten Wettbewerbs, eindreiviertel Jahre nach der Ablehnung des erstplazierten Entwurfs durch Kohl und Bubis. Der Plenarsaal war damals höchstens zu einem Drittel besetzt; der Bundestag war nur ein passiver Beobachter, der sich nur unverbindlich zur Arbeit des Preisgerichts äußerte.

Als ich Anfang 1997 den Kolloquien beiwohnte, merkte ich bald, daß die Auslober – Bund, Senat von Berlin und Förderverein – nicht wirklich neue Meinungen und Ratschläge hören wollten. Den Teilnehmern waren vorab folgende Prämissen mitgeteilt worden: a) das Mahnmal wird gebaut, b) die einzige Opfergruppe werden »die ermordeten Juden Europas« sein, c) der Bauplatz steht nicht zur Disposition, d) die Bausumme von 15 Millionen DM steht fest und e) die Grundsteinlegung wird am 27. Januar 1999 stattfinden. Viele prominente Teilnehmer waren über die Art der Anhörung sehr enttäuscht. Wozu lädt man uns ein, so fragten sich viele, wenn alles schon feststeht? Ich schrieb damals im »Tagesspiegel«, die Auslober hätten ihr Anliegen »an die Wand gefahren« und stellte die Frage nach ihrer Legitimation.

Wenig später behauptete der Berliner Kultursenator Peter Radunski, es werde keinen neuen Wettbewerb geben, man werde aber alternative Standortvorschläge und auch sonst konstruktive Vorschläge prüfen. Sechs Wochen darauf lobte Radunski, unter Beibehaltung des Standortes, einen neuen Wettbewerb aus, den er verschämt »engeres Auswahlverfahren« nannte. Es kam, wie es kommen mußte. Die Entscheidung in diesem Wettbewerb reduzierte sich auf Machtworte von Helmut Kohl, Lea Rosh und Eberhard Diepgen. Als dann im August 1998 die Entscheidung auf die Zeit nach den Bundestagswahlen vertagt wurde, beschloß ich, diese Sammlung von Stellungnahmen herauszugeben.

Es ist eine Genugtuung, daß die neue Bundesregierung das Thema mit offenem Visier, mit der erforderlichen Transparenz angeht. Im Koalitionsvertrag vom 20. Oktober 1998 heißt es: *»Die neue Bundesregierung wird sich an der breiten und offenen Diskussion in der Gesellschaft über das Denkmal für die ermordeten Juden Europas beteiligen. Die Entscheidung über das Denkmal auf dem vorgesehenen Ort in Berlin wird der Deutsche Bundestag treffen.«*

Wenige Tage später, in seiner Regierungserklärung, sagte

Bundeskanzler Schröder: *»Über das geplante Holocaust-Mahnmal in Berlin wird nicht per Exekutivbeschluß entschieden, sondern – unter Berücksichtigung der breiten öffentlichen Debatte – hier im Bundestag. Wir sind sicher, daß wir dabei eine würdige Lösung finden werden, die in ein Gesamtkonzept der Gedenkstättenarbeit in Deutschland eingebettet werden wird.«* Wieder die »breite öffentliche Debatte«, wieder der »Vertrag zu Lasten Dritter«, aber auch die wohltuende Betonung, daß man nicht *par ordre de mufti*, nicht per Exekutivbeschluß, sondern im Plenum des Bundestages entscheidet.

Schließlich sagte der neue Staatsminister für Kulturelle Angelegenheiten, Michael Naumann in seiner Jungfernrede im Deutschen Bundestag am 12. November 1998: *»Das Parlament ist der repräsentative Souverän. Darum ist es richtig, daß in einer symbolisch so wesentlichen Frage wie derjenigen des geplanten Holocaust-Mahnmals die Abgeordneten des deutschen Volkes das letzte Wort haben werden. Alle diejenigen, die eine feste Meinung in dieser ernsten Angelegenheit hegen, bitte ich, sich mit moralischen Urteilen über jene zurückzuhalten, die unentschieden oder anderer Überzeugung sind. Zur Debatte steht doch nicht das Gedenken an den millionenfachen Mord an Europas Juden, sondern vielmehr der ästhetische Gestus der Erinnerung an seine buchstäbliche Unbeschreiblichkeit. Eiferndes Insistieren auf eigenen Positionen ist der Sache nicht angemessen. Es gibt kein Monopol des Trauerns oder des korrekten Gedenkens; wohl aber gibt es die Pflicht, nicht zu vergessen, was Furchtbares einmal geschehen ist.«* Der Bundestag, der laut Koalitionsvertrag der neuen Regierung jetzt die Entscheidung treffen soll, soll Gelegenheit zu einer übersichtlichen Information haben.

Der Bundestag wird keine leichte Aufgabe haben. Er muß vieles entscheiden, ob, wie und wo mit einem zentralen Mahnmal des Holocaust gedacht wird und welche Opfergruppen berücksichtigt werden sollen. Er muß gegebenenfalls eine neue Kommission beauftragen, neue Hearings veranstalten, einen neuen Wettbewerb ausloben und womöglich eine Stiftung ins Leben rufen zur Pflege und Betreuung des Mahnmals. Mit einer Debatte ist es nicht getan.

Bis zum Redaktionsschluß für diese Publikation hatte ich fünf prall gefüllte Aktenordner mit schätzungsweise 1500 Artikeln gesammelt. Daraus eine Auswahl von 32 Beiträgen zu treffen war nicht einfach. Es bedurfte mehrerer Durchgänge. Ausgeschlossen wurden von vornherein Interviews, die sieben Newsletters von Peter Conradi und Artikel, die sich auf reine Berichterstattung beschränken. Wichtig erschienen mir vor allem die Beiträge, in denen die grundsätzlichen Fragen offen diskutiert wurden.

Ein früher Wegbegleiter von Lea Rosh fragte, warum so viele Kritiker, warum so viel von Salomon Korn, warum nicht auch die Rede von Martin Walser. Ganz einfach: Korn ist nicht in erster Linie gegen die Sache, sondern gegen die Form – Verfahren, Eisenman-Entwurf – und für ein Grundstück in Sichtweite des Reichstagsgebäudes; er war Denkmalbeauftragter des Zentralrats der Juden und hat zum Thema genug, und genug Gescheites, geschrieben, um ein eigenständiges Buch zu rechtfertigen. Und Walsers Rede ist nicht dabei, weil sie sich nicht in erster Linie mit dem Holocaust-Mahnmal befaßt und weil sie die Inklusion zwanzig anderer, teils brillanter Antworten und Inschutznahmen erfordert hätte – ein anderes Buch. Diejenigen, die ihren Diskussionsbeitrag vermissen, werden die Auswahl vielleicht kritisieren. Doch alle Autoren und Herausgeber unterliegen dem gleichen Diktum wie Architekten und Baumeister: »Wer will bauen an der Straß', muß die Leute reden laß'.«

Denkmäler und Mahnmale sagen mehr aus über die Menschen, die sie errichten, als über die Zwecke und Menschen, für die sie errichtet werden. Doch vielen kann die Entscheidung für das Mahnmal nicht schnell genug gehen; sie sind von einer unproduktiven Ungeduld erfaßt, die das Gegenteil dessen bewirkt, was sie erreichen will.

»Gut' Ding will Weile haben«, sagt ein altes deutsches Sprichwort. Und wenn Bücher ihr Schicksal haben, so verhält es sich ähnlich mit Monumenten. Zwischen der ersten Idee für ein Denkmal für George Washington 1783, dem Beschluß es zu bauen und seiner Einweihung vergingen 101 Jahre; zwischen Jeffersons Todestag und der Einweihung des Jefferson-Memorials vergingen sogar 117 Jahre. Dagegen stehen bzw. standen die »Schnellschüsse« der Denkmalsgeschichte: für noch lebende Autokraten wie für Lenin und Stalin, für den noch jungen US-Basketballstar Michael Jordan (einen Basketball dribbelnd) in Chicago. Auf dem Burgberg in Bad Harzburg steht ein lächerliches Zeugnis einer allzu raschen Entscheidung: das Canossadenkmal, für Bismarcks »Nichtgehen nach Canossa« – ein Denkmal für etwas, was nicht geschah. In seinem Beitrag für das dritte Kolloquium im April 1997 riet der US-Mahnmals-Experte James E. Young zu mehr Gelassenheit im Umgang mit dem Thema; die Diskussion ist ein unverzichtbarer Bestandteil eines Denkmals.

Ich bin mir sicher, daß es ein Mahnmal geben wird; ich bin aber nicht sicher, daß ich oder Lea Rosh es erleben werden, auch nicht, daß es auf dem dafür ausgesuchten Grundstück errichtet oder daß es ausschließlich »den ermordeten Juden Europas« gewidmet sein wird. Das mag man persönlich bedauern, für die Sache muß es aber nicht von Nachteil sein.

Dank an die vielen, die ja sagten, deren Aufsätze dennoch nicht aufgenommen werden konnten; sehr bedaure ich, daß zwei weitere Beiträge von Koselleck, einer von Gabi Dolff-Bonekämper und einer von James E. Young nicht dabei sind; aber das Buch konnte nicht dicker werden, ohne in eine andere Preiskategorie zu gelangen.

Noch mehr hätte ich zu sagen, aber das Buch muß in Ihre Hände, lieber Leser, gelangen. So schließe ich mit dem Satz eines klugen Franzosen: »Man beendet niemals seine Bücher, man setzt sie aus ...«

Michael S. Cullen, Volkstrauertag 1998

Walter Grasskamp

Die Behaglichkeit des Gedenkens

Zu Beginn der siebziger Jahre machte der Fluxus-Künstler Robert Filliou einen bemerkenswerten Vorschlag: »Länder, die heute an einen Krieg denken, werden aufgefordert zu erwägen, vorher und anstatt eines Krieges ihre Kriegerdenkmäler auszutauschen.« Die aparte Idee, Kriegstote gegen die Kriegstreiber ins Feld zu führen, war bislang zwar nicht erfolgreich, aber sie bleibt aufschlußreich. Sie karikiert nämlich auch die schlechte Angewohnheit, immer nur der *eigenen* Kriegstoten zu gedenken. Erst wenn man ein Brüsseler Denkmal in Köln und ein hamburgisches in Paris aufgestellt hätte, ein amerikanisches in Hanoi und ein vietnamesisches in Washington, wären die Kriege, an die sie erinnern sollen, wirklich zu Ende gewesen. Denn solange sie nur den eigenen Opfern gewidmet sind, markieren Kriegerdenkmäler die Frontverläufe noch im Reich der Toten.

Die einst übliche Ausschließlichkeit des Gedenkens hat sich freilich schon nach den Weltkriegen gelockert. Legionen von Soldaten, die auf fremden Territorien gefallen waren, wurden dort nach Kriegsende ehrenvoll bestattet, als habe sich die Neutralität des Roten Kreuzes von den Verletzten auch auf die Gefallenen ausgedehnt. Auf Soldatenfriedhöfen liegen diese ruhenden Heere, britische Soldaten in Deutschland, deutsche in Rußland, in der Marschordnung eines endlosen Stillstands, von weißen Kreuzen in schier unerträglicher mathematischer Präzision skandiert. In dieser Ökumene der Toten, welche die Uneinigkeit gekostet hatte, wurde die europäische Einigung der Lebenden vorbereitet.

Gerade in Deutschland lastete der Druck einer Entnationalisierung des Gedenkens auf den einschlägigen Unternehmungen. Das Land der Kriegsverursacher hätte seiner Toten auch nicht selbstgefällig gedenken können, ohne komplett unbelehrbar zu erscheinen. Noch ungewöhnlicher als die vormals unvorstellbare Großzügigkeit, die Toten der *anderen* Seite ins Gedenken einzuschließen, sind freilich die Gedenkstätten für Opfer, die nicht für Deutschland gefallen, sondern in diesem Land entrechtet, verfolgt, gequält und ermordet wurden. Die Mahnmale für die Opfer des Nationalsozialismus dürften ein Novum in der Geschichte sein, denn wann und wo wäre es sonst üblich gewesen, solche Monumente der Schuld zu errichten? Kein Mahnmal kündet in den Metropolen der ehemaligen Kolonialherren, in Madrid oder London, Amsterdam oder Lissabon, von den weitab begangenen Greueltaten des Imperialismus; der Völkermord an den Armeniern wird auf dem Territorium, auf dem er stattfand, bis heute geleugnet; die versuchte und beinahe erfolgreiche Ausrottung der Indianer hat Hollywood in mehr als einem Film beschönigt, wenn nicht gerechtfertigt.

Man hat hierzulande erst nach einer historischen Schrecksekunde damit begonnen, der verstoßenen Landsleute zu gedenken. Außerhalb der abgelegenen Orte des Terrors, der einstigen Konzentrationslager, sind im Westen lange Zeit kaum Mahnmale für jene zu finden gewesen, die aus rassischen, politischen, religiösen und gesundheitlichen Gründen oder aus solchen der sexuellen Vorlieben vom SS-Staat entrechtet, terrorisiert und umgebracht worden waren. In der DDR florierte das Gedenken früher, weil man es in einen Gründungsmythos umfunktionalisieren konnte, der aber seine Lücken besaß. Erst die Überraschung durch die deutsche Wiedervereinigung hat diese Schrecksekunde abgeschlossen. Seither gedeihen die Mahnmale und die Debatten über ihren Sinn. Welchen Sinn haben sie?

Mahnmale sind die Silvesterschwüre der Gesellschaft. Mit ihnen nimmt sie sich demonstrativ vor, ihre üblichen Schandtaten nicht zu wiederholen. Und in der Geschichte ist Silvester immer dann, wenn es unverhältnismäßig viele Tote gegeben hat. Gibt es nur verhältnismäßig viele Tote, geht man zur Tagesordnung über: Wie alle anderen historischen Zahlen wird auch die der Opfer, die nötig sind, um ein Mahnmal zu provozieren, immer größer.

Wie die Glaubwürdigkeit des Silvesterschwurs bleibt auch die des Mahnmals dubios: Es feiert die gute Absicht, ohne verhindern zu können, daß die schlechte Gewohnheit einmal obsiegen wird. Im Gegensatz zum Silvesterschwur, bei dem Urheber und Vollstrecker identisch sind, ist das Gedenken allerdings von einer existentiellen Arbeitsteilung geprägt: Es setzt Tote voraus, gelingt aber nur Überlebenden, die sich selber dabei – bis auf die Kleiderordnung – demonstrativ keine Aufmerksamkeit schenken, doch durchaus welche verdienen.

Denn was mögen die Toten von ihnen denken? Glauben sie ein Wort von den Reden, die in ihrem Namen gehalten werden, einer Miene der Betroffenheit, die für sie aufgesetzt, einer Phrase, die für sie in Stein gemeißelt wird? Oder hegen sie den Verdacht, daß die Überlebenden sich nur auf ihre Kosten spreizen wollen, insgeheim von der Sorge umgetrieben, selber nicht so drastisch zu Tode zu kommen wie jene, deren sie gedenken?

Wenn auch erstaunlich viele sich ermächtigt fühlen, im Namen der Toten zu sprechen, kann darüber wohl niemand Auskunft geben.

Für das Errichten von Mahnmalen sind Überlebende allerdings unverzichtbar, jedoch gehört es zum guten Ton, von diesem Platzvorteil kein Aufhebens zu machen. Vielmehr tut man so zerknirscht, als sei es peinlich, überlebt zu haben, als könne man sich diesen Triumph nur unter der Maske der Betroffenheit gestatten, als laste eine unbegreifliche Schuld auf allen, die nicht auch schon tot sind. Ist es vorstellbar geworden, sich aus Protest zu verbrennen, und hat sich mancher unter der Last der Erinnerungen schon das Leben genommen, so stirbt freilich niemand aus Anlaß des Gedenkens.

Man stellt sich nur tot. Die Gedenkminute, in der die Arbeit niedergelegt wird oder der Straßenverkehr ruht, sie sind, wie die Andachtsstarre nach der Kranzniederlegung, symbolische Imitationen des Todes. Aber zur Schande aller, die am Mahnmal ihre Kränze abliefern, läßt das Ritual auch die Sehnsucht erkennen, die Erinnerung delegieren zu können, und sei es nur an die Kranzbinde, die man zurechtrückt wie ein Sofakissen der Betroffenheit. Aufgeklärte Europäer haben sich gerne über die Gebetsmühlen und Gebetsfahnen asiatischer Religionen lustig gemacht, weil die Gläubigen annehmen, die Umdrehung der Mühle und der Wind, der das Fähnchen bewegt, trügen die Gebete stets aufs neue zu den Göttern. Aber was sind die Kränze, die in unentwegter Bringschuld an Mahnmalen abgelegt werden, die Zapfenstreiche und getragenen Reden, wenn nicht groteske Gesten ins Leere, Visitenkarten für die Toten, Spendenkonten des historischen Schuldbewußtseins? Mit seinem Essay »Der Überlebende«, der Teil seines Buches über »Masse und Macht« ist, hat Elias Canetti die rituelle Selbsterniedrigung der Überlebenden konterkariert. Hat man diesen Essay gelesen, traut man Mahnmalen nur noch in Grenzen.

Denn es ist auch Erleichterung, die Mahnmale so attraktiv macht, eine uneingestandene Erleichterung darüber, daß man zu den Überlebenden gehört, die Opfer in sicherer historischer Distanz weiß, beste Absichten kundtun und ein Zeichen für die Zukunft setzen kann. Mahnmale haben Züge eines Abwehrzaubers, sie sind apotropäische Zeichen, von der Befürchtung genährt, daß das Unglück mit größerer Wahrscheinlichkeit wiederkehrt als das Glück. Ihre Ambivalenz gipfelt in der feierlichen Organisation der Erkenntnis, um wieviel angenehmer es ist, der Opfer zu gedenken, als ihnen zu Lebzeiten zu helfen. Wer mag schon Opfer? Sie jammern und bluten, sind schmutzig, stinken womöglich, stellen Forderungen und machen nur Scherereien.

Durch solche Ambivalenzen wird der Sinn eines Mahnmals allerdings nicht angetastet, es setzt sie vielmehr als bekannt voraus. Seine erklärte Funktion ist schließlich eine rein symbolische. Politik braucht solche Symbole, das mag wahr sein, aber man muß sie immer wieder daran hindern, sich in ihnen zu erschöpfen. Mahnmale können jedenfalls nichts dafür, daß sie meist so fehlplaziert und hilflos wirken. Denn sie sollen einen Mangel kompensieren, dem in Wahrheit nicht abzuhelfen ist: Es gibt keine öffentliche Erinnerung. Die veranstaltete Erinnerung, die *mémoire forcée*, setzt ein Organ voraus, das nicht existiert; die repräsentative Leistung eines Mahnmals ist daher in der Regel ebenso gering wie seine präventive Kraft. Der Erinnerungshaushalt der Gesellschaft kristalisiert sich erfahrungsgemäß nicht an solchen weiterhin sichtbar gesetzten Zeichen. Es spricht vielmehr einiges für die Auffassung, daß Mahnmale (wie Kunst im öffentlichen Raum überhaupt) nur so lange wahrgenommen werden, wie sie umstritten sind. Aber schon der Streit überschätzt ihre mögliche Wirkung.

Wenn es eine öffentliche Erinnerung nicht gibt, muß man sie simulieren, und das können nur die Medien, allen voran der Film: Er macht aus dem Gedenken einen Akt der Erinnerung, indem er den Opfern Gesichter gibt und dem historischen Geschehen eine drückende narrative Dauer, die zauberische Plausibilität eines Alptraums. Nur in der Fiktion können die Toten die Lebenden am Schopf packen und so kräftig durchschütteln, daß sie sich an der Autobiographie festhalten müssen, die sie lesen, oder verdrückt und verheult aus den Kinos schleichen. Freilich fingiert die Fiktion die Erinnerung und wird daher angreifbar für die ästhetische Kritik. Die Auseinandersetzung um »Schindlers Liste« hat nahezu alle Argumente pro und kontra versammelt, aber niemand kann sie ohne ästhetische Orthodoxie entscheiden.

Diese Debatte wurde auch deswegen so nachdrücklich geführt, weil die Kritiker genau wußten, daß dieser Film, anders als ein Mahnmal, auch dann noch wirksam sein wird, wenn er gar nicht mehr umstritten ist. Aber selbst ein so packender Film wie »Schindlers Liste« kann nicht darüber hinwegtäuschen, daß das Gedenken, trotz aller einschlägigen Bekräftigungen, immer nur ein historisches Pausenzeichen ist, ein Intermezzo des Alltags. Es steht in einer fragwürdigen Wechselbeziehung zum Lebensgenuß, dessen eigentliche Würze es ist, und bekräftigt die simple Erkenntnis, daß die Tagesordnung der Geschichte stets die der Überlebenden bleibt.

Und die streiten sich gerne über das *richtige* Gedenken. Die Auseinandersetzung um die Berliner Gedenkfeier zum 20. Juli 1994 hat dies ebenso bewiesen wie die Debatte um die Neue Wache oder die Diskussion um ein separates Mahnmal für jüdische Opfer des Nationalsozialismus. Es ist eben nicht so einfach mit dem Gedenken. Freilich dürfte man einem Mahnmal für die Opfer der noch unlängst so genannten jüngsten deutschen Geschichte auch nicht trauen, wenn es allgemein akzeptiert würde: Wenn es niemanden stört, hat es versagt. Aber wenn es auf Widerstand trifft, ist dieser noch kein Indiz für seine Funktionstüchtigkeit. Und erst recht erscheint nicht jeder Streit legitim.

So darf man die Entscheidung, ob man dafür oder dagegen ist, daß die mißhandelten, totgeschlagenen, erschossenen und vergasten Juden ein separates Mahnmal erhalten und die Nachfahren anderer »Zielgruppen« des Naziterrors, *divide et memora*, sich jeweils um ihr eigenes zu kümmern haben, vielleicht als eine der größeren moralischen Zumutungen der Nachkriegszeit betrachten. Daß diese Frage sich kaum vernünftig diskutieren ließ, liegt nicht an jenen, die sie aufgeworfen haben, eher daran, daß sie nicht schon längst entschieden war. Jetzt ist sie eine perfekte Zwickmühle der Moral. So gerät, wer sich gegen ein solches Denkmal wendet, schnell in Verdacht, sich auch gegen die wenden zu wollen, derer gedacht werden soll. Dabei könnte man in der Zuspitzung, ob Juden und Zigeuner getrennte Mahnmale erhalten sollen, eher ein weiteres Ablenkungsmanöver behaglicher Vergangenheitsbewältigung erblicken, denn solange keine Stadt sich traut, auch die Homosexuellen, die Zeugen Jehovas, die Kommunisten und die Behinderten, das ganze eigentümliche Spektrum der tödlichen Ausgrenzung des Nationalsozialismus, ausdrücklich in das Gedenken einzubeziehen, setzt sich das Elend der Diskriminierung der Opfer fort wie der Krieg im Kriegerdenkmal. Man hätte all diesen Debatten daher etwas von der liberalen Gelassenheit und Großzügigkeit der Fluxus-Idee Fillious gewünscht.

Es gibt, wie die Neue Wache mit der postumen Dienstverpflichtung von Käthe Kollwitz gezeigt hat, nur ein Mittel, das über die allfälligen Peinlichkeiten des Gedenkens hinwegzuhelfen verspricht, nämlich die Kunst. Da sie den Ewigkeitswert schon als Gattungsausstattung mitbringt, läßt sich die *mémoire forcée* an sie besser delegieren als an die Medien. Auch wenn die Medien effektivere Agenten der Veranschaulichung und Vergegenwärtigung sind, genießt die Kunst das höhere Ansehen: die Medien erinnern nur, die Kunst aber gedenkt.

Doch das Ansehensgefälle zwischen Photographien, Dokumentarfilmen und Büchern, denen man nur pädagogische Beiträge zur Gedächtnisbildung zutraut, und der Kunst, die für die gehobenen Pathosformeln gut ist, scheint obsolet. Ohne die breite Thematisierung der Naziverbrechen in Schulbüchern, wissenschaftlichen Abhandlungen, Photobänden, Fernsehserien und Filmen wären die oftmals bilderlosen Mahnmale, aber auch die bildhaften überhaupt nicht lesbar. Man braucht daher nicht so zu tun, als hinge es allein und vor allem von Mahnmalen ab, wie man mit den Toten umgeht.

Ohnehin fördern Mahnmale eine dubiose Sakralisierung des Gedenkens, scheinheilige Töne und Posen, in denen man eine nachträgliche Dramatisierung erkennt, die sich weit von der historischen Wirklichkeit des Geschehens zu entfernen vermag, dessen sie zu gedenken vorgibt. Es handelt sich um eine negative Heroisierung des Elends, wie sie sich nicht nur in der Form, sondern auch in der Sprache des Gedenkens niederschlägt. So darf man die Redeweise von den *Opfern des Nationalsozialismus* schon deswegen für verlogen halten, weil der Nationalsozialismus nicht eines Morgens aufgestanden ist und beschlossen hat, ein paar Juden zu erschlagen, sondern weil es Leute waren wie du und ich. Vor allem aber ist die Rede von den *Opfern* ein unerträglicher Euphemismus. Die pseudosakrale Formulierung entschärft genau die moderne »Banalität des Bösen« (Hannah Arendt), die viel grausiger ist als jedes archaische Menschenopfer.

Gegen die Amalgamierung von sprachlichen und formalen Gedenkfloskeln hilft die Kunst nur selten, denn es gehört zu ihren unausgesprochenen Aufgaben, dieses Entlastungspathos zu unterstützen. Nicht zufällig konnte sich daher als Ausweg aus der Alternative *Kunst oder Medien* die *Gedenkstätte* qualifizieren, die museale Ausstellung, audiovisuelle Medien sowie künstlerische und architektonische Pathosformel kombiniert. Mit Skepsis betrachtet dagegen mancher die aktuellen Ausschreibungen und Planungssitzungen für künstlerische Mahnmale: Wo so viel guter Wille im Raum ist, kommt Kunst leicht von Wollen.

Lange hat man eine ästhetische Reflexion vermissen müssen, welche diese Skepsis ernst nahm. Die modernen Künstler suchten zunächst einen Ausweg in der pathetischen Bilderlosigkeit abstrakter Zeichen, mit denen etwa Gropius und Mies van der Rohe der Opfer von Revolution und Weltkrieg, Robert Motherwell derer des Spanischen Bürgerkriegs gedenken wollten; in hermetischen Farbräumen, mit denen jüdische Künstler wie Mark Rothko, Ad Reinhardt oder Barnett Newman auch auf den *Holocaust* reagierten. In dem ebenso zynischen wie klarsichtigen Künstlerroman »Blaubart« hat Kurt Vonnegut die ausweglose artistische Ratlosigkeit dargestellt, welche Künstler angesichts der Überforderung durch das Thema des Genozids befallen muß.

Niemand hätte daher darauf gewettet, daß sich diese Skepsis in der Sprache des Mahnmals selber artikulieren ließe, bis es dann Jochen Gerz zweimal hintereinander bewiesen hat.

Aufgefordert, in Hamburg-Harburg ein Mahnmal »gegen Faschismus, Krieg, Gewalt, für Frieden und Menschenrechte« zu errichten, entwickelte er, zusammen mit Esther Shalev-Gerz, 1984 eine bleiummantelte Stele, auf der jeder Passant seinen Namenszug im Sinne einer Unterschriftenliste anbringen konnte. Weil auch rassistische Parolen, triviale Grafitti und banale Kritzeleien angebracht wurden, wurde es ein Denkmal, das den Zustand der Gesellschaft zurückspiegelte, in der es aufgestellt wurde, statt ihn, wie üblich, zu überhöhen. So ist das Denkmal in Hamburg-Harburg wohl das erste Mahnmal der Geschichte, das nicht besser sein will als die Gesellschaft, die es aufstellt. (Damit war auch die Peinlichkeit des allzu gut gemeinten Auftrags der Bezirksversammlung Harburg austariert, der Gut und Böse in der ergreifenden Vollständigkeit umriß, die schon dem Wahlspruch *Pro bonum, contra malum* der unvergessenen Satirebeilage *Welt im Spiegel* anhaftete.)

Noch mit einem anderen Kunstgriff wurde die Überhöhung verhindert. Immer dann, wenn die Bleistele in der gesamten Reichweite der Fußgänger beschriftet war, wurde sie ein Stück weiter in den Boden abgesenkt. So bekräftigte sie das Fazit von Jochen und Esther Gerz, daß nichts »auf Dauer an unserer Stelle sich gegen das Unrecht erheben« kann. Nach der endgültigen Absenkung belegt nun ein Buch das kurze überirdische Leben dieses Mahnmals.

Völlig unsichtbar ist das zweite Mahnmal, das Jochen Gerz mit Studenten auf dem Schloßplatz in Saarbrücken geschaffen hat: Auf der Unterseite von über zweitausend der unzähligen Pflastersteine wurden die Namen jüdischer Friedhöfe in Deutschland angebracht, zunächst heimlich, dann offen. Der Schloßplatz dient dem Markt genauso wie dem Fest, dem Feilschen wie dem Tanzen, dem Feiertag wie dem Alltag. So wird dieses Mahnmal unerträglich, weil seine Bestandteile nicht identifizierbar sind – welche Steine sollte die beflissene Pietät des Fußgängers meiden? Durch seine Diskretion stellt dieses unsichtbare Mahnmal eine skandalöse Verbindung von Alltag und Gedenken her, die alle anderen Mahnmale kappen. Es ist eigentlich nur ein vandalensicheres Gerücht, aber dem Passanten kann es unter den Sohlen brennen.

DIE ZEIT, 18.11.1994

Salomon Korn

In der Schieflage

Nachtrag zum Denkmal für die ermordeten Juden Europas

Der Wettbewerb um die Gestaltung eines »Denkmals für die ermordeten Juden Europas«, das in Berlin, südlich des Brandenburger Tores, auf einem 20000 Quadratmeter großen Grundstück entstehen soll, ist entschieden. Die Entscheidung des Preisgerichts, zwei Arbeiten mit einem ersten Preis auszuzeichnen, ist nicht das Ergebnis von Ratlosigkeit, sondern spiegelt die Bandbreite unterschiedlicher Auffassungen innerhalb der Jury wider. Der »ehrliche Kompromiß« verweist aber gleichzeitig auf ein Dilemma, vor dem alle bisherigen Gestaltungswettbewerbe standen, die sich mit Mahn- und Gedenkstätten für die Opfer des nationalsozialistischen Völkermordes in den industriell betriebenen Vernichtungslagern auseinandergesetzt haben.

Was in diesen Hohlräumen der Zivilisation geschah, kann nicht mit Mitteln einer Kunst dargestellt werden, die ihre Wurzeln außerhalb dieser Hohlräume hat. Daher bleibt die einzig gültige künstlerische Darstellung des nationalsozialistischen Zivilisationsbruches ausgeschlossen. Bestenfalls kann man sich von vielen Seiten her annehmbaren Lösungen nähern und darüber zu einem lückenhaften Lösungsmosaik gelangen.

Beide mit dem ersten Preis ausgezeichneten Wettbewerbsarbeiten sind solch herausragende Mosaiksteine aus einem notwendigerweise unvollständig bleibenden Bild. So unbefriedigend dies auch sein mag, so tröstlich ist es: Man stelle sich vor, es gelänge einem Künstler vom Range eines Michelangelo, ein »Holocaust«-Mahnmal zu schaffen, das bei jedem Betrachter ein bis in die Tiefen seiner Seele hinabreichendes »erkennendes Erschrecken« auslöste. Dies käme einer Erlösung von dunklen Bildern, Ahnungen und Ängsten nahe, die allesamt durch ein solches Mahnmal festumrissene Gestalt erhielten und damit in ihm gebunden, wenn nicht gar gebannt wären. Weitere notwendige Auseinandersetzungen mit einem quälenden Thema könnten gemildert werden, wenn ein solches Mahnmal, einem Götzenbild gleich, einen Teil des freischwebenden Seelenpotentials aus der Erblast des Nationalsozialismus an sich binden könnte.

Vermutlich ist dies ein Grund, warum fünfzig Jahre nach Ende des Zweiten Weltkriegs der Wunsch nach Errichtung eines »Denkmals für die ermordeten Juden Europas« sich konkretisiert. Es scheint kein Zufall, daß er im Zuge der deutschen Vereinigung an Schubkraft gewonnen hat. Ein neues Kapitel deutscher Geschichte mit einer alten, nicht tilgbaren Schuld aus der Zeit des Nationalsozialismus zu eröffnen bleibt belastend. Wenn aber diese historische Schuld schon nicht getilgt werden kann, dann sollte sie – so der heimliche Wunsch – nach Art des Delegationsprinzips zumindest in Denkmälern gebannt werden.

Wer zentrale Mahnmale oder »Holocaust«-Museen in Deutschland fordert, sollte wissen, worauf er sich möglicherweise einläßt. Dies ist weder eine Absage an die Errichtung von Mahn- und Gedenkstätten noch ein Plädoyer, anstelle von künstlerischen Darstellungen des Gedenkens an den nationalsozialistischen Völkermord allein die authentischen Orte der

Vernichtung als Mahnstätten gelten zu lassen. Es ist ein Appell, sich in den Ansprüchen an das, was Mahn- und Gedenkstätten zu leisten vermögen, eher zu bescheiden und die notwendige geistige Auseinandersetzung mit den Folgen des Nationalsozialismus weder an Denkmäler noch an authentische Orte der Vernichtung zu delegieren.

Das Grundstück, auf dem das »Denkmal für die ermordeten Juden Europas« entstehen soll, ist ein authentischer Ort. Hier, in den ehemaligen »Ministergärten«, kreuzen sich die Schnittlinien deutscher Geschichte – Brandenburger Tor, Goethe-Denkmal, Reichskanzlei, Führerbunker, Berliner Mauer. Dennoch läßt sich darüber streiten, ob dies die bestmögliche Wahl für ein solches »Denkmal« war. Ein besserer Standort wäre sicherlich einer gegenüber oder in unmittelbarer Nachbarschaft der Neuen Wache, der zentralen Mahn- und Gedenkstätte der Bundesrepublik Deutschland, gewesen. Das Gegenüber der beiden Male hätte ein Spannungsverhältnis hergestellt, aus dem heraus die Janusköpfigkeit preußischer Tugenden in der deutschen Geschichte erkennbar geworden wäre. Was Preußens Größe und Deutschlands Geschichte maßgeblich geprägt hat, ermöglichte schließlich auch das reibungslose Funktionieren nationalsozialistischer Vernichtungslager.

Ob das Grundstück südlich des Brandenburger Tors zur zukünftigen offiziellen »Protokollstrecke« aller ausländischen Staatsgäste zählt, wird sich zeigen. Während der Standort für das »Denkmal« unwiderruflich feststeht, gilt dies weder für die Finanzierung des »Denkmals« noch für die Entscheidung, welcher der beiden preisgekrönten Entwürfe verwirklicht werden soll:

Beide unterscheiden sich grundlegend voneinander. Christine Jackob-Marks, Hella Rolfes, Hans Scheib und Reinhard

Stange (Berlin) sehen eine riesige stilisierte »Grabplatte« aus Beton vor. Auf der geneigten Fläche sollen die Namen aller von Nationalsozialisten ermordeten Juden eingraviert werden. Der Entwurf von Simon Ungers (Köln) bietet eine auf vier Stützen ruhende 85 mal 85 Meter große Stahlskulptur aus sechs Meter hoch liegenden Doppel-T-Trägern. Von einem erhöhten Platzniveau aus soll man die in die Stahlträger perforierten Namen der nationalsozialistischen Vernichtungslager lesen können.

Beide Entwürfe zeichnen sich durch hohe künstlerische Qualität aus. Dennoch wirft die »Grabplatte« der Berliner Künstlergruppe Fragen auf. Zu prüfen ist, ob die millionenfache Reihung von Namenschriftzügen nicht schließlich zu jenem Eindruck von Anonymität führt, die man durch individualisierende Opfernamen gerade zu vermeiden sucht. Eine geneigte Platte hat nicht schon durch ihre Schieflage spezifisch etwas mit dem nationalsozialistischen Völkermord an den Juden zu tun; sie könnte für alle Übel einer aus den Fugen geratenen Welt stehen. Schließlich bleibt offen, ob bei einer Verwirklichung die im kleinen Modellmaßstab überschaubare »Grabplatte« in der Realität überhaupt noch als solche wahrgenommen werden kann. Das ausgeführte Projekt könnte unversehens Walter Benjamins Aphorismus bestätigen, wonach das Werk die Totenmaske der Konzeption ist.

Die Qualität von Simon Ungers' Entwurf zeigt sich sowohl in der Fernwirkung als auch im Nahbereich seiner Stahlskulptur. Von überall her sind die Namen der Vernichtungslager wie Menetekel zu lesen. Bei Sonneneinstrahlung werden die durch die Stahlträger perforierten Namen der Vernichtungslager auf die umgebende Platzfläche projiziert und werfen dann ihre »negativen« Schatten auf den Boden der ehemaligen Reichshauptstadt und heutigen Hauptstadt der Bundesrepublik Deutschland. In den hohen Doppel-T-Trägern sind Eisenbahnschienen erkennbar – Metapher für den endlosen Schienentransport von Häftlingen in die Vernichtungslager. Im Inneren der Stahlskulptur wird ein optischer Bezug zwischen den Namen der Vernichtungslager und den Orten hergestellt, von denen einst der Befehl zur Vernichtung des europäischen Judentums ausgegangen ist. Die Ausrichtung des quadratischen Grundrisses ist so gewählt, daß sie quer zu allen Grundstücksgrenzen und Gebäudewänden der angrenzenden Baublöcke steht – ein bei aller Monumentalität subtiler, bemerkenswerter Entwurf.

Spätestens mit dem Umzug von Regierung und Bundestag nach Berlin soll das »Denkmal für die ermordeten Juden Europas« verwirklicht sein. Dann wird sich zeigen, ob es, wie seine Kritiker vortragen, fünfzig Jahre zu spät kommt oder, wie seine Befürworter meinen, für kommende Generationen im vereinten Deutschland noch rechtzeitig in der deutschen Hauptstadt errichtet wird.

Frankfurter Allgemeine Zeitung, 22.3.1995

Salomon Korn

Monströse Platte

Zur Debatte um das Holocaust-Denkmal

»Die Masse könnt Ihr nur durch Masse zwingen ...« Hatte Helmut Kohl Goethes »Vorspiel auf dem Theater« im Sinn, als er 20000 Quadratmeter südlich des Brandenburger Tors für die Errichtung eines zentralen Holocaust-Denkmals in Berlin zur Verfügung stellte? Das »Vorspiel« droht sich zum Trauerspiel auszuwachsen, denn es hat den Anschein, als werde der Kanzler die riesigen Geister, die er mit der enormen Grundstücksgröße auf den Plan rief, nun nicht mehr los. Sicherlich, es geschah in bester Absicht: eine gigantische Fläche für die künstlerische Darstellung eines Ereignisses, das seinerseits alle Dimensionen sprengt. Doch weil das darzustellende Ausmaß des Infernos sich nicht symmetrisch nach dem Ausmaß von Fläche und Kubatur bemißt, erwies sich das Wettbewerbsgelände als Danaergeschenk: 20000 Quadratmeter wollen bewältigt sein. Und die Künstler der preisgekrönten monumentalen Grabplatte in Schieflage, auf der 4,2 Millionen Namen ermordeter Juden Europas eingemeißelt werden sollen, haben nichts anderes getan, als des Kanzlers Grundstücksvorgabe maximal auszunutzen.

Das Aufschrecken Helmut Kohls und anderer Politiker über die Gigantomanie des Geistes, der da unkontrolliert aus der Wettbewerbsflasche entwichen ist, könnte dazu verführen, einem Entwurf zuzustimmen, dessen drohende Realisierung heftigste Reaktionen bis in höchste Regierungskreise auslöst. Doch adelt hier der Zwist nicht schon von selbst das Objekt des Streites. Die gigantische, schräg gestellte Grabplatte des geplanten Holocaust-Denkmals hat mit Kunst wenig zu tun. Solche Schieflagen können sinnbildlich für alle Übel einer aus den Fugen geratenen Welt stehen und bleiben als Vehikel nahezu jeder inhaltlichen Aussage beliebig austauschbar.

Dies gilt auch für die Aufzählung von Namen auf Denkmälern: Es ist von der sinnlichen Wirkung her gleichgültig, ob auf einer schräg gestellten *Platte* Namen von Opfern oder zum Beispiel Namen von Tätern eingemeißelt sind. Weder die einen noch die anderen Namen ändern etwas an der ästhetischen Belanglosigkeit von schiefen Ebenen. Auch die Addition von Namen gebiert noch keine Kunst – selbst wenn Lea Rosh glaubt, mit Namenaddition das unangreifbare Mittel der Wahl für die künstlerische Gestaltung von Gedenkstätten der nationalsozialistischen Judenvernichtung gefunden zu haben. Die angestrebte Individualisierung der Opfer durch Nennung ihrer Namen erzeugt in millionenfacher Reihung eben jene Anonymität, die die Namensnennung doch gerade aufzuheben vorgibt. Die Kunst der Namens-Kunst besteht im feinsinnigen Ausbalancieren zwischen individualisierendem Gedenken und überindividualisierender Aussage zur Dimension des nationalsozialistischen Völkermordes an den Juden Europas. Die bloße Namensaufzählung auf der ins Monströse gesteigerten Berliner Grabplatte kann dieses schwierige Wechselverhältnis auch nicht ansatzweise herstellen. Bitterer Nachgeschmack. Wohin das Übersteigern von Proportionen führt, läßt sich beim Umschreiten der Kollwitzschen Pietà in der Neuen Wache anschaulich studieren: eine subtil gestaltete Plastik wurde zu einer voluminösen Figur aufgeblasen, die alle Feinheiten des Originals vermissen läßt. Gegen die umstrittene gigantische Berliner Grabplatte wird die vergrößerte Pietà sich jedoch harmlos ausnehmen.

Was im Wettbewerbsmodell noch überschaubar und maßstäblich wirkt, sprengt in realisierter Form jede Übersichtlichkeit, Orientierung und jeden städtebaulichen Zusammenhang. Nun könnte man gerade solche Störungen zu Tugenden erheben, wenn die künstlerische Darstellung des Nichtdarstellbaren gefordert wird. Doch scheitert die als Denkmal etikettierte Berliner Beton- und Namenswüste auch an dem, was (Mahnmals-)Kunst leisten sollte: dem Betrachter zu helfen, Dinge, die er (vielleicht) ansatzweise begriffen hat, partiell fühl- und erlebbar zu machen. Wäre Picasso die Darstellung der Greuel des Krieges eindringlicher gelungen, wenn er anstelle seines Gemäldes »Guernica« aller Opfer des Spanischen Bürgerkrieges – in welcher künstlerischen Form auch immer – namentlich gedacht hätte? Es bedürfte schon eines Archivars als Künstler oder eines Künstlers als Archivar, um Millionen von Namen in ein bewegendes Denkmal umzusetzen. Und noch das Scheitern dieser Umsetzung ließe sich rechtfertigen, wenn es dem Künstler zumindest gelänge, die Unmöglichkeit seines Versuches angemessen darzustellen.

Nichts von alledem bei der Berliner Grabplatte, und gerade deshalb ist es faszinierend zu beobachten, mit welch fester Überzeugung und ungebrochenem Durchsetzungsvermögen Lea Rosh beständig versucht, diesen Entwurf zu verwirklichen. Ihre Mitstreiter aus Förderkreis und Berliner Senat scheint sie in ihren Bann geschlagen zu haben – als seien sie ihr dankbar dafür, daß da jemand geradlinig sein Ziel verfolgt, ohne auch nur im geringsten von der Gnade des Zweifels geplagt zu sein. Während noch im Wettbewerb die zur Verfügung stehenden fünfzehn Millionen Mark wichtiges Entscheidungskriterium bei der Auswahl der preisgekrönten Arbeiten waren, spielten sie nun (gottlob) keine Rolle mehr; jetzt, da es darum geht, Lea Roshs Lieblingsprojekt zu verwirklichen, dürfen es auch dreißig Millionen Mark oder mehr sein, falls sie je zusammenkommen sollten.

Um Mißverständnissen vorzubeugen: Ich befürworte die Errichtung eines Mahnmals zur Erinnerung an die ermordeten Juden Europas in der deutschen Hauptstadt – unabhängig von Kosten. Und wenn dies nicht an angemessenerem Ort – gegenüber der Neuen Wache – möglich sein sollte, dann eben auf dem von Helmut Kohl zur Verfügung gestellten Grundstück. Dabei vertrete ich nicht den Dualismus zwischen künstlerisch gestaltetem Mahnmal am nichtauthentischen Ort und dem originären Mahnmal des authentischen Ortes (Vernichtungslager). Dies sind keine Gegensätze, sondern Ergänzungen, denn auch die Steine am authentischen Ort sprechen nicht von selbst – sie müssen erst (zum Beispiel mit Hilfe von Kunst) zum Sprechen gebracht werden.

Und doch bleibt ein bitterer Nachgeschmack, wenn für die Errichtung eines Holocaust-Mahnmals in Berlin Gelder zur Verfügung stehen, während gleichzeitig die früheren Konzentrationslager Ravensbrück und Sachsenhausen dem Verfall preisgegeben sind, weil die Bundesregierung die bisher gewährten Zuschüsse radikal gekürzt hat. Ein halbes Jahrhundert nach Zusammenbruch der nationalsozialistischen Herrschaft, nur wenige Wochen nach dem Ende der Feierlichkeiten zur fünfzigsten Wiederkehr des Jahrestages der Befreiung von Ravensbrück und Sachsenhausen verstärkt sich der Verdacht, daß in aller Stille die allmähliche Beseitigung der authentischen

Vernichtungsorte eingeleitet wird. Sollte dies der Preis für die Errichtung des Holocaust-Denkmals in Berlin sein, dann ist er inakzeptabel.

Eine Frage bleibt unbeantwortet: Hätte Helmut Kohl, hätten Bundesregierung und Innenministerium ebenso rasch und eindeutig reagiert, wenn Ignatz Bubis nicht öffentlich von der Berliner Grabplatte abgerückt wäre? Der Eindruck verstärkt sich, daß dem Vorsitzenden des Zentralrates der Juden in Deutschland – über den hier vorliegenden Sachverhalt hinaus – eine Rolle zugedacht wird, in die er selbst nicht hineinschlüpfen möchte: die des deutschen Oberschiedsrichters in jüdischen Belangen. Diese Rolle enthielte zwar für politische Entscheidungsträger den unschätzbaren Vorteil, in Ignatz Bubis einen anerkannten, allseits geschätzten und geachteten jüdischen Repräsentanten zu haben, auf dessen Wort und Entscheidung man sich jederzeit wie auf einen Richterspruch berufen kann. Mit einem solchen ultimativen Absolutionsmandat in jüdischen Fragen wäre Ignatz Bubis jedoch überfordert. Es ist immer zu begrüßen, wenn zu Belangen, die Juden in Deutschland berühren, jüdische Repräsentanten gehört werden, ihr Rat eingeholt wird. Aber sofern in solchen Angelegenheiten letzte Entscheidungen von nichtjüdischer Seite zu fällen sind, sollte die Last der Entscheidung nicht rückversichernd auf jüdische Schultern gelegt werden.

Im Falle des Holocaust-Denkmals war Lea Roshs Haltung von Anfang an konsequent; sie hat stets – ohne jene widerliche neudeutsche Dreistigkeit Juden gegenüber – den Standpunkt vertreten, die Verwirklichung eines Denkmals für die ermordeten Juden Europas sei vorrangig Sache der Nichtjuden – ein wichtiger Schritt hin zu einer noch lange ausstehenden Normalität im Umgang zwischen Juden und Nichtjuden in Deutschland.

Mit der jüngsten Erklärung des Bundeskanzlers, in der er sich gegen die Berliner Grabplatte wendet, ist die Diskussion um das zentrale Mahnmal noch rechtzeitig der Privatsphäre des Förderkreises zur Errichtung eines Denkmals für die ermordeten Juden Europas entzogen worden: eine öffentliche Diskussion ist konstitutiv, wenn es um die Errichtung eines zentralen Holocaust-Denkmals im Zentrum der deutschen Hauptstadt geht. Gleichzeitig ist Helmut Kohls Forderung zu widersprechen, Ziel der öffentlichen Diskussion sei es, »einen breiten Konsens aller Beteiligter zu erreichen«.

Das ins nächste Millenium hineinwirkende Mahnmal bedarf keiner breiten Zustimmung; künstlerische Qualität wird nicht durch Mehrheitsentscheid herbeigeführt. Das Denkmal für die ermordeten Juden Europas darf, ja, es sollte ein öffentliches Ärgernis bleiben – ein Pfahl im Fleisch der Erinnerung.

Frankfurter Allgemeine Zeitung, 3. 7. 1995

Max Bächer

Der ganze Wettbewerb war ein Mißgriff

Phrasenhafte Ausschreibung, falscher Standort: So muß das Holocaust-Mahnmal scheitern

Irgendwas ist schiefgelaufen mit dem Wettbewerb für das »Denkmal für die ermordeten Juden Europas« in Berlin, so schief wie die prämierte »Gedenktafel«, deren Ausführung zu schnell übers Knie gebrochen werden sollte. Die Jury hat es in ihrer unglücklichen Empfehlung den Auslobern, der Bundesrepublik, dem Land Berlin und dem Förderkreis für die Gedenkstätte, überlassen, »sich für den nach ihrer Meinung Besten zu entscheiden«. Das setzt deren Konsens voraus und gibt jedem von ihnen das Recht der Mitsprache. Es ist zu billig und allmählich auch langweilig, auf den Bundeskanzler als Watschenmann einzuschlagen, denn schließlich haben sich nicht nur der Regierende Bürgermeister von Berlin und der Vorsitzende des Zentralrats der Juden, der liberale Ignatz Bubis, sondern auch mehrere Mitglieder der Jury mit begründeten Zweifeln zu Wort gemeldet. Offensichtlich waren sie in dem rhetorisch-historisch kopflastigen Preisgericht nicht dazu gekommen. Das rächt sich.

Nichts wäre jetzt weniger angemessen, als zu unterstellen, man wolle durch Kritik doch nur die Errichtung eines zentralen Gedenkortes für die ermordeten Juden hintertreiben. Wer so redet, desavouiert sich nur selbst. Ein Mal der Erinnerung muß und wird geschaffen werden, und ich möchte mit Nachdruck die Bedenken von Ignatz Bubis zerstreuen, dieses Ziel könne durch eine kontroverse Diskussion auf den Sankt-Nimmerleins-Tag verschoben werden.

Lea Rosh hat mit ihrem autoritären Engagement einen Förderkreis gegründet und zusammen mit diesem eine Initiative entwickelt, die höchsten Respekt verdient. Mit Finanzierungszusagen und der Überlassung eines Grundstücks in bester Lage schien der Berggipfel fast bezwungen. Nur noch der Wettbewerb und dann … der Abstieg? Es ist eine alte Regel, daß das Ergebnis eines Wettbewerbs nie besser ist als seine Ausschreibung. Wenn jemand das Ergebnis dieses großen Wettbewerbs für enttäuschend hält und dies dem mangelnden Können der Künstler und Architekten zuschreibt, dann mag er das tun, weil er's nicht besser weiß. Wenn dies von einem Juror geäußert wird, dann sind ernsthafte Zweifel an dessen Qualifikation und Erkenntnisfähigkeit angebracht. Die Ergebnisse dieses Wettbewerbs sind ein Abbild der Ausschreibung.

2600 Künstler hatten die Unterlagen angefordert, eine ungewöhnlich hohe Zahl. Aber nur 528, also gerade ein Fünftel, gaben ab, eine weit unter dem Durchschnitt liegende Anzahl, obwohl der Leistungsumfang nicht zu groß und der Wettbewerb mit Preisen und Ankäufen angemessener dotiert war, als man dies sonst bei uns gewohnt ist. Was hat also achtzig Prozent der Interessenten abgeschreckt?

Die Thematik konnte es nicht sein, denn deretwegen hatten sie sich ja beworben. Eher war es die merkwürdige Zusammensetzung eines Preisgerichts, in dem die Künstler und Architekten deutlich unterrepräsentiert waren. Waren es die Ausschreibungsbedingungen, das fast schon rituelle Fortissimo mancher Textpassagen, deren Mangel an Zwischentönen einem subtilere Antworten fast im Halse steckenbleiben ließ? War es das Kolloquium, das, wie meist, keine Erhellung, sondern nur Verunsicherung brachte? War es die monströse Größe des Geländes, mit seinen 20000 Quadratmetern etwa doppelt so groß wie der Pariser Platz? War es die unsäglich belanglose architektonische Umgebung aus Wohnungs- und Amtsgebäuden auf drei Seiten oder schließlich der allzu mühsam hergeholte Bezug zur ehemaligen Reichskanzlei, nur wenige Meter entfernt, wie die Ausschreibung verhieß, tatsächlich aber etwa 250 Meter weit weg?

Fehlende Authentizität des Ortes, wenn man davon absieht, daß die Gedenkstätte unmittelbar an der ehemaligen Hermann-Göring-Straße liegen würde, einer vierspurigen verkehrsreichen Stadtstraße, was immerhin mehrere Teilnehmer zu der Rückfrage veranlaßt hat, ob der Lärmschutz Teil der Aufgabe sei. Oder schließlich der bedeutungsschwere Hinweis auf die Mauer samt Todesstreifen, deren Fall doch recht wenig mit der gesamtdeutschen Judenvernichtung zu tun hat?

Die Jury wütete unter den eingereichten Arbeiten, und man kann das Unterliegen der künstlerisch-architektonischen Lösungen anhand eines vorbildlichen Protokolls, in dem alle 528 abgebildet und mit Kurzbeurteilungen charakterisiert sind, exakt nachvollziehen. Daß die gigantische »Grabplatte« einstimmig bis in die engere Wahl gelangte, mag sich aus der Dominanz der Buchgelehrsamkeit erklären, während der städtebaulich und architekturräumlich kluge Vorschlag von Simon Ungers erst über einen Rückholantrag in die engere Wahl aufrücken konnte. Mit der Prämierung dieses Entwurfes, der eindringlichen Arbeit von Koenig und Hackelsberger und anderen der engeren Wahl, hat die Jury gleichwohl bemerkenswerte Beiträge herausgefunden und zur Diskussion gestellt.

Aber es geht hier nicht um die Frage, wer nun den Auftrag erhält, denn das eigentliche Problem ist die unsinnige Größe, die statt legitimer Monumentalität (im Sinne von »monere« = mahnen, erinnern) fast zwangsläufig Maßlosigkeit provoziert, dazu die belanglose Umgebung und die beliebige, fast vom Zufall bestimmte Lage des Grundstücks. Es wäre zynisch, der Bundesrepublik oder dem Land Berlin einen Ablaßhandel vorzuwerfen – etwa daß sie solch ein riesiges und sehr teures Grundstück für die Gedenkstätte zur Verfügung gestellt hätten, damit ihnen keiner nachsagen könne, man sei nicht großzügig gewesen. Einen Vorwurf kann man auch Frau Rosh und ihrem Förderkreis nicht machen, daß sie zugriffen, als sich die Chance bot – je größer, desto besser. Die Konsequenzen hätte allerdings mindestens jeder nachdenkliche Fachmann erkennen müssen. Doch gerade da werden eben auch die Grenzen der Kompetenz der Initiatoren deutlich, die wohl gar nicht daran dachten, einem »geschenkten Gaul« ins Maul zu schauen, zumal sie gar nicht gewußt hätten, wonach sie schauen sollten.

Die Größe des Areals mit Größe des Verbrechens zu begründen, ist blanker Unsinn. Man hätte sich durchaus auf einen Punkt mitten in Berlin konzentrieren können, sofern er nur an der richtigen Stelle mit einem authentischen inhaltlichen Bezug läge. Studiert man den Berliner Stadtplan, die Orte von Bedeutung, und andererseits die Verhaltensweisen und Gehgewohnheiten sorgfältig, kommt man zu der Einsicht, daß das vorgesehene Grundstück für die Gedenkstätte in keinem räumlich und historisch erlebbaren, sondern nur in einem verbalen Zusammenhang mit der Geschichte steht.

Die Achse, die so eindeutig auf das Brandenburger Tor ausgerichtet ist, der Pariser Platz als Entree zum Stadtzentrum, sie lassen das Grundstück abseits liegen, anders als der Reichstag, der sich als Solitär im Freiraum behauptet. Der Wettbewerb macht aus dem Abseits eine Abseitsfalle, in die die Auslober und die Teilnehmer geraten sind. Fast könnte man von einer »Verdrängung« sprechen. Eine Gedenkstätte an dieser Stelle würde kein selbstverständliches Ziel für Fußgänger, Besucher oder Autobusse werden, sondern ein bloßer Programmpunkt im Lehrplan von Schulklassen, von Stadtrundfahrten oder Touristenreisen bleiben.

Salomon Korn, einer von nur zwei Architekten in der 15köpfigen Jury, hat in seinem klugen Artikel bereits über die Frage des richtigen Standorts reflektiert und verweist auf einen Platz im Zentrum der Stadt, wo sich die Geschichte sammelt und alle vorbeikommen. Zu manchen Orten findet man von selbst den Weg: Unter den Linden, Zeughaus, Oper, Museumsinsel, Lustgarten, Schloßplatz, ob mit oder ohne Palast der Republik, ob mit oder ohne Schloß. Korn spricht von einem Platz gegenüber der Gedenkstätte der Neuen Wache, die den Opfern der Gewalt gewidmet ist und dort als gültiger Beweis dafür steht, daß Monumentalität nichts mit physischer Größe zu tun hat. Daß sogar ein »unsichtbarer« Bau ein Monument sein kann, das zeigt auf dem Bebelplatz das eindurcksvolle, stille Erinnerungsmal an die Bücherverbrennung: ein unterirdisches Geviert aus leeren Bücherregalen, nur durch eine Glasplatte im Platzbelag zu entdecken.

Solch einen Ort wünschte man für das Erinnerungsmal: mitten in der Stadt an einer Stelle, die nicht »aufgesucht« werden muß, sondern am Wege liegt. In der historischen Mitte der Stadt, am Ort des gesprengten Schlosses würden sich die Schichten der Vergangenheit noch dichter überlagern. Hier würden sich die historischen Linien wie in einem Fadenkreuz schneiden und die deutsche Geschichte und die der Juden in

Deutschland nicht nur auf die Zeit von 1933–1945 verkürzen. Würde man sich nicht in die zeitliche Abhängigkeit einer längerfristigen Neuplanung des Stadtzentrums begeben, so wäre auch dieser Ort zu erwägen.

Aber ein anderer Ort liegt so nahe, daß man sich fragen muß, wieso er nicht zur Sprache kam: der große, freie Platz vor dem Reichstag, auf dem sich gerade zwei Wochen lang eine Welt der Toleranz und des friedlichen Zusammenlebens ohne Aggressionen gezeigt hat, auf dem Platz der Republik. Dort wird das neue Regierungszentrum der Bundesrepublik Deutschland nach den Plänen von Axel Schultes entstehen, nach denen das Kanzleramt und weitere Regierungsbauten, Ost und West, alte und neue politische Orte, das russische Ehrenmal und die Kongreßhalle städtebaulich durch ein breites grünes Band zusammengefaßt werden. Gegenüber vom Reichstagsgebäude am anderen Ende des grünen Platzes würde dieses Mahnmal zu einem geschichtlichen und politischen Ort werden. Hier käme ein Dialog zustande, und ein offenes Bekenntnis zu unserer eigenen Geschichte würde sichtbar: das Bekenntnis zur Schuld und das Bekenntnis zur Überwindung einer Vergangenheit, die diese auf sich geladen hat.

Der Platz der Republik soll in absehbarer Zeit neu gestaltet werden. Ein großer, offener Wettbewerb ist geplant, bei dem die Bestimmung eines Standorts für die Gedenkstätte ein Teil des Programms sein müßte. Mit der Vereinigung der Länder Berlin und Brandenburg würde der Platz für das geplante Gebäude des Bundesrats bald verfügbar werden, da dann seine Unterbringung im ehemaligen Preußischen Landtag, wo heute das Abgeordnetenhaus residiert, möglich würde. Selbst wenn dieser Plan scheiterte, fänden sich dort noch genügend Situationen für ein nicht zu übersehendes signifikantes Mal mit einer bedeutenderen Botschaft, die in den politischen Kontext unserer Gegenwart eingebunden wäre. Wenn das erreicht werden könnte, wäre der Wettbewerb für eine zentrale Gedenkstätte für die ermordeten Juden Europas gewiß nicht umsonst gewesen. Gemeinsam kann es erreicht werden.

Frankfurter Allgemeine Zeitung, 12.7.1995

Salomon Korn

Die Tafeln sind zerbrochen

Über die Darstellung des Unvorstellbaren, das Vergessen und den Streit um das Holocaust-Denkmal in Berlin

Als Moses vom Berg Sinai herabstieg, um den Kindern Israel die Bundestafeln mit den Zehn Geboten zu überbringen, sah er die Israeliten um das Goldene Kalb tanzen. Die Legende besagt, Moses habe bis zu diesem Augenblick die schweren Steintafeln mühelos getragen. Der den eingemeißelten Buchstaben innewohnende Geist Gottes hatte die Bundestafeln schwerelos gehalten. Durch den Frevel der Kinder Israel lösten sich die göttlichen Buchstaben und entschwebten zum Himmel. Die Tafeln aber, wieder schwere, unbeseelte Materie geworden, fielen zu Boden und zerbrachen.

In diesem Ereignis und der sie begleitenden Legende verdichtet sich ein grundlegender Wesenszug des Judentums: der von Materie und Götzenbildern abgelöste Monotheismus, der Glaube an einen unsichtbaren, gestaltlosen Gott. Das Abbildungsverbot Gottes ist konstitutiv für den jüdischen Glauben, für das Judentum und seine Geschichte. Die notwendigerweise tätige Auseinandersetzung religiöser Juden mit ihrem unsichtbaren allgegenwärtigen Gott, mit ihrer Religion und Geschichte zeitigte eine enge Verknüpfung zwischen jüdischer Geschichte und kollektivem historischem Gedächtnis des jüdischen Volkes. Es ist dies ein aktives Gedenken, das bestimmten Riten und Ritualen folgt und fester Bestandteil jüdisch-religiösen Lebens geblieben ist: Geschichte, kollektive historische Erinnerung und Gedenken sind im Judentum eine Einheit geblieben.

Daraus läßt sich ein Muster des Gedenkens ableiten: Aus Geschichte bildet sich – oft mythisch eingefärbt – kollektive und individuelle historische Erinnerung. Aus dieser Erinnerung kann der Antrieb für Gedenken an bestimmte Ereignisse erwachsen. Erst im Gedenken wird aus der passiven kollektiven oder individuellen Erinnerung eine bewußte Zuwendung zu bestimmten Ereignissen der Geschichte und damit eine Verfestigung des historischen Gedächtnisses.

Wo das historische Gedächtnis nicht mehr durch verbindliche Traditionen gewährleistet wird, muß das Gedenken durch Hilfsmaßnahmen gestützt werden. Es handelt sich dabei um verdinglichtes, hypostasiertes Gedenken – also Gedenken, das sich an einem Gegenstand, zum Beispiel an einem Denkmal oder Mahnmal, festmacht.

Muß das kollektive historische Gedächtnis durch Denkmäler anstelle wiederkehrender aktiver Gedenkriten gestützt werden, dann bedeutet dies die Hinwendung zu einem konkreten, veräußerlichten, an bestimmte Gegenstände gebundenen Gedenken, zugespitzt: Rückfall in Idolatrie, in den Glauben an die magische oder dauerhafte Wirkung von bestimmten Gegenständen. Hier kommt die Kunst ins Spiel: Nach Art des Delegationsprinzips soll das künstlerisch gestaltete Denkmal zumindest einen Teil der Erinnerungsarbeit erbringen, die das Kollektiv nicht mehr leistet – das Denkmal erhält Stellvertreterfunktion. Wenn sich Erinnerung im Denkmal konkretisiert, dann hat sie sich für jedermann sichtbar verdinglicht. Die eigene Erinnerung ist entlastet – das bequeme Vergessen kann seinen Lauf nehmen.

Ein Denkmal erfüllt also nur dann seine Funktion, wenn es dialogisch wirkt. Es muß im Betrachter etwas ansprechen, was in ihm ansatzweise vorhanden ist und sich ansprechen läßt. Es setzt einen interessierten, informierten oder wissenden Betrachter voraus. Immer wieder sind die letztgenannten Argumente im Zusammenhang mit Mahnmalen, die in Deutschland an den Holocaust erinnern, vorgebracht worden. Hier hinterließ der nationalsozialistische Massenmord an den europäischen Juden eine traumatische Belastung des nationalen Selbstverständnisses. Wie bei psychischen Traumata üblich, reagierten viele Deutsche mit Abwehr, Leugnung, Verdrängung der eigenen Geschichte, verstärkt durch Flucht in einen hektischen Wiederaufbau. Das daraus entwickelte historische Gedächtnis mußte zwangsläufig unscharf bleiben. So beschränken sich viele der nach 1945 errichteten Mahnmale auf die Formulierung pazifistischer Allgemeinplätze. Es überwiegt der besänftigende Wunsch, die Überlebenden zu Frieden und Menschlichkeit zu verpflichten, ohne eine Präzisierung der Inhalte vorzunehmen, derer man gedenkt.

Indem sich Denkmäler einer Aussage über Schuldige enthalten, verschleiern und verleugnen sie – spiegelbildlich zur Seelenlage weiter Bevölkerungskreise – Ursachen und Hintergründe der Kriegskatastrophe. Eine Mahnmalspolitik herrschte vor, deren Vorbilder Plastiken und Denkmäler aus der Zeit nach dem Ersten Weltkrieg sind: Im Zentrum steht das Opfer, dessen künstlerische Darstellung oft christlicher Ikonographie entlehnt ist. In religiös eingefärbter Verklärung des unermeßlichen Leids löst sich jede Konkretisierung der Ereignisse ins Allgemeinmenschliche, ja Kosmische auf – Ausdruck eines flickenhaften historischen Gedächtnisses und Ausdruck der Unfähigkeit zu aufrichtiger Trauer.

Es war vermutlich der Wechsel von Kriegs- zu Nachkriegsgeneration samt dem Einfluß der achtundsechziger Bewegung auf die bundesrepublikanische Gesellschaft, der eine Änderung des Geschichtsbewußtseins und damit des historischen Gedächtnisses in weiten Kreisen der akademischen Jugend und kritischer Intellektueller einleitete. Das veränderte Geschichtsbewußtsein hinsichtlich des Nationalsozialismus stellte auch bisherige Formen des Gedenkens in Frage. In diesen Jahren entstand gegen herkömmliche Gedenkstätten und ihren Anspruch auf Allgemeingültigkeit die Bewegung der sogenannten Gegen- oder Antidenkmäler. Worauf es ankomme, so ihre Maxime, sei vor allem die prozessuale Dimension des kollektiven historischen Gedächtnisses, die Thematisierung von Vergessen und Verdrängen, von Wiedererinnern, Deuten und Umdeuten.

Eine neue Künstlergeneration stellte Denkmäler als Träger öffentlicher Erinnerung radikal in Frage. Sie erschwerte eher Erinnerung, statt sie anzuregen. Horst Hoheisel zum Beispiel ließ 1987 in Kassel den 1908 von einem früheren jüdischen Bürger gestifteten, 1939 von den Nazis zerstörten Brunnen in Negativform wiedererstehen, indem er ihn rekonstruierte und umgekehrt in die Erde versenkte. Das Kasseler »Denkloch« sollte als »negatives« Spiegelbild die Geschichte des Ortes als eine wunde und offene Frage in das Bewußtsein der Öffentlichkeit retten.

Das 1986 von Jochen und Esther Gerz errichtete Harburger »Mahnmal gegen den Faschismus«, eine zwölf Meter hohe, bleiverkleidete Säule, lud den Betrachter dazu ein, seinen Namen in sie einzuritzen, um, abschnittsweise vollgeschrieben, Stück für Stück in die Erde versenkt zu werden. Die Bürger mußten dieses Mahnmal in Gebrauch nehmen, sonst wäre es als Menetekel dafür sichtbar geblieben, daß zu wenige sich mit ihrem Namen gegen den Faschismus bekannt hatten. Gerade weil die Säule langsam verschwand, war sie dem Bewußtsein der Öffentlichkeit näher als starre, »ewig währende« Denkmäler, die man jederzeit beliebig aufsuchen kann. Im Jahr 1993 war die Säule vollständig versenkt – unsichtbar geworden wie die verschwundenen Opfer des Nationalsozialismus.

Die Abkehr von herkömmlichen starren, verdinglichten Denkmälern und Hinwendung zu allmählich verschwindenden oder unsichtbaren Installationen ist mehr als nur eine Anspielung auf den jüdischen Schriftglauben und das Bilderverbot. Es ist die Abwendung von idolatrischen, verdinglichten Denkmalsvorstellungen und in gewisser Weise eine Rückkehr zum Sinai, zur Aufforderung fortwährender eigenverantwortlicher, geistiger Auseinandersetzung mit der eigenen Geschichte, mit kollektiver und individueller historischer Erinnerung. In dieser Phase kritischer Mahnmalsdebatten forderte die Fernsehjournalistin Lea Rosh 1988 die Errichtung eines »Denkmals für die ermordeten Juden Europas« in Berlin. Sie stieß auf offene Ohren.

Kurz vor dem Mauerfall wurde im November 1989 mit vielen prominenten Mitgliedern der »Förderkreis zur Errichtung eines Denkmals für die ermordeten Juden Europas e. V.« gegründet. Im Frühjahr 1992 erklärte der Bund seine Bereitschaft, gemeinsam mit dem Land Berlin und dem Förderkreis die Trägerschaft für das Denkmal zu übernehmen. Wenige Monate später entschied das Innenministerium unter Rücksichtnahme auf den Standpunkt des Zentralrates der Juden in Deutschland, kein gemeinsames Mahnmal für die ermordeten Juden und die Sinti und Roma zu errichten. Im November 1992 stand fest, daß das »Denkmal für die ermordeten Juden Europas« auf einem Grundstück des Bundes südlich des Brandenburger Tors, in den ehemaligen Ministergärten, errichtet werden soll. Bund und Land Berlin verpflichteten sich, die Hälfte der Realisierungskosten zu übernehmen; die andere Hälfte will der Förderkreis durch Spenden aufbringen.

Im April 1994 wurde von den Auslobern Bund, Land Berlin und Förderkreis ein anonymer bundesoffener künstlerischer Wettbewerb mit zwölf eingeladenen internationalen Künstlern für das geplante »Denkmal« ausgeschrieben. Etwa 2600 Künstler forderten die Wettbewerbsunterlagen an, 528 Entwürfe wurden bis zum 28. Oktober 1994 abgegeben. Das fünfzehnköpfige Preisgericht vergab nach fünf Sitzungen am 16. März 1995 zwei gleichrangige erste Preise, einen an Simon Ungers (Köln) und einen weiteren an die Künstlergruppe Christine Jackob-Marks, Hella Rolfes, Hans Scheib, Reinhard Stange (Berlin), daneben wurden fünfzehn weitere Arbeiten preisgekrönt. Bis zum Sommer sollte eine Machbarkeitsstudie klären, welcher Entwurf realisiert wird.

In den folgenden Wochen erschienen zahlreiche, überwiegend ablehnende Kommentare zum Ergebnis des Wettbewerbs. Ignatz Bubis kritisierte die monströse Grabplatte der Künstlergruppe um Christine Jackob-Marks und geißelte vor allem den Aufruf des Förderkreises, Spenden über in die Grabplatte einzumeißelnden Opfernamen zu sammeln. Jeder, der ein schlechtes Gewissen habe, so Bubis, könne hier einen Ablaßhandel mit Namen treiben. Im Juni 1995 gibt die Senatsverwaltung für Bau- und Wohnungswesen Berlin bekannt, daß der Entwurf der Künstlergruppe um Christine Jackob-Marks, die Mega-Grabplatte, realisiert werden soll. Ende Juni legt Bundeskanzler Kohl sein Veto gegen diese Entscheidung ein und erklärt gleichzeitig, daß der Bund das vorgesehene Grundstück für die Realisierung dieses Entwurfs nicht zur Verfügung stellen werde. Die Auslober haben ihre neu zu treffende Entscheidung bis nach den Berliner Landtagswahlen verschoben. Sie wird voraussichtlich in den kommenden Wochen getroffen werden.

Egal, wie entschieden werden wird: Die zunächst favorisierte, dann kritisierte Mega-Grabplatte ist ein weiteres Beispiel dafür, daß viele Deutsche in einem fortdauernden schleichenden Prozeß semantisch auf der Ebene jüdischer Opfer angelangt sind. Wie muß ein historisches Gedächtnis strukturiert sein, das fünfzig Jahre nach Kriegsende im Land der Täter immer noch zum Identitätstransfer in Richtung Opfer neigt? Wenn in Israel staatlich überhöht oder individuell betrauert der Ermordeten gedacht wird, in den Vereinigten Staaten der Holocaust den dort lebenden Juden als Identitätsstütze dient, dann sollte es in Deutschland, dem Land, in dem der nationalsozialistische Massenmord geplant wurde, eine Selbstverständlichkeit sein, vor allem an die Täter und ihre Taten zu erinnern.

Von den preisgekrönten Arbeiten, die dies versucht haben, scheitern die meisten an der Austauschbarkeit der von ihnen gewählten Gestaltungselemente oder an der Tatsache, daß das darzustellende Ausmaß des Infernos sich nicht symmetrisch nach dem Ausmaß von Fläche und Kubatur bemißt. Überhaupt ist es unmöglich, Ereignisse, die im Hohlraum der Zivilisation stattgefunden haben, mit den Mitteln einer Kunst darzustellen, die ihre Wurzeln außerhalb dieses Hohlraums hat: »Nur der verwandte Schmerz entlockt uns die Träne, und jeder weint eigentlich für sich selbst«, sagt Heinrich Heine. Dies scheint zweierlei Vermutungen zu bestätigen. Zuerst, daß vielleicht nur der unmittelbar betroffene Künstler, der das ihm eingebrannte Inferno überlebt hat, dieses authentisch darstellen könne. Des weiteren, daß nur derjenige, der diesen Schmerz am eigenen Leib gespürt hat, ihn auch nachempfinden kann.

Können nur überlebende Künstler mit dem ihnen eingebrannten Schrecken das Grauen des Holocaust authentisch darstellen? Betrachtet man literarische, vor allem aber zeichnerische Werke von Menschen, die Vernichtungslager überlebt haben, dann wird man zugeben müssen, daß es sich um die aufwühlendsten, eindringlichsten und glaubwürdigsten Zeugnisse des Grauens handelt. Auch dem Außenstehenden, der das Inferno nicht unmittelbar erlebt hat, teilt sich davon etwas mit, sofern er sich Mitgefühl und Leidensfähigkeit bewahrt hat. Doch ist Mitfühlen und partielles Nacherleben nur möglich, weil hier Leid in seiner jeweils individuellen Erfahrung gezeigt wird. Die Überlebenden selbst wollten es nur so; sie wünschten sich bildlichen, figurativen Ausdruck ihres unermeßlichen Leids. Verallgemeinernde Darstellungen des Infernos mit abstrahierenden Gestaltungsmitteln trafen ihren Schmerz nicht.

Die überzeugende künstlerische Transformation persönlicher Erfahrungen aber in die überindividuelle Dimension der Katastrophe ist – soweit ich es beurteilen kann – nicht gelungen. Sie kann wahrscheinlich nicht gelingen, weil der künstlerischen Darstellung des Holocaust Grenzen gesetzt sind, die noch weit unterhalb jener Erkenntnisebene liegen, nach der es keine künstlerischen Mittel gibt, das Unvorstellbare des Holocaust darzustellen.

Warum also kann die überzeugende Darstellung von nachvollziehbarem individuellem Leid bei gleichzeitiger Vermittlung der abstrahierenden, überindividualisierenden Dimension des Infernos nicht im selben Werk, im selben Zug gelingen? Die Antwort liegt in einer Art Universalkonstante künstlerischer Darstellungsgrenzen des Holocaust, die ich mit »Taschenlampen-Phänomen« bezeichnen möchte. Entweder ist der projizierte Taschenlampenstrahl gebündelt, konturenscharf, hell, eine kleine Fläche maximal ausleuchtend – dies entspräche dem Figurativen –, oder er ist gestreut, dunkler, eine große Fläche überstreichend – was der Darstellung verallgemeinerter Aspekte des Holocaust entspräche. Aus dieser Ausschließlichkeit scheint es keinen Ausweg zu geben.

Doch angenommen, es könnte trotz aller angeführten Einwände *das* Holocaust-Denkmal geben, wäre es dann überhaupt wünschenswert? Man stelle sich vor, es gelänge einem Künstler vom Range eines Michelangelo, ein Holocaust-Mahnmal zu schaffen, das bei jedem Betrachter ein bis in die Tiefen seiner Seele hinabreichendes »erkennendes Erschrecken« auslöste. Dies käme einer Erlösung von dunklen Bildern, Ahnungen und Ängsten nahe, die allesamt durch ein solches Mahnmal festumrissene Gestalt erhielten und damit in ihm gebunden, wenn nicht gar gebannt wären. Weitere Auseinandersetzungen mit einem quälenden Thema könnten gemildert werden, wenn ein solches Mahnmal, einem Götzenbild gleich, einen Teil des freischwebenden Seelenpotentials aus der Erblast des Nationalsozialismus an sich binden könnte.

Wenn also der Kunst die Darstellung des Unvorstellbaren nur begrenzt gelingen kann, dann ist zu prüfen, ob authentische Orte der Vernichtung künstlerischen Lösungen an nichtauthentischen Orten überlegen sind. Solche Gedenkorte wie Erschießungsstätten, Konzentrations- und Vernichtungslager können im jeweils vorgefundenen zufälligen – meist verfallenen – Zustand nichtssagende Idyllen für den Besucher sein; Fundamente von verfallenen Baracken, zerstörten Gaskammern oder Krematorien sagen, für sich genommen, nichts aus. Steine sprechen nicht von selbst, sie müssen auch am authentischen Ort erst zum »Sprechen« gebracht werden.

Deshalb schließen authentische Orte und künstlerische Darstellungen des Gedenkens einander nicht aus. Beide können sich entweder ergänzen oder auch jeweils für sich selbst stehen. Die Gedenkstätten in Treblinka und Buchenwald zeigen, welche gelungene Verbindung authentischer Ort und künstlerische Darstellung miteinander eingehen können. Ohne gegängelt zu werden, spürt der Betrachter durch einfühlsame künstlerische Gestaltung etwas von jener Grausamkeit, Brutalität und Ausweglosigkeit, die einst an diesen Orten herrschte. Vermutlich gibt es eine Wechselwirkung zwischen authentischem Ort und sensibel gestaltetem Mahnmal: Wenn ein geglücktes Mahnmal den authentischen Ort zum »Sprechen« bringen kann, dann verleiht dieser dem Mahnmal etwas von der eigenen Authentizität. Doch ist eine solche überzeugende Symbiose nur am Ort des Verbrechens möglich und damit eher ein Sonderfall.

Was aber gilt für den Normalfall, für das Mahnmal am nichtauthentischen Ort? Damit kehren wir zurück zum Sinai, zum Ausgangspunkt unserer Überlegungen. Gedenken, so hatten wir festgestellt, ist aktive, bewußte Zuwendung zu bestimmten Ereignissen der Geschichte und dient damit der Festigung des individuellen und kollektiven historischen Gedächtnisses. Läßt das lebendige Wechselverhältnis zwischen historischem Gedächtnis und Gedenken nach, dann bedarf es zur Stützung ersatzweise eines konkreten Gegenstandes, eben eines sinnlichen Denkmals oder Mahnmals. Man könnte dies als Abkehr vom verinnerlichten Prinzip des Gedenkens und Hinwendung zur Idolatrie betrachten. Doch wäre dies kurzschlüssig, weil damit eine über tausendjährige Entwicklung abendländischer Kunst von der Ikone zum Gemälde ignoriert würde, das heißt die allmähliche Umwandlung des ursprünglich religiös verehrten Heiligenbildes zum Kunstwerk als Gegenstand verweltlichten Genusses.

In der christlich-abendländischen Kunst, in der das Abbildungsverbot des Alten Testaments von jeher wenig Geltung besaß, wurde im Laufe von Jahrhunderten – spätestens seit der Renaissance – die unmittelbare heilige Verehrung von Bildern, Ikonen, Statuen, Gotteshäusern abgelöst durch distanzierende, ästhetische Wertschätzung und kunsthistorisches Interesse. Die Oberflächenwirkung des nur noch unter ästhetischen Kategorien genossenen Bildes verselbständigte sich zusehends gegenüber dem religiösen Inhalt der christlichen Ikone und dominiert seither unsere Wahrnehmung. Es ist – verkürzt betrachtet – die unumkehrbare Entwicklung vom unsichtbaren Gott zum Heiligenbild und vom Heiligenbild zum ästhetischen, von religiösen Inhalten emanzipierten Bild. Es brächte wenig, in kulturhistorischen Pessimismus zu verfallen und den Untergang von Lesekultur, abstraktem Denken und anderer Errungenschaften des nachgutenbergischen Zeitalters zu beklagen. Dem monotheistischen Prinzip wohnt schließlich auch ein Stück Sinnen- und Genußfeindlichkeit inne. Bilder können eine wesentliche Bereicherung unserer Wahrnehmung sein, wenn sie nicht andere Formen unserer Rezeption beeinträchtigen oder ersetzen.

Ideal wäre es, wenn die gesamte »verinnerlichte« und »veräußerlichte« Palette der Gedenkmöglichkeiten genutzt werden könnte, um individuelle und kollektive historische Erinnerung zu bewahren. Nichts anderes wird heute im Staat der Juden, in Yad Vashem, angestrebt und streckenweise verwirklicht.

Die begründete Vermutung, es könne *das* Holocaust-Denkmal nicht geben, führt nicht notwendigerweise zu dem Schluß, daß es dann besser keines geben dürfe. Man kann Erwartungen und Forderungen an ein solches Mahnmal so weit nach oben schrauben, bis es immun gegen jede Realisierung ist. Es ist aber auch möglich, diese Erwartungen von vornherein auf ein realistisches Maß zu reduzieren, nämlich die Beantwortung der Frage, was ein solches Mahnmal in unserer Zeit zu leisten vermag, wenn doch *das* absolute Holocaust-Mahnmal gar nicht wünschenswert ist. Je weniger dem Mahnmal an Akten des Gedenkens abverlangt wird, desto mehr muß vom Betrachter erwartet und erbracht werden. Die Forderung nach dem »absoluten« Holocaust-Mahnmal wäre damit umgekehrt nichts anderes als die Entlassung des Betrachters aus der Notwendigkeit aktiven Gedenkens.

Im vorliegenden Fall bedeutet das: Ein Mahnmal für die ermordeten Juden Europas kann, wie die Kulturhistorikerin Stefanie Endlich schreibt, nur Teil »eines Dialogs in Politik und Kultur, am Arbeitsplatz und in der Öffentlichkeit sein. Diesen Dialog kann es im besten Fall verstärken, verbreitern, vielleicht auch verändern und zur notwendigen Verunsicherung beitragen, aber niemals ersetzen«.

Sofern nicht religiös gestützt, gilt für das Gedenken Friedrich Nietzsches Feststellung: »Nur was nicht aufhört, weh zu tun, bleibt in Erinnerung.« Weil aber kein Schmerz ewig währt, schwindet mit der Zeit – und sei es über Generationen hinweg – jede noch so quälende Erinnerung. Zurück bleibt dann bestenfalls ein ästhetisch ansprechendes Denkmal, in dem das zu gedenkende Ereignis »gefühlsneutral« aufbewahrt ist – ähnlich einem historischen Datum im Gedächtnis der Zeitgenossen. Und sollten bis dahin die Lehren aus der Geschichte gezogen worden sein, dann wäre die unumgängliche Tatsache erträglicher, daß jedes Denkmal am Ende zum Denkmal seiner eigenen Vergänglichkeit wird.

Frankfurter Allgemeine Zeitung, 9. 2. 1996

Heinz Dieter Kittsteiner

Der Angriff der Gegenwart auf die Vergangenheit

Über das vermeintliche Recht, ein Denkmal für die ermordeten Juden zu bauen

Unter der Überschrift »Doch keine Betonplatte in Berlin« erschien in der »Frankfurter Allgemeinen Zeitung« vom 19. Februar ein Artkel, der das Gefühl von Erleichterung und Ratlosigkeit durchscheinen läßt. Was nun? Das Ausschreibungsverfahren ist seit dem März 1995 abgeschlossen, die Juroren haben juriert, die Preise sind vergeben. Doch dem »Förderkreis zur Errichtung eines Denkmals für die ermordeten Juden e. V.« bläst seither der Wind ins Gesicht. In einer Flut von Stellungnahmen wurde eine Diskussion nachgeholt, die vielleicht vor dem ganzen Vorhaben hätte geführt werden müssen, die aber nach Lage der Dinge nur angesichts der Präsentation der künstlerischen Entwürfe stattfinden konnte.

Wie es weitergehen soll, weiß so recht niemand. Die sieben ersten Entwürfe sollen überarbeitet werden; danach wolle man sich schnellstens einigen. Aber wie und mit wem? Soll der Bundestag eingeschaltet werden? Lea Rosh hat glaubhaft versichert, daß sie das deutsche Parlament nicht fürchte, ebenso aber auch, daß die gewaltige Grabplatte aus Beton, in die die Namen aller Opfer eingraviert werden sollen, noch nicht ad acta gelegt sei. Gerade gegen diesen Entwurf einer Berliner Gruppe unter der Regie der Künstlerin Christine Jackob-

Marks waren schwerste Einwände erhoben worden. Das begann mit dem denkwürdigen Artikel von Jens Jessen über die »Bewältigungsprofis«, der in der Art der Finanzierung der Denkmalsplatte in Anlehnung an eine Stellungnahme von Ignatz Bubis einen »Ablaßhandel« diagnostizierte. Die Namen der Opfer sollten zu einem überwiegenden Teil für reumütige Deutsche käuflich zu erwerben sein. Nachkommen der Ermordeten drohten, sie würden vor Gericht klagen, falls die Namen ihrer Angehörigen auf dieser schrägen Platte erschienen.

Salomon Korn, Architekt und Gedenkstättenbeauftragter des Zentralrats der Juden in Deutschland, seinerzeit selbst Mitglied der Denkmalsjury, hat in einer kürzlich abgedruckten Rede vom Dezember letzten Jahres grundsätzlich Position bezogen. Der Artikel gehört zum Bedenkenswertesten, was bisher überhaupt in dem ganzen Streit gesagt worden ist. Was kann ein Denkmal zur Erinnerung an den *Holocaust* im Lande der Täter überhaupt leisten? Korn erlaubt sich das Gedankenspiel, ein Künstler vom Range Michelangelos hätte das *Holocaust-Denkmal* schlechthin geschaffen, das bei jedem Betrachter bis in die Tiefe der Seele hinabreichte und »erkennendes Erschrecken« auslöste. Doch hätte nicht gerade in diesem Fall das Denkmal, »einem Götzenbilde gleich, einen Teil des freischwebenden Seelenpotentials aus der Erblast des Nationalsozialismus an sich binden können«? Ist ein Denkmal nicht immer in Gefahr, einen steinernen Schlußpunkt hinter das Erinnern zu setzen?

Korn treibt seine Argumentation bis zu folgendem Punkt voran: Das endgültige *Holocaust-Denkmal* kann es nicht geben. Mit Anforderungen solcher Art schraube man überdies die Forderungen so hoch, daß schließlich gar kein Denkmal gebaut werde. Er plädiert audrücklich für ein Denkmal. Aber alle

Denkmäler seien zeitgebunden, man könne billigerweise nur fragen, »was ein solches *Mahnmal* in unserer Zeit zu leisten vermag, wenn doch das absolute *Holocaust-Mahnmal* gar nicht wünschenswert ist«. Was ein Denkmal in unserer Zeit leisten kann, umschreibt Korn mit einem Zitat von Friedrich Nietzsche: »Nur was nicht aufhört, weh zu tun, bleibt in Erinnerung.« Doch kein Schmerz quäle ewig – über Generationen hinweg verschwinde er allmählich. Sollten dann die Lehren aus der Geschichte gezogen sein, werde auch die unumgängliche Tatsache erträglicher, »daß jedes Denkmal am Ende zum Denkmal seiner eigenen Vergänglichkeit wird«.

Das Verhältnis von Denkmälern zu den authentischen Stätten des Verbrechens streift Korn nur kurz; nicht ohne darauf hinzuweisen, daß auch Orte wie Konzentrations- und Vernichtungslager ihre Geschichte nicht von selbst erzählen. Auch sie müssen erst zum »Sprechen« gebracht werden, sei es durch Dokumentation, sei es wiederum durch »Kunst«.

Mit seiner Einsicht in die Zeitgebundenheit von Denkmälern ist Salomon Korn nahe bei zwei Begriffen, die den Historikern geläufig sind. Sie pflegen zu unterscheiden zwischen »Überresten« und »Denkmälern«. Überreste sind unabsichtlich auf uns gekommene Zeugen einer vergangenen Zeit. Das ist bei »Denkmälern« – in einem weit gefaßten Sinn – etwas anderes. Denkmäler können Zeugnisse, Urkunden, Inschriften – aber eben auch monumentale Bau- und Kunstwerke sein, die bewußt zu dem Zweck geschaffen wurden, an die zur Vergangenheit werdende Gegenwart zu erinnern, aus der sie stammen. Es handelt sich bei Denkmälern um Botschaften aus einer Vergangenheit an künftige Generationen.

Auch das geplante »Denkmal für die ermordeten Juden Europas« ist – ungeachtet der vielen Beteuerungen des »Eingedenkens« – in erster Linie ein Denkmal aus unserer Zeit für künftige Generationen. Es kündet eben nicht unmittelbar von den Leiden der Opfer der nationalsozialistischen Vernichtungspolitik, sondern es ist – ob es will oder nicht – ein Dokument dafür, wie unsere Zeit mit dem Gedenken an die Opfer umgeht. Man muß die Formulierung enger fassen: Es ist ein Monument für das, was man im »Förderkreis zur Errichtung eines Denkmals für die ermordeten Juden e. V.« als einen politisch korrekten Umgang mit dem *Holocaust* betrachtet.

»Überreste« sind in dieser Weise nicht gegenwartsfixiert, denn sie sind unabsichtliche Hinterlassenschaften einer vergangenen Epoche. Konzentrations- und Vernichtungslager sind Überreste. Sie sind sogar Überreste besonderer Art, da es bei Kriegsende nicht gelungen war, sie rechtzeitig zum Verschwinden zu bringen. Sie sind Zeugnisse einer Vernichtungsmaschinerie, die die Spuren ihrer Verbrechen tilgen wollte. Insofern sind sie geradezu das Gegenstück von »Denkmälern«.

Überreste sind auch insofern das Gegenstück zu Denkmälern, als sie das Verhältnis von Vergangenheit und Gegenwart umkehren. In allen Monumenten macht sich zwangsläufig die Gegenwart in der Vergangenheit breit; letztlich nehmen sie sich selbst wichtiger als das Ereignis, dessen sie doch gedenken wollen. Kein Geringerer als Friedrich Nietzsche hat diese Logik der »monumentalen« Geschichtsauffassung betont: die Vergangenheit kommt in ihr zu Schaden, weil das Monumentale letztlich dem Leben der Gegenwart dient. Herrscht im Denkmal die Gegenwart über die Vergangenheit, so im Überrest die Vergangenheit über die Gegenwart.

Konzentrationslager als Überreste ragen in die Gegenwart hinein. Sicherlich, in vielen Fällen ist von ihnen nicht viel übriggeblieben. Aus verschiedenen Gründen hat die Nachkriegszeit das Werk der Nationalsozialisten fortgeführt. Man hat sich bemüht, die Lager einerseits verschwinden zu lassen und andererseits das Gelände mit der eigenen, sinndeutenden Symbolik zu überfrachten. Dachau wurde durch Kirchenbauten in eine Tröstungs- und Versöhnungsstätte verwandelt.

Das klassische Gegenstück zu Dachau auf seiten der DDR ist Buchenwald. Das Lager selbst wurde zum sowjetischen »Speziallager Nr. 2« – der Ettersberg aber wurde zum Monument eines zur Legende verklärten kommunistischen Widerstandes. Es scheint so, als müßten die Überreste immer erst den herrschenden Ideologien angepaßt werden, um erträglich zu sein. Auch auf dem Boden der Überreste vollzieht sich mit Hilfe von Denkmälern ein Angriff der Gegenwart auf die Vergangenheit.

Die entscheidende Frage sollte lauten: Haben wir es bei der Ermordung der europäischen Juden mit einem Ereignis zu tun, bei dem es nicht angeht, daß irgendeine spätere Gegenwart sich überhaupt das Recht herausnimmt, sinndeutend mit ihm in Beziehung zu treten? Wenn der nun einmal eingebürgerte Topos von der Einmaligkeit oder der Singularität dieses Verbrechens einen Sinn haben kann, dann nur den, daß hier ein Teil der Geschichte aus dem Fluß der Kontinuität herausgebrochen ist. Keine Gegenwart kann sich von sich aus auf ein solches Ereignis beziehen wollen. Am ehesten hat noch Karl Jaspers in seinen Heidelberger Vorlesungen von 1945/46 in seinem Begriff der »metaphysischen Schuld« die Vorstellung getroffen, hier sei etwas geschehen, das einen Bruch in der Geschichte markiere; er meinte damit das Verhältnis der Menschen zu Gott. Man könnte es auch dahingehend deuten, daß hier etwas geschehen ist, das sich durch die üblichen Rituale nachträglicher Reue nicht wiedergutmachen läßt. Das bedeutet aber auch, daß keine spätere Gegenwart befugt ist, hier einfach Denkmäler zu setzen, wenn ihr nach fünfzig Jahren gerade der Sinn danach steht.

Wenn sich also nicht die Gegenwart in der Vergangenheit breitmachen, sondern die Vergangenheit ihr nicht erlösbares Leiden in der Gegenwart geltend machen soll, dann ist ein bescheidener Umgang mit den Überresten vielleicht das einzig mögliche, was wir tun können. Ein Kriterium für die Bescheidenheit könnte sein, daß wir uns nicht deutend, sondern aufnehmend verhalten und jene »Bilder« des Vergangenen in uns aufsteigen lassen, die wir alle irgendwann einmal gesehen haben und die unser Denkvermögen längst zu Symbolen eines »historischen Bildgedächtnisses« verdichtet hat. Es ist die Aufgabe kritischer historischer Forschung, die Herkunft dieser Bilder zu untersuchen; es geht um einen Teil historischen Wissens, der genau so behandelt werden muß wie jede andere historische Quelle. Aber diese Bilder sind das einzige Medium, in dem die Vergangenheit selbst uns eine Anschauung zu unseren Begriffen liefert. In unseren Begriffen drückt sich unser aktives Verhältnis zur Vergangenheit aus; in die Bilder, die die Vergangenheit uns schickt, sollten wir uns so aufnehmend-passiv versenken, als es irgend möglich ist. Wenn wir in dieser Weise gedenken wollen, müssen wir uns (so schwer es auch fällt) an die Orte selbst begeben; wir können nicht erwarten, daß die Orte in Form eines Denkmals zu uns kommen. Jeder Ort hat vor jedem denkbaren Denkmal eines voraus: Er ruft das Gefühl des »Hier war es« hervor, auch und gerade wenn die Spurensucher nach dem »Authentischen« nur bedingt auf ihre Kosten kommen. Vor einigen Wochen fand in der Evangelischen Akademie Loccum eine von Detlef Hoffmann (Oldenburg) veranstaltete Tagung unter dem Titel »Der Angriff der Gegenwart auf die Vergangenheit« statt, auf der Fragen dieser Art diskutiert wurden.

Es gab einen Vortrag von Krystina Oleksy, der Vizedirektorin der Gedenkstätte Auschwitz. Sie berichtete davon, daß auf dem Gelände des Lagers Auschwitz-Birkenau jetzt 70 Bildtafeln aufgestellt sind, die mit Photographien und erklärenden Beschriftungen eben jene Punkte markieren, an denen das geschah, was auf den Bildern zu sehen ist. Jene Bilder scheinen dem nahezukommen, was der französische Philosoph Henri Bergson einmal als »reines Gedächtnis« bezeichnet hat. Er meinte damit Gedächtnisbilder, die nur dem Erinnern dienen, die von keinen utilitaristischen, gegenwärtig-praktischen Bedürfnissen in Anspruch genommen sind.

Wer sich auf Überlegungen dieser Art einläßt, dem kommt zu Bewußtsein, was die Denkmäler des Berliner Wettbewerbs nur sind: Surrogate, die sich anschicken, am falschen Ort die falschen Gefühle abzurufen. Gerade weil das Gelände so schön groß war, häuften sich die Entwürfe, die für die Erlebnisgesellschaft einen Erlebnispark aufbauen. Dafür bedienen sie sich einer Bildsprache, die etwa auf der Mitte zwischen einmal gefundenen, zur Legende erstarrten Bewältigungsformeln und der gestellten Aufgabe einer politischen Allegorie liegt. Hier dient nichts primär dem Erinnern, sondern alles der Selbstdarstellung der »Kunst«. Der drittplazierte Entwurf sagt von sich, er wolle »die äußerste Verlorenheit menschlicher Existenz im Zugriff organisierter Vernichtung mit bildernischen Mitteln darstellen und ahnbar machen«. Die Jury war sich uneins, ob das gelungen sei: »Von einigen Juroren wurde das Zentrum der Denkmalsanlage als ein ›aufgepeppter Sarkophag‹ empfunden (...) Kontrovers diskutiert wurde ferner, ob die Addition von bekannten Metaphern, wie Schienen und Leichenteilen, auf eher ›bequeme‹ Weise die an das Denkmal gestellten Erwartungen erfüllt oder ob das Denkmal zum Nachdenken und Reflektieren anregt.« Besser getroffen hat es da schon der mit einem der beiden ersten Preise versehene Entwurf von Simon Ungers. Feinsinnig lobt die Jury: »Es spricht für das Denkmal, daß es sowohl offiziellen Anlässen als auch der individuellen Begegnung Raum bietet und ohne Erklärungen, Führungen und Interpretationen auskommt.« Fast noch besser aber ist der Entwurf der Berliner Künstlergruppe unter Regie der Künstlerin Christine Jackob-Marks der Surrogatfunktion gerecht geworden: »Andererseits wurde die Platte (als) ein ›genialer‹ Einfall angesehen, sie rühre die meisten Emotionen an. Sie vermittle auf faszinierende Weise Beklommenheit und sei die richtige Form zum Thema; sie vermittle die Gesamtzahl der sechs Millionen und sei doch individuell. Die Namen sollen nach und nach angebracht werden.« Was rührt die meisten Emotionen an? Wie vermittelt man auf faszinierende Weise Beklommenheit? Das sind die Fragen, um die es im Erlebnispark *»Holocaust-Denkmal«* geht. Das vorgebliche Erinnern ist nur der Anlaß, etwas Gegenwärtiges zu demonstrieren: daß die Deutschen auf faszinierende Weise beklommen sein wollen und daß diese Betroffenheit in einem Monument für die Zukunft festgehalten werden muß. Die Platte – so heißt es – sei die richtige »Form« zum Thema: Deutlicher kann die Überformung der Vergangenheit durch die Gegenwart nicht ausgesprochen werden. Das Geschehen ist in eine Form zu bringen. Jetzt herrscht die Ordnung einer Grabplatte. Max Horkheimer hat einmal das herbe Bonmot gesprochen, die Gegenwart behalte das Recht über die Vergangenheit wie der Totengräber über die Leiche.

Wenn ein Jurymitglied über den immerhin an die dritte Stelle gesetzten Entwurf sagt, an ihm wirke das Zentrum der Denkmalsanlage wie ein »aufgepeppter Sarkophag«, außerdem seien Bildmetaphern wie Leichenteile und Schienen zu »bequem« – dann gewährt dieser Satz einen kleinen Einblick in die Sprache der Auguren: Sie schätzen die Kunst, über die sie urteilen sollen, auch nicht. Verwunderlich ist das kaum.

Durch fast alle Kommentare zu den Resultaten des mißlungenen Wettbewerbs zieht sich ein ironischer Grundton. Der »Förderkreis zur Errichtung eines Denkmals für die ermordeten Juden e. V.« hat eine Situation heraufbeschworen, in der es notwendig ist, anstatt über die Ermordung der Juden selbst über das Denkmal für die Ermordeten zu reden. Diese kleine, aber entscheidende Veränderung hat eine neue Sprache freigesetzt. Nun ist es möglich, einen ganz gewöhnlichen Kunstdiskurs zu führen, mit all dem Gezerre vor und hinter der Szene, wie es in dieser Branche üblich ist. Die Kritik ist dann nicht gerade kleinlich und langt kräftig zu. Nur ein Beispiel von vielen. Es bezieht sich auf den Vorwurf des »Ablaßhandels« beim Entwurf von Jackob-Marks. In dem – im übrigen lesenswerten – Artikel von Elke Schmitter (»Süddeutsche Zeitung« vom 12.4.95) heißt es in verständlicher Empörung und aufgeregter Zeichensetzung: »Wenn wir den, mit dem Entwurf von Ungers, kriegten, wäre die allergrößte Lachnummer und Peinlichkeit vermieden – daß Deutschlands Denkmal, eine Grabplatte, aus finanziellen Gründen leider nackt bleibt.« Lachnummer – dieses Wort im Zusammenhang mit der Ermordung der europäischen Juden, selbst wenn es nur vermittelt über das Denkmal zum *Holocaust* fällt, wäre vor der Kontroverse um das Monument nicht möglich gewesen. Es fällt aber deswegen, weil das Denkmal schon ironisch betrachtet wird, weil seine

Unglaubwürdigkeit in die Augen springt. Denkmäler dieser Art können nur unglaubwürdig sein. Man sollte versuchen, den Schaden abzuwenden, der von ihnen ausgeht und der droht, die Erinnerung an das Ereignis selbst zu beschädigen.

Neue Zürcher Zeitung, 1.4.1996

Salomon Korn

Der Tragödie letzter Teil – das Spiel mit der Zeit

Anmerkungen zum Holocaust-Denkmal in Berlin, bevor über das Mahnmal für die ermordeten Juden Europas entschieden wird

Gleich fängt man wieder an: Ein neues
Stück, das letzte Stück von sieben;
So viel zu geben ist allhier der Brauch.
Ein Dilettant hat es geschrieben,
Und Dilettanten spielens auch.
Verzeiht, ihr Herrn, wenn ich
verschwinde: Mich dilettierts,
den Vorhang aufzuziehn.
Faust I, Walpurgisnacht

Die Geschichte des »Denkmals für die ermordeten Juden Europas« beginnt mit einem Mißverständnis: Bei ihrem Besuch der nationalen israelischen Gedenkstätte Yad Vashem kam der Fernsehjournalistin Lea Rosh und dem Historiker Eberhard Jaeckel angeblich zum ersten Mal die Idee, daß diesem Denkmal im Land der Nachfahren der Opfer ein Denkmal im Land der ehemaligen Täter entsprechen müsse. Daraufhin beschlossen sie, eine Initiative zur Errichtung eines solchen Denkmals ins Leben zu rufen. Den entscheidenden Unterschied zwischen dem Gedenken im Land der überlebenden

Opfer und deren Nachkommen und dem im Land der Täter und deren Abkömmlinge übersahen sie dabei.

In Israel wird die Vernichtung des europäischen Judentums nicht als Endpunkt jüdischer Geschichte betrachtet, sondern sinnstiftend in ein geschichtliches Kontinuum eingeordnet. Danach steht der Holocaust in einer historischen Abfolge jüdischer Katastrophen, nach denen das Judentum – wie verheerend deren Folgen auch gewesen sein mögen – stets weiterlebte und zu neuer Blüte fähig war. Nach Ansicht des israelischen Historikers Saul Friedländer wird zwischen Vernichtung der europäischen Judenheit und der Geburt des Staates Israel eine mythische Verknüpfung hergestellt, wonach der Staat Israel als Erlösung aus der Katastrophe erscheint. Dieses Grundmuster, dem das Gedenken in Yad Vashem verpflichtet ist, kann schwerlich Grundlage eines zentralen Denkmals im Land der Täter und ihrer Nachkommen sein. Wenn es dennoch von Lea Rosh immer wieder als Vorbild aufgerufen wird, liegt die Vermutung einer kompensatorischen Überidentifizierung mit den wirklichen Opfern nahe. Ein »Import« jüdischer Gedenk- und Mahnmalstraditionen aus Israel würde Deutschland den Vorwurf eintragen, auf diese Weise der notwendigen Auseinandersetzung mit Tat und Täter des nationalsozialistischen Massenmordes an den Juden auszuweichen – zumal es eine solche Auseinandersetzung bereits gibt.

Seit den siebziger Jahren stellt eine neue Künstlergeneration in Deutschland Denkmäler als Träger öffentlicher Erinnerung radikal in Frage: sie erschwerten eher Erinnerung, statt sie anzuregen. Da diese Künstler einerseits zwar von ihrer moralischen Verpflichtung zu erinnern überzeugt sind, andererseits aber der nach wie vor durch die Nazivergangenheit belasteten Monumentalkunst skeptisch gegenüberstehen, haben sie, dem amerikanischen Denkmalexperten James E. Young zufolge, sich Gedanken nicht nur über die Grenzen ihrer künstlerischen Ausdrucksformen, sondern über die Idee des Denkmals überhaupt gemacht: »Sie haben eine elementare deutsche Frage – wie kann ein Volk einen neuen, gerechten Staat auf der Grundlage der Erinnerung an seine Verbrechen aufbauen? – aufgeworfen und darauf mit einer Reihe verblüffender und provozierender Installationen – Antidenkmälern – geantwortet, die so konzipiert sind, daß sie die eigentliche Prämisse ihres Vorhandenseins in Frage stellen.«

Wie stellt sich ein Denkmal selbst in Frage? Indem es den Betrachter zwingt, die Erinnerung nicht an das Denkmal zu delegieren, sondern die Erinnerungsarbeit selbst auf sich zu nehmen, sich also selbst die Funktion des Denkmals aufzuerlegen. Horst Hoheisel ließ 1987 in Kassel den 1908 von einem früheren jüdischen Bürger gestifteten, 1939 von den Nazis zerstörten Brunnen in Negativform wiedererstehen, indem er ihn rekonstruierte und umgekehrt in die Erde versenkte. Das Kasseler »Denkloch« sollte als »negatives« Spiegelbild des früheren Brunnens die Geschichte des Ortes als eine Wunde und offene Frage in das Bewußtsein der Öffentlichkeit retten.

Das 1986 von Jochen und Esther Gerz errichtete Harburger »Mahnmal gegen den Faschismus«, eine zwölf Meter hohe, bleiverkleidete Säule, lädt den Betrachter dazu ein, seinen Namen in sie einzuritzen, um abschnittsweise vollgeschrieben, Stück für Stück in die Erde versenkt zu werden. Die Bürger mußten dieses Mahnmal in Gebrauch nehmen, sonst wäre es als Menetekel dafür sichtbar geblieben, daß zu wenige sich mit ihrem Namen gegen den Faschismus bekannt hatten. Gerade weil die Säule langsam verschwand, war sie – durch ihren allmählichen Entzug, ihre Vergänglichkeit – dem Bewußtsein der

Öffentlichkeit näher als starre, »ewigwährende« Denkmäler, die man jederzeit beliebig aufsuchen kann. 1993, sieben Jahre später, war die Säule vollständig versenkt – unsichtbar geworden wie die verschwundenen Opfer des Nationalsozialismus.

Die Abkehr von herkömmlichen starren, verdinglichten Denkmälern und Hinwendung zu allmählich verschwindenden oder unsichtbaren Installationen ist die Aufforderung zu fortwährender eigenverantwortlicher, geistiger Auseinandersetzung mit der eigenen Geschichte, mit kollektiver und individueller historischer Erinnerung. Was aber stützt das angestrebte fortdauernde Gedenken als Akt der Aufrechterhaltung des kollektiven Gedächtnisses, wenn das Antidenkmal erst einmal verschwunden ist?

In dieser Phase kritischer Mahnmalsdebatten fordert Lea Rosh 1988 die Errichtung eines »Denkmals für die ermordeten Juden Europas« in Berlin. Kurz vor dem Mauerfall wird im November 1989 mit vielen prominenten Mitgliedern der »Förderkreis zur Errichtung eines Denkmals für die ermordeten Juden Europas e. V.« gegründet. Ausschließliche Aufgabe des »Förderkreises« ist die Errichtung dieses Denkmals. Im Frühjahr 1992 erklärt der Bund seine Bereitschaft, gemeinsam mit dem Land Berlin und dem Förderkeis die Trägerschaft für das Denkmal zu übernehmen. Wenige Monate später entscheidet das Bundesinnenministerium unter Rücksichtnahme auf den Standpunkt des Zentralrates der Juden in Deutschland, kein gemeinsames Mahnmal für die ermordeten Juden und die Sinti und Roma zu errichten. Im November 1992 steht fest, daß das »Denkmal für die ermordeten Juden Europas« auf einem Grundstück des Bundes südlich des Brandenburger Tors, in den ehemaligen Ministergärten, errichtet werden soll. Bund und Land Berlin verpflichten sich, die Hälfte der Realisierungskosten zu übernehmen; die andere Hälfte will der Förderkreis durch Spenden aufbringen.

Im April 1994 wird von den Auslobern Bund, Land Berlin und Förderkreis ein anonymer bundesoffener künstlerischer Wettbewerb mit zwölf eingeladenen internationalen Künstlern für das geplante »Denkmal« ausgeschrieben. Etwa 2600 Künstler fordern die Wettbewerbsunterlagen an, 528 Entwürfe werden bis zum 28. Oktober 1994 abgegeben. Das fünfzehnköpfige Preisgericht vergibt nach fünf Sitzungen am 16. März 1995 zwei gleichrangige erste Preise, einen an Simon Ungers (Köln) und einen weiteren an die Künstlergruppe Christine Jackob-Marks, Hella Rolfes, Hans Scheib, Reinhard Stange (Berlin), daneben werden fünfzehn weitere Arbeiten preisgekrönt. Bis zum Sommer soll eine Machbarkeitsstudie klären, welcher Entwurf realisiert wird.

In den folgenden Wochen erscheinen zahlreiche überwiegend ablehnende Kommentare zum Ergebnis des Wettbewerbs. Der Vorsitzende des Zentralrats der Juden, Ignatz Bubis, kritisiert die monströse Grabplatte der Künstlergruppe um Christine Jackob-Marks und geißelt vor allem den Aufruf des Förderkreises, Spenden über in die Grabplatte einzumeißelnde Opfernamen zu sammeln; jeder, der ein schlechtes Gewissen habe, so Bubis, könne hier einen Ablaßhandel mit Namen treiben. Im Juni 1995 gibt die Senatsverwaltung für Bau- und Wohungswesen Berlin bekannt, daß der Entwurf der Künstlergruppe um Christine Jackob-Marks, die Mega-Grabplatte, realisiert werden soll. Ende Juni legt Bundeskanzler Kohl sein Veto gegen diese Entscheidung ein und erklärt gleichzeitig, daß der Bund das vorgesehene Grundstück für die Realisierung dieses Entwurfes nicht zur Verfügung stellen werde.

Die Auslober verschieben ihre neu zu treffende Entscheidung bis nach den am 22. Oktober stattfindenden Berliner Landtagswahlen. Doch auch in den darauf folgenden Monaten können sie sich zu keiner Entscheidung durchringen. Erst eine Initiative der SPD-Bundestagsabgeordneten Peter Conradi bringt erneut Bewegung in die festgefahrene Debatte: Jetzt soll das Parlament sich des Themas Holocaust-Denkmal annehmen.

Bemerkenswert daran ist, daß sich die Volksvertreter bis dahin kaum für einen öffentlich kontrovers diskutierten Vorgang interessiert hatten, der ein aktuelles nationales Thema unmittelbar berührt: die Auseinandersetzung mit deutscher Vernichtungspolitik während des »Dritten Reiches« und deren Darstellung in einem zentralen Mahnmal. Dieses Versäumnis, wenn nicht gar Desinteresse, zeigte sich auch in der Debatte des Bundestages am 9. Mai 1996. Kaum ein Drittel der Abgeordneten war anwesend. Während der Redebeiträge lasen einige von ihnen Zeitung, andere verließen schlendernd den Plenarsaal bis zum Aufruf des nächsten Tagesordnungspunktes, und selbst höchste Regierungsvertreter hielten auf den hinteren Bänken interne Beratungen ab, statt den Rednern zuzuhören. Das zentrale Holocaust-Mahnmal als lästige Pflichtübung des Bundestages?

Die Redebeiträge selbst beschränkten sich aufs Referieren bekannter Argumente, ohne der bis dahin außerparlamentarisch geführten Debatte um ein Holocaust-Mahnmal neue Impulse zu verleihen. Peter Conradi hatte seine Position bereits vor der Bundestagssitzung öffentlich vorgetragen: Ein neuer Wettbewerb an einem neuen Standort! Auch wenn diese Forderung bereits Monate zuvor von anderen erhoben worden war, so traf sie – jetzt aus dem Munde eines Bundestagsabgeordneten – den von Anfang an wunden Punkt des Wettbewerbsverfahrens: Das 20000 Quadratmeter große Grundstück hatte die meisten Wettbewerbsteilnehmer dazu verführt, die Dimension ihrer Entwürfe ins Monumentalistische zu steigern – von Lea Rosh mit dem Argument sekundiert, das Verbrechen sei monumental gewesen, also müsse auch das Denkmal monumental sein. Nach dieser Gleichung hätte ein »Denkmal für die ermordeten Juden Europas« ganz Europa überdecken müssen. Doch ist »historisches Gewicht« nicht einfach mit Tonnage und die Größe eines Verbrechens nicht mit bloßer Flächenausdehnung gleichzusetzen oder zu versinnbildlichen. Zudem: Ein zentrales(!) Holocaust-Denkmal entfaltet nur dann seine Wirkung, wenn es in einen »Dialog« sowohl mit interessierten Betrachtern als auch mit bestimmten Symbolen deutscher Geschichte treten kann. Abgesehen davon, daß das ausgewiesene Denkmalsgelände eher am Rande der Verkehrsströme liegt und von Besuchern erst umständlich aufgesucht werden muß: die Nähe zur ehemaligen Reichskanzlei und zum früheren Führerbunker bindet das geplante Mahnmal historisierend an die nationalsozialistische Vergangenheit, statt – wie etwa bei einem Standort am Reichstag – aktualisierend an die bundesrepublikanische Gegenwart. Einen Standort am Reichstag lehnen Lea Rosh und der Förderkreis mit der Begründung ab, er sei »zu zentral«, denn die deutsche Geschichte sei mehr als nur die Ermordung der Juden, und es dürfe nicht so aussehen, als wolle man sie darauf reduzieren. Dies wäre nur dann richtig, wenn man den Reichstag selbst in ein Holocaust-Mahnmal umwandelte oder ein solches Mahnmal im Zentrum des deutschen Parlaments errichtete. So aber entlarvt die Begründung von Lea Rosh ihre eigentliche Botschaft: das Holocaust-Denkmal ist mit (vergangener) nationalsozialistischer Geschichte verknüpft, das (gegenwärtige) Zentrum deutscher

Geschichte muß vom Jahrtausendverbrechen unberührt, muß für die Zukunft des vereinten Deutschland »sauber« bleiben. Das Holocaust-Mahnmal als Grabstein des Holocaust?

Mit der bevorstehenden Einbindung des Bundestages in die Holocaust-Denkmalsdebatte drohten die seit der Berliner Landtagswahl geglätteten Wogen erneut bedrohliche Höhe zu gewinnen. In dieser Situation einigten sich die Auslober Ende April 1996 auf ein vom Berliner Kultursenator Peter Radunski vorgeschlagenes Verfahren. In einer gemeinsamen Pressemitteilung vom 24. April bekräftigen sie ihren Willen zur Errichtung des Holocaust-Denkmals wie auch ihr finanzielles Engagement. Ferner halten die Auslober an dem geplanten Standort in den ehemaligen Ministergärten südlich des Brandenburger Tors fest. Der Grundstein für das Denkmal soll am 27. Januar 1999, dem Holocaust-Gedenktag, gelegt werden. Schließlich soll »auf der Grundlage des Wettbewerbs in einem strukturierten und zeitlich befristeten Prozeß, (...) in einem mehrstufigen Kolloquium« diskutiert werden, »wie in der Bundeshauptstadt an die ermordeten Juden Europas und die Täter am wahrhaftigsten und wirksamsten erinnert werden kann. Auf der Grundlage der Entwürfe der ersten sieben Preisträger des Wettbewerbs werden nach der Sommerpause 1996 Experten (Historiker, Philosophen, Städteplaner u. a.), Abgeordnete des Deutschen Bundestages und des Abgeordnetenhauses von Berlin zu einem Kolloquium eingeladen. Die Auslober werden das Kolloquium auswerten und das weitere Umsetzungsverfahren dann entscheiden. Dabei wird Einvernehmen angestrebt.«

Die jetzt eingeschlagene Vorgehensweise bietet den Auslobern in einer nach wie vor ungeklärten Situation gleich mehrere Vorteile:

Zeitgewinn: Möglichen Kritikern wird das Argument entzogen, daß das bereits monatelang vor sich hin dümpelnde Verfahren überhastet entschieden werden könnte. Mit dem nunmehr verbleibenden Zeitraum von dreieinhalb Jahren können die Auslober jeden Verdacht einer vorschnell beabsichtigten Entscheidung von sich weisen. In Wirklichkeit wird jedoch der Zeitgewinn nicht für Kolloquien, Expertenrunden und Anhörungen gebraucht – alle wesentlichen Argumente sind mehrfach ausgetauscht worden –, sondern, wie der Feuilletonist Jens Jessen richtig vermutet, »für eine politische Mehrheitsbildung, die derzeit nicht zu haben ist«.

Kompetenzgewinn: Nachdem eine Wettbewerbsjury bereits getagt und ihre (umstrittene) Entscheidung getroffen hat, werden nunmehr weitere Gremien von Fachleuten aufgefordert, Empfehlungen abzugeben. Sollten dann die Auslober »ihre« endgültige Entscheidung fällen, können sie sich am Ende auf eine zweite (vielleicht sogar dritte oder vierte) »hochkarätige Jury« berufen, vor deren geballtem Expertenwissen jede Kritik wie kaltes Wasser am Entenbürzel abperlen muß. Daß diese von den Auslobern immer wieder gebetmühlenartig wiederholte »Kompetenz« nichts anderem dient, als ein enttäuschendes Wettbewerbsergebnis nachträglich gegen Kritik zu schützen, liegt auf der Hand. Max Bächer, Architekturprofessor und Deutschlands erfahrenster Juror in künstlerischen Gestaltungswettbewerben, hält den Auslobern vor, »daß die Preisträger für ihre Konzepte keinen Nachhilfeunterricht in Form von Kolloquien oder Workshops brauchen. Die Jury hat über die Konzepte entschieden, und die liegen vor. Dies ist ein krampfhafter Versuch, eine Farce, um das Gesicht zu wahren (...) Eine Überarbeitung ist vergeudete Mühe und Zeit.«

Glaubwürdigkeitsgewinn: Mit Festlegung auf den 27. Januar 1999 als Termin für die Grundsteinlegung wird nicht nur Zeit und (vermeintliche) Kompetenz gewonnen, sondern öffentlich manifestiert, daß alle Befürchtungen grundlos sind, eine Verzögerung des Projekts Holocaust-Denkmal werde zu dessen Scheitern führen.

Dem Dreigespann Zeit-, Kompetenz- und Glaubwürdigkeitsgewinn kommt vor allem die Funktion zu, das Schlucken der eigentlichen Kröte – die falsche Grundstückslage – zu überspielen. Doch ein fortdauerndes unappetitliches Aufstoßen wird auch diese vermeintlich starke Trias nicht verhindern können, weil eine unumstößliche Tatsache mit keinen noch so wohlgesetzten Worten zu umgehen sein wird: Auf dem falschen Grundstück läßt sich kein »richtiges« Holocaust-Denkmal errichten (wofür es auch bei einem angemessenen Standort noch keine Gewähr, zumindest aber eine Chance gibt). Die Mitglieder der zukünftigen Expertenrunden sollten sich dessen bewußt sein, wenn sie darangehen, das bedenkliche Wettbewerbsergebnis mit ihren Namen, Gutachten und öffentlichen Verlautbarungen zu »optimieren«. Angesichts des falschen Grundstücks und des insgesamt enttäuschenden Wettbewerbsergebnisses ist jede »Optimierung« von vornherein zum Scheitern verurteilt. Gleichgültig, was unter diesen Voraussetzungen am Ende auch empfohlen werden sollte: Es kann nicht besser sein als das, was bereits vorhanden ist. Daran würde auch die Realisierung eines Entwurfes wie der mit einem 11. Rang ausgezeichnete, vieldiskutierte »Bus Stop« nichts ändern. Dessen Grundidee, daß die Dimension des Holocaust und das Gedenken an ihn sich nicht auf ein beliebiges Grundstück der deutschen Hauptstadt beschränken läßt und daher interessierten Besuchern angeboten wird, vom Denkmalsgelände aus mit Bussen zu den authentischen Stätten der Vernichtung zu fahren, ist sicherlich eine Abkehr vom überkommenen Monumentgedanken. Doch die Verwirklichung dieses auf den ersten Blick schlüssigen Entwurfes eines »transitorischen Denkmals« würde unerträgliche Banalitäten nach sich ziehen. Die bekannten Gefahren eines KZ-Tourismus mit entsprechender Organisation, Andenkenverkauf und Restauration ließen sich kaum vermeiden. Diese absehbaren Folgen dürften rasch Ideen und Absichten der »Bus-Stop«-Verfasser trivialisieren und untergraben.

Die Fachleute der zukünftigen Expertenrunden befinden sich in keiner beneidenswerten Lage. Sie sind Mitspieler in einem Verfahren, das – wie immer es auch ausgehen mag – kein gutes Ende zeitigen kann. Auf dem Theater – und das ähnelt ja bekanntlich hin und wieder dem wirklichen Leben – bezeichnet man diese Situation als Tragödie. Es gehört als Teilnehmer solcher Gutachtergremien zur Aufrichtigkeit sich selbst und der Sache gegenüber, ein Bewußtsein davon zu haben, welche Rolle man in einem Stück spielt, dessen Ende unausweichlich feststeht. Und welche Rolle soll der erst kürzlich aus einem Mahnmals-Dornröschenschlaf aufgewachte Bundestag darin spielen? Die des »aufgeweckten« Reisewilligen, der auf einen bereits abgefahrenen Zug aufspringen will, oder – etwas klassischer – die des Steinernen Gastes?

Wenn die zukünftigen Mitglieder der Expertenrunden mehr sein wollen als bloße Statisten in einer bereits weitgehend festgelegten Dramaturgie, dann müssen sie – gegebenenfalls auch gegen die erklärten Absichten der Auslober, aber im Sinne der Sache – den ihnen auf dem bisherigen Grundstück verbliebenen engen Spielraum bis zum Äußersten nutzen (was nichts Grundsätzliches an der »Optimierung« falscher Vorgaben ändert). Soll das jetzt einzuschlagende Verfahren mehr sein als die von Fachleuten abzusegnende »Verschlimmbesserung« des bisherigen Wettbewerbsergebnisses, dann muß sowohl der Kreis der Teilnehmer erweitert als auch den bisherigen Teilnehmern die Möglichkeit eröffnet werden, entweder ihren Wettbewerbsentwurf zu überarbeiten oder an seiner Stelle einen neuen einzureichen. Die Erweiterung des Teilnehmerkreises meint eine doppelte: nicht nur die im jetzigen Verfahren bestimmten sieben Preisträger, sondern alle 17 Teilnehmer der engeren Wahl. Zudem sollten etwa ebensoviele nationale und international bekannte Künstler eingeladen werden, die alle freie Hand haben müßten. Nur wenn allen Teilnehmern, auch denen der engeren Wahl, uneingeschränkte Entwurfsfreiheit zuerkannt wird, wäre die Möglichkeit gegeben, die aus der bisherigen Debatte gewonnenen Erkenntnisse ins geplante Holocaust-Mahnmal einfließen zu lassen.

Es wäre töricht, die seit eineinhalb Jahren aus einer fruchtbar geführten Debatte abgeleiteten Einsichten nicht für die weitere Verfahrensweise nutzen zu wollen. Verschlössen sich die Auslober einer Umsetzung dieses Erkenntnisgewinns, dann liefen sie Gefahr, die oft geäußerte Vermutung zu bestätigen, es gehe ihnen vorrangig nicht um die Sache selbst, sondern darum, sich ihrer durch verdinglichende, »opferzentrierte« Denkmalssetzung zu entledigen und den eigenen Namen an ein konventionelles, »ewiges« Denkmal zu binden. Dieser Verdacht wäre leicht auszuräumen, wenn die bisherige Debatte von den Auslobern ernst genommen, der herkömmliche Denkmalsbegriff und das anstehende Verfahren so weit wie möglich geöffnet werden, um den vorhandenen engen Spielraum noch nutzen zu können.

Dem möglichen formellen Einwand, das bisherige Wettbewerbsverfahren lasse eine solche Vorgehensweise nicht zu, soll bereits an dieser Stelle begegnet werden: Aufgrund der Ausschreibungsbestimmungen des künstlerischen Wettbewerbes für ein Holocaust-Denkmal in Berlin sind die Auslober an kein bestimmtes Verfahren gebunden (das hatte sich bereits bei der ungewöhnlichen Zusammensetzung der Jury gezeigt). Es steht ihnen völlig frei, den weiteren Gang der Dinge selbst zu bestimmen, ohne gegen geltendes Wettbewerbsrecht zu verstoßen. Eine nachträgliche Berufung auf angebliche Verpflichtungen gegenüber den ausgeschiedenen Teilnehmern der »ersten Wettbewerbsstufe« wäre nur dann glaubwürdig, wenn die Auslober der Ausschreibung von Anfang an geltendes Wettbewerbsrecht zugrunde gelegt hätten. Aber gerade davor haben sie sich – um eben jederzeit uneingeschränkte Handlungsfreiheit zu besitzen – ausdrücklich geschützt. Binden sich die Auslober unter diesen Umständen ohne Not mit vorgeschobenen formalisierten Fesseln, dann muß vermutet werden, daß sie das jetzt gewählte Verfahren in Gang gesetzt haben, um

– öffentliche Kritik auf Dauer zu ermüden (kein Nachrichtengegenstand bleibt dreieinhalb Jahre von Interesse),

– eine über Jahre hinweg schleichende Gewöhnung der Öffentlichkeit am bereits erzielten (unbefriedigenden) Wettbewerbsergebnis zu erreichen,

– sich auf ein von »hochkarätigen« Expertengremien abgesichertes »kritikresistentes« Ergebnis berufen zu können.

Die beste Lösung wäre nach wie vor eine zweite Wettbewerbsstufe mit einer begrenzten Anzahl von Teilnehmern auf einem Grundstück am Reichstag. Dazu konnten die Auslober sich bisher nicht durchringen. Ihnen bleibt jetzt – auf dem falschen Grundstück – die Wahl zwischen Schein-Optimierung des bisherigen Wettbewerbsergebnisses und einer zweiten Wettbewerbsstufe. Wenn die Auslober sich schon ohne Not in eine Lage manövriert haben, in der ihnen nur noch die Wahl zwischen den beiden schlechteren Alternativen bleibt, dann sollten sie wenigstens davon die bessere wählen. Doch ist nach den bisherigen Erfahrungen zu befürchten, daß die jetzt beschlossene Verfahrensweise eine Eigendynamik entwickelt, die in der schlechteren Alternative münden wird:

Die normative Kraft der schrittweise geplanten Bürokratisierung einer eigentlich künstlerisch zu begründenden Entscheidung zermahlt diese langsam, aber stetig zum kleinsten gemeinsamen (Meinungs-)Nenner namhafter Expertengremien. Je mehr »Fachleute« und Meinungsführer am Zermahlen des bereits Zermahlenen beteiligt werden, desto weniger Verantwortung lastet auf den einzelnen Beteiligten – am wenigsten auf den Auslobern selbst, die sich auf ein Heer »hochkarätiger« Gutachter berufen können. Diese werden wiederum rechtfertigend ins Feld führen, ihre Stellungnahmen unter vorgefundenen, unumstößlichen Voraussetzungen abgegeben zu haben, für deren Festsetzung sie selbstverständlich keine Verantwortung tragen: ein in sich hermetisch geschlossener Argumentationskreis – eine Art Perpetuum mobile bürokratischer Rechtfertigungsstrategie.

Was die Auslober als wasserdichtes Verfahren betrachten, ist in Wirklichkeit ein verwässerndes, denn es zielt nicht auf neue Impulse, sondern auf Konsens zwischen den Beteiligten. Das hat seinen Preis: Wer, wie die Auslober, vor allem damit beschäftigt ist, in klippenreichem Gewässer die Wogen zu glätten, statt das eigentliche Ziel anzusteuern, darf sich am Ende nicht wundern, daß er einen Schiffbruch erlitten hat, der von Anfang an absehbar gewesen war.

Frankfurter Rundschau, 13.9.1996

Reinhart Koselleck

Vier Minuten für die Ewigkeit

Das Totenreich vermessen –
Fünf Fragen an das Holocaust-Denkmal

Um 1980 wurde das Gestapo-Gelände in der Mitte Berlins, die Zentrale des nationalsozialistischen Terrorsystems, wiederentdeckt und erschlossen. Seitdem verstummt die Forderung nach einer Gedenkstätte nicht mehr: Vom Mahnmal bis zum Museum reicht die Variationsskala; ein erster Wettbewerb 1984 – mit preisgekrönten überschreitbaren eisernen Bodenplatten – scheitert; inzwischen ist die Finanzierung der auszubauenden Dokumentationszentrale ins Stocken geraten.

Seit 1988 wird der Ausbau dieser »zentralen Denkstätte« wie sie von der privaten Initiative »Aktives Museum, Faschismus und Widerstand in Berlin« genannt wird, überlagert von einem neuen Denkmalsprojekt. Lea Rosh und der von ihr initiierte Förderkreis verlangen auf dem Gestapo-Gelände die Errichtung eines Denkmals für die ermordeten Juden Europas – unter Ausschluß aller anderen Opfer des NS-staatlichen Terrors. Zwei Konzepte also, die sich teils überlappen, teils einander ausschließen. Der Streit war programmiert.

Hinzu kamen 1992 die Wannsee-Gedenkstätte, um an die Planung des Genozids an den Juden zu erinnern, und 1993 die zentrale Gedenkstätte in der Neuen Wache, deren Inschrift darauf zielt, aller »Opfer von Krieg und Gewaltherrschaft« zu gedenken, also sowohl der gefallenen Soldaten wie auch aller ermordeten oder umgekommenen Zivilisten jeglichen Alters oder Geschlechts. Wiederum war der Streit programmiert. Denn alle Überlebenden jener Gruppen, die vom NS-System zuerst diskriminiert, dann verfolgt und schließlich umgebracht worden waren, wehrten sich gegen die Gleichsetzung, ebenso Opfer zu sein wie die Gefallenen jener Nation, die die Mörder stellten. Sie bestanden auf der Unterscheidung zwischen denen, die Opfer sind, und denen, die sich Opfer nennen. Vor allem war es das erfahrungsgesättigte Oppositionspaar zwischen Henkern auf der einen und deren Opfern auf der anderen Seite, das eine gemeinsame Erinnerung aller Toten, wie in der Neuen Wache vorgesehen, verhinderte. Erschwerend kommt hinzu, daß alle Verbände, die die Erinnerung an ihre Verfolgung durch das NS-Regime einklagen, auf die völlig unzureichende Finanzierung jener Gedenkstätten verweisen können, die an den Orten ihres Leidens, ihrer Folter und ihres Sterbens errichtet wurden, also der Konzentrationslager, vor den Toren der Hauptstadt in Oranienburg und in Ravensbrück. Wieder war der Konflikt programmiert.

Die jüngsten Versuche, an Denkmalen einen Totenkult einzurichten, Erinnerung und Reue, Warnung und Mahnung auf Dauer zu stellen, zielen also in drei verschiedene Totenreiche, die auf unterschiedliche Weise in unser Leben hineinragen. Entweder sind alle Toten Opfer, wie es in der nationalen Gedenkstätte eingeschrieben steht. Oder Opfer sind nur jene Gruppen, die als unschuldige Zivilisten oder als wehrlose Gefangene, speziell von den Nazis, umgebracht worden sind. Oder es müssen diese Opfergruppen noch einmal unter sich unterschieden werden, da zum Beispiel in den Worten von Lea Rosh, 1992 vom Bundesinnenministerium bekräftigt, »eine gemeinsame Gedenkstätte für Juden, Sinti und Roma unannehmbar sei«.

Für jede der Kultformen, sofern dafür überhaupt ein Denkmal gefordert wird, lassen sich gute Gründe aufbieten: für die gleichsam überpolitische, allgemeinmenschliche Trauerstätte der Neuen Wache; für die spezifisch menschenrechtliche, Toleranz für alle unterscheidbaren Gruppen einfordernde Erinnerung der ehedem Verfolgten, unbeschadet ihrer ethnischen, politischen, sozialen oder konfessionellen Differenzen, und schließlich für den Anspruch der einzelnen Gruppen, ihren je eigenen Totenkult – mit eigenem Ritual – pflegen zu können.

Jede der drei Erinnerungsweisen schließt die der anderen, ohne sie zu befragen, ein oder aus. Damit ist das tiefsitzende und in unsere Gesellschaft eingekapselte Konfliktpotential umrissen, an dessen Einfriedung oder Auflösung eine anwachsende Zahl von Autoren, Künstlern oder Vereinen seit rund zwei Jahrzehnten arbeitet. Offenbar ist es unmöglich, die Erbschaft an Völkermorden, organisierten Verbrechen, an Opferbereitschaft und systematisiertem Terror anzunehmen und, wie man so schön sagt, zu »bewältigen«, und sei es durch »Trauerarbeit« welcher Art auch immer. Jedes Schuldbekenntnis und jede übernommene Verantwortung reproduziert einen uneinholbaren Rest.

Das zeigte sich bereits, nachdem Bundesregierung, Berliner Senat und Förderkreis zur Errichtung eines Holocaust-Denkmals vor den Ergebnissen ihrer 1994 erfolgten Ausschreibung standen. Dank dem Mauerfall wurde ein Grundstück außerhalb des Gestapo-Geländes, 20000 Quadratmeter, neben dem Brandenburger Tor zur Verfügung gestellt. Die drittelparitätische Jury erteilte zwei erste Preise. Den Zuschlag erhielt schließlich jene Riesenplatte, auf der 4,2 Millionen Namen ermordeter Juden zu verzeichnen seien, mit einer weit über eine Million hinausreichenden Restsumme gleichsam namenlos gewordener Ermordeter.

Zur grundsätzlichen Kritik an einem derartigen »Denkmal« sei ein profaner Gesichtspunkt hinzugefügt. Wenn eine Besucherzahl wie in Auschwitz erwartet wird, dann bewegen sich pro Jahr mehr als eine halbe Million Menschen auf der Riesengrabplatte mit der Folge, daß tägliche Putzkolonnen für Sauberkeit zu sorgen haben, auch um die Reste der Berliner Luft zu beseitigen, mit der weiteren Folge, daß die Namen schneller verschleißen werden als die Erinnerung an sie.

Hinter solchen technischen Details lauert eine weitere Unstimmigkeit. Die schräg angehobene Grabplatte indiziert nun einmal in christlicher Tradition das Versprechen der Auferstehung. Nachdem wir Deutsche fünf bis sechs Millionen Juden erschlagen, erschossen oder vergast, dann in Asche, Luft und Wasser aufgelöst haben, machen wir uns nunmehr anheischig, symbolisch ebendiesen Juden eine Auferstehung anzubieten. Hier fragt sich denn doch, ob über politischen Geschmack nicht gestritten werden muß.

Aus über fünfhundert Entwürfen erteilte die Jury dieser Platte den Zuschlag. Sie vermittle »auf faszinierende Weise Beklommenheit und sei die richtige Form zum Thema«. Einzig und allein das Veto des Bundeskanzlers hat die Platte verhindert. Die Bundesrepublik darf ihm dankbar sein. Nun rüsten die Auslober des Wettbewerbs zu einer zweiten Runde. Der Berliner Senator für Wissenschaft, Forschung und Kultur lädt – im Namen der Bundesregierung, des Senats von Berlin und des Förderkreises zur Errichtung eines Denkmals für die ermordeten Juden Europas e.V. – zu drei Kolloquien ein. Neunzig Teilnehmer sind »kraft ihrer fachlichen, politischen und gesellschaftlichen Kompetenz« gefordert, in dreimal knapp acht Stunden alle offenen Fragen zu klären. Danach fällt die Entscheidung an die Auslober zurück.

Freilich gelten fünf Fragen – die entscheidenden Fragen – als bereits entschieden. Wann das Denkmal zu errichten ist? Die Grundsteinlegung erfolgt am 27. Januar 1999. Wo das Denkmal zu errichten ist? Es bleibt bei dem Platz der Ministergärten neben dem Brandenburger Tor. Wer das Denkmal zu entwerfen hat? Es bleibt bei den ersten neun von siebzehn ausgezeichneten Künstlern beziehungsweise ihren Teams. Wie das Denkmal auszusehen hat, ist damit festgeschrieben. Und was es zu thematisieren hat, steht ebenfalls fest — nur den Massenmord an den europäischen Juden, nicht die Vernichtung anderer Völker oder Gruppen, deren Zahl ebenfalls in die Millionen reicht.

So ließe sich füglich zweifeln, was die neunzig kompetenten Sachkenner und Fachleute noch zu beraten haben. Aber auch dafür ist gesorgt. Die Redezeit pro Kopf und Tag beträgt weniger als vier Minuten. Die Ergebnisse wird die Jury dann – wie gehabt – auswerten. Es bleibt der Phantasie der Fachkompetenz und der ebenfalls zugelassenen Öffentlichkeit überlassen, welche Alternativen zur Platte überhaupt noch hervorgelockt werden können.

Deshalb sei noch einmal nachgefragt. Erstens: Der Termin der Denkmalserrichtung sollte Ergebnis der Überlegungen sein, nicht umgekehrt den Dialog abkappen. Ein so zustande gekommenes Ergebnis ist bereits in der Neuen Wache zu betrachten. Das Denkmal in Auschwitz brauchte zwischen Ausschreibung und Errichtung zehn Jahre, mit einem, wie der Sprecher der Jury, Henry Moore, einräumen mußte, unbefriedigenden Ergebnis. Aber die Deutschen schaffen es offenbar schneller und effektiver? Zweitens: Der Ort des Denkmals, bisher nur eine aufdringliche Monumentalität evozierend, sollte neu bedacht werden. Es gibt gute Gründe, ein Mahnmal am Reichstag oder zwischen Reichstag und Kanzleramt, zwischen Legislative und Exekutive, zu errichten, um die Erinnerung am Ort heutiger politischer Entscheidungsfindung einzuklagen und nicht an Plätzen vergangener Nazigrößen. Und es gibt ebenso gute Gründe, die Topographie des Terrors wieder einzubeziehen. Denn dort entsteht die Dokumentationszentrale, die jedes nur denkbare Denkmal von allen Informationspflichten entlastet, um die rein visuelle Aussage voll zur Geltung zu bringen.

Das führt zu den nächsten beiden Fragen: wer und wie? Welche Künstler sollen das Denkmal wie konzipieren und durchführen? Die Ausschreibung ließ hier zu Recht freien Spielraum, aber die Jury verzichtet ihrerseits auf jedes vergleichende Gutachten, dessen Kriterien die Rangfolge der preisgekrönten Entwürfe begründet hätten. Die einberufene Fachkompetenz muß also neue und eigene Kriterien entwickeln – in dreimal vier Minuten Redezeit pro Kopf. Bisher herrscht ein ungelöster Widerspruch zwischen den drei ersten Preisen, die nach oben offene Denkmale aufweisen, und den folgenden Preisträgern, die architektonisch eingeschaltete Anlagen entworfen haben, um in der Spannung zwischen innen und außen, oben und unten, hell und dunkel für den Betrachter ausweglose Situationen zu erzeugen. Es bleibt uneinsichtig, warum welches Konzept den Vorzug verdienen kann, zumal die eine Hälfte der Entwürfe auf Texte angewiesen, die andere Hälfte textfrei ist. Die Grenze zwischen reinem Mahnmal und halb musealer Gedenkstätte wird von Fall zu Fall anders gezogen, so daß eine neue und präzisierte Ausschreibung sich geradezu aufdrängt. Sie hätte die bisher geleistete Arbeit samt ihren schwankenden Ergebnissen systematisch aufzubereiten.

Schließlich die letzte Frage: Was soll thematisiert werden? Die Antwort hängt davon ab, wie sich die Denkmalsstifter selbst begreifen. Denn das Denkmal wird nicht von den überlebenden Opfern inauguriert, sondern von der Nation, die die Massenmörder hervorgebracht hat. Das ist eine delikate, bisher so noch nicht gestellte Aufgabe. Vielleicht sollten die Täter und die Tatvorgänge ins Bild gesetzt werden? Realistische Beispiele lassen sich leicht finden. Oder soll primär der Opfer gedacht werden, die wir – terroristisch gekonnt und bürokratisch perfekt – selbst produziert haben?

Dann aber stellt sich sofort die Alternative: ein Denkmal für alle Opfer oder für jede Gruppe besonders? Die Argumente für oder wider liegen seit langem auf dem Tisch, aber keines reicht hin, um die eine oder die andere Lösung hinreichend zu begründen. Wenn die Juden von uns Deutschen ein eigenes Holocaust-Denkmal erhalten, dann bleiben wir gegenüber allen anderen Gruppen, die von uns ausgelöscht wurden, im Wort, ebenfalls ein Denkmal zu erhalten. Zunächst die geistig und körperlich Behinderten, samt den als asozial hineindefinierten Randgruppen, deren 80000 als erste vergast wurden, bevor die einmal eingespielten Mordkommandos samt ihren Einrichtungen bruchlos fortfahren konnten, in Polen die Juden zu vergasen. Unbestreitbar bleibt dann auch die Denkmalsbedürftigkeit der Sinti und Roma, die parallel zu den Juden erfaßt und vernichtet worden sind. Und wie soll dann der Millionen hilfloser Zivilisten und wehrloser Gefangener vorzüglich slawischer Völker gedacht werden, die von uns dem Tod ausgeliefert oder unmittelbar ermordet worden sind?

Ist also die Entscheidung einmal gegen ein gemeinsames

Denkmal aller Opfer des Terrorsystems gefallen, so folgt zwingend, daß wir eine Hierarchie der Totenmale erhalten, nach Größe gestaffelt, je nach Zahl der Opfer, und kategorial geordnet nach den rassenideologischen Farbdreiecken, mit denen die SS ihre Lagerhäftlinge einpferchte und gegenseitig ausspielte. Eine solche Folgerung will bedacht sein und muß begründet werden. Oder sollte es doch möglich sein, ein Mahnmal zu entwickeln, das sich nicht nach quantifizierbaren Vorgaben ausrichtet, sondern allen Nachlebenden erlaubt, die Ermordung ihrer Völker oder Gruppen zu erinnern und zu betrauern, ohne den Nachbarn auszuschließen?

Wie auch immer die Antwort aussehen wird – die bisherigen Ausschreibungsbedingungen lassen diese Fragen gar nicht zu. Vielleicht sollten sie doch gestellt werden. Dann aber braucht die Antwort sicher mehr Zeit als dreimal acht Stunden von neunzig fachkompetenten Köpfen.

Frankfurter Allgemeine Zeitung, 9.1.1997

Gerhard Schoenberner

Sortiertes Gedenken

Ein Beitrag zur Mahnmal-Debatte, im Colloquium unerwünscht

Zu den Anhörungen bin ich nicht geladen, meine Intervention war also nicht vorgesehen. Ich gebe auch zu, ich halte die herkömmlichen Denkmäler für überholt, das vorgeschlagene habe ich »eine deutsche Anmaßung« genannt. Wenn ich mich trotzdem noch einmal zu einem Thema äußere, so nur »for the record«, damit später niemand sagen kann, er habe dies oder jenes nicht gewußt, gewollt oder vorhersehen können.

Das heutige Thema, der Ort des Denkmals, läßt sich freilich separat und isoliert von allen anderen Fragen schwerlich diskutieren. Der vorgesehene Platz für das geplante Denkmal ist in letzter Zeit wiederholt in Frage gestellt worden. Tatsächlich erscheint die Standortwahl willkürlich, der Versuch, dem Areal der ehemaligen Fahrbereitschaft der Reichskanzlei noch etwas Symbolik abzupressen, bemüht. Vielleicht noch wichtiger ist der Einwand, daß man die städtebauliche Planung für dieses Territorium nicht genügend berücksichtigt hat, die das Gelände in eine von Autokolonnen umfahrene Verkehrsinsel verwandeln wird.

In der öffentlichen Diskussion sind nun zwei alternative Plätze vorgeschlagen, über die man noch einmal nachdenken sollte, auch wenn der Förderkreis sie sofort als läppisch abgetan und als Versuch zur Verhinderung des Denkmals bezeichnet hat.

Der eine Vorschlag, der das sogenannte Gestapo-Gelände nennt, führt zurück auf den Anfang der Diskussion vor mehr als einem Jahrzehnt. Der damals noch durch Richard v. Weizsäcker ausgeschriebene Wettbewerb für die Gestaltung des Areals neben dem Gropiusbau sah bereits ein Denkmal vor. Die richtige Forderung, das Gedenken mit politischer Aufklärung zu verbinden, hat dann am Ende dazu geführt, der historischen Dokumentation in der »Topographie des Terrors« den Vorzug zu geben und auf ein Denkmal ganz zu verzichten.

Solange von ihm noch die Rede war, angefangen mit den Sitzungen der Internationalen Jury, war man einhellig der Meinung, die damals Heinz Galinski formulierte, nämlich: daß am ehemaligen Sitz der Reichsführung SS und des Reichssicherheitshauptamtes *aller* gedacht werden müsse, die Opfer des von diesen Einrichtungen organisierten Terrors wurden. Das war auch der Grund, warum das vom Förderkreis vorgeschlagene Denkmal für nur eine, wenn auch die größte Opfergruppe an diesem Platz nicht akzeptiert werden konnte. Statt nun das Projekt entsprechend zu erweitern und die anderen Opfergruppen mit einzuschließen, ging der Förderkreis den umgekehrten Weg und suchte für sein Denkmal ein neues Terrain, das sich nach dem Fall der Mauer schließlich auch fand. Inzwischen sind die Planungen für den Neubau der »Topographie des Terrors« so weit fortgeschritten, daß nur noch ein Teil des Terrains für ein mögliches Denkmal zur Verfügung stünde. In jedem Fall wäre eine sehr sorgfältige Prüfung der verbliebenen Möglichkeiten nötig.

Der zweite, neu genannte Standort ist der Reichstag beziehungsweise das Regierungsviertel. Salomon Korn hat überzeugend begründet, warum eine solche gegenwartsbezogene Lösung jeder vergangenheitsbezogenen vorzuziehen wäre. Auch diesen Vorschlag sollte man vorbehaltlos prüfen und nicht schon einfach deshalb ablehnen, weil eine Entscheidung von Bund und Land bereits gefallen ist. Noch ist sie revidierbar.

Aber welchen der drei Plätze man am Ende auch wählen mag, ein Grundproblem bleibt bestehen, dessen Diskussion hier nicht vorgesehen und gleichwohl dringend nötig ist, weil es so zahlreiche Folgen hat. Ich will sie hier noch einmal stichwortartig benennen.

Erstens: Die objektive Hierarchisierung der NS-Opfer, so sehr der Förderkreis eine subjektive Absicht dieser Art auch empört zurückweisen mag.

Zweitens: Das Risiko der Entstehung eines »Denkmalparks«, den uns ein hellsichtiger Zeitgenosse schon vor Jahren in der »ZEIT« als Schreckensvision ausgemalt hat, d. h. die unvermeidliche Konkurrenz um Zahl und Größe der weiteren Denkmäler, deren Errichtung dieses erste unvermeidlich nach sich zieht.

Drittens: Eine damit verbundene, immense Kostenmaximierung, die angesichts leerer Staatskassen und Mittelkürzungen für die vorhandenen Gedenkstätten weder vertretbar noch durchsetzbar ist. Das wird so sein, auch wenn man schon heute voraussagen kann, daß die zweitgrößte Opfergruppe, ich meine 3,4 Millionen sowjetischer Kriegsgefangener, deren Tod demselben Rassismus geschuldet ist wie der der anderen, mangels Lobby in diesem Land unberücksichtigt bleiben wird.

Viertens: Die große Gefahr, die schon heute besteht, daß das ganze Unternehmen politisch kontraproduktiv wirkt, weil eine Notwendigkeit keineswegs nur verstockt Unbelehrbaren, sondern auch vielen Gutwilligen nicht mehr zu vermitteln ist.

Fünftens: Aber das für mich Schlimmste und Schmerzlichste ist und bleibt die Vorstellung, daß man die Toten, deren Gebeine in den Erschießungsgruben Rußlands und der Ukraine, deren Asche in den Teichen von Birkenau ihren gemeinsamen letzten Ruheplatz gefunden haben, im Gedanken wieder auseinander sortieren will. Ein Vorhaben, das so elementar die Würde der Toten verletzt – wie nobel und ahnungslos seine Befürworter auch waren –, ist zum Scheitern verurteilt, gleichgültig ob das Denkmal je gebaut wird oder nicht.

Der Tagesspiegel, 15.2.1997

Reinhart Koselleck

Erschlichener Rollentausch

Das Holocaust-Denkmal im Täterland

Die dritte Sitzung der Berliner Kommission zu einem Denkmal der in Europa ermordeten Juden läuft im April auf eine wichtige Entscheidung zu. Wenn, wie zu hoffen ist, der Ort, das Datum und das Thema neu bestimmt werden, um eine neue Ausschreibung in die Wege zu leiten, so möchte ich zwei grundsätzliche Fragen ansprechen, die bisher noch nirgends berücksichtigt worden sind. Sie ergeben sich aus dem unglücklichen Vorlauf der Denkmalsstiftung in der Neuen Wache. Mit ihr sind bisher nicht erörterte Folgelasten entstanden. Diese führen zu der zwingenden Forderung, daß ein so zentrales Thema wie eine nationale Gedenkstätte, die an die deutsche Täterschaft erinnern soll, nur behandelt werden kann, wenn der Bundestag selber die Verantwortung insgesamt dafür übernimmt – wie es übrigens in vergleichbaren Situationen in Paris, London und Washington geschehen war.

Es soll ja Christen geben, die für die Opfer und für die Täter zugleich beten. Und sub specie aeternitatis mögen alle Toten zusammenrücken. So etwas Ähnliches muß unserem Bundeskanzler vorgeschwebt haben, als er den Deutschen mit der monströs vergrößerten Plastik von Käthe Kollwitz eine anthropophagische Trauerdame in die Neue Wache setzen ließ. Alles schien so klar zu sein: Die Kollwitz war eine brave Sozialistin und hat obendrein eine christliche Pietà erschaffen, so daß rechts und links gleicherweise zufriedengestellt wurden. Die Inschrift sorgte dafür, daß alle Unterschiede zwischen Tätern und Opfern eingeebnet wurden. Denn alle waren ja »Opfer von Krieg und Gewaltherrschaft«.

Die Trauerrechnung ging aber nicht auf. Viele Überlebende derer, die von den Nazis umgebracht, erschossen, vergast, erschlagen oder sonstwie ermordet wurden – nicht nur die Juden –, protestierten gegen ihre Vereinnahmung in der gemeinsamen Gedenkhalle. So geriet die Bundesregierung erneut in Zugzwang. Es gibt eben Opfer, die nur Opfer sind; passive Opfer, die nicht einmal die Chance hatten, sich aktiv zu opfern, wie ehedem die Soldaten es hatten tun sollen. Da ist die zweistellige Summe von Millionen hilfloser Zivilisten, von Frauen und Kindern und von wehrlosen Gefangenen, die von den Deutschen in ganz Europa – je weiter im Osten, desto mehr – umgebracht worden sind. Was läge näher, als all diesen Toten ein gemeinsames Denkmal zu setzen, die sie alle durch die fatale Mischung von Ideologie und Terror, wie sie das Nazisystem produziert hatte, vernichtet worden sind? Wenn schon in Anbetracht der Massenmorde Opfer und Täter nicht zusammen erinnert werden können, so sollte wenigstens aller Opfer gemeinsam gedacht werden.

Hygienische und rassenbiologische, völkische und geopolitische, naturwissenschaftliche und heilsideologische Argumente wurden von der Partei, von den Staatsdienststellen und von den speziellen SS-Terroreinheiten verschieden dosiert und willkürlich gemischt, um je nach Lage auf Kosten der jeweils Hinausdefinierten die Vorherrschaft einer vermeintlichen nordischen Rasse auszudehnen. Am Ende blieb ein riesiges Leichenfeld zurück. Was also läge näher, als diesem Terrorsystem insgesamt, für dessen Folgen die Erben der Täter die politische Verantwortung zu übernehmen haben, eine Art Gegenmal zu setzen?

Aber nein: Genau dies geschieht nicht. Die Opfergruppen werden erneut getrennt, und zwar exakt entlang den Kategorien, mit denen die SS ihr Terrorsystem begründet und stabilisiert hat, indem sie die einzelnen Opfergruppen gegeneinander ausgespielt hatte. Hier stellt sich die Frage, ob die Bundesregierung hinreichend bedacht hat, was sie tut.

Es ist eine Selbstverständlichkeit, daß alle ethnisch, religiös, politisch oder sonstwie verfolgten Gruppen sich ihrer eigenen Toten erinnern: Dann stiften sie Denkmale, die ihre persönlichen Bindungen in Erinnerung halten. Hier wäre es die Pflicht der Bundesregierung, Gedenkstätten all dieser Einzelgruppen, ohne Aufhebens davon zu machen, finanziell zu stützen. Die Bundesregierung aber scheint nur auf lautstark verkündete Ansprüche zu reagieren: Da gibt es einen äußerst rührigen Privatverein, der seit 1988 für ein Denkmal wirbt, das die ermordeten Juden Europas in Erinnerung halten soll. Hier haben die Bundesregierung und der Berliner Senat sich mit je einem Drittel der Verantwortung und je einem Drittel der Finanzierung eingeklinkt, ohne zu bedenken, was das für die Nation der Täter bedeutet, und ohne zu erklären, was das für die damit ausgegrenzten Millionen anderer Ermordeter bedeutet. So setzt sich hinterrücks eine Hierarchie der Opfer durch, die obendrein den Verdacht weckt, die öffentlich nicht debattierten Kriterien, nach denen die Bundesregierung sich an solchen Aktionen beteiligt, folgten letztlich dem Prinzip der Opportunität.

Wer glaubt, daß die Deutschen ein Holocaust-Denkmal haben könnten wie die anderen Länder und Nationen auch, der irrt. Oder sollte die Semantik des Opferbegriffs durch die obligate Trauerarbeit so weit aufgeweicht worden sein, daß die Grenzlinie zwischen den Deutschen, sofern sie Mörder waren, und den Juden als Opfern nicht mehr zu erkennen ist? Wer einmal Juden fragt, zum Beispiel solche, die nicht mehr nach Deutschland zurückkehren, der könnte eines anderen belehrt werden: Sie sehen in dieser Denkmalsstiftung eine Anmaßung sondergleichen, mit der sich die Deutschen zutrauen, in die Rolle des Opfers zu schlüpfen, um nunmehr an der gemeinsamen Trauer teilhaben zu können. Ein sogenanntes Holocaust-Denkmal auf deutschem Boden kann deshalb nicht umhin, primär die Rolle der Täter zu beachten, die jene Millionen von Toten produziert haben, deren Ermordung erinnert werden soll. Hier ist eine exakte Ausschreibung erforderlich, um den Künstlern die Alternativen zu einem reinen Holocaust-Denkmal aufzuweisen.

Hinzu kommt die zweite Schwierigkeit, wo und wie denn die Grenzen zwischen den Opfern gezogen werden, wenn der primäre Auftrag darin bestehen soll, die Erinnerung an die Tat und an die Verantwortung der Täternation zu gestalten. Wenn die Juden beanspruchen, daß der Völkermord an ihnen nicht nur einmalig sei – was in seiner Weise der gewaltsame Tod jedes einzelnen Menschen ist –, sondern auch einzigartig, dann muß daran erinnert werden, daß die Grenzen von Einzigartigkeit verschieden gezogen werden können. So war es gewiß ebenso einzigartig, daß alle geistig und physisch Behinderten, deren Leben als nutzlos definiert wurde, vergast worden sind. Zu den rund hunderttausend vergasten Behinderten gehörten auch dreitausend Juden, die von einigen Juden aus der Definition des Holocaust deshalb herausgenommen werden, damit die Einzigartigkeit eines gleichsam reinen Judenmordes definitorisch gewahrt werden kann.

Aber es waren dieselben Institutionen und dieselben Vergasungseinrichtungen, die zunächst die Euthanasie vollstreckten und danach die Juden umbrachten. Nach den getätigten Mordserien in Deutschland wurden sie nach Polen geschafft, um dort die Vergasungsaktionen an den Juden – zunächst in Kulmhof und Lublin – fortzusetzen. Und schließlich sind auch die Sinti und Roma als ethnische Totalität erfaßt und, so man ihrer habhaft wurde, insgesamt umgebracht worden.

Der Verein für die Errichtung eines Denkmals für die ermordeten Juden Europas beansprucht laut Satzung Toleranz. So dürfen denn auch die Sinti und Roma erinnert werden, aber bitte nicht zusammen mit den Juden. Die Folge liegt auf der Hand: Dem Denkmal für die ermordeten Sinti und Roma wird zugestimmt, ein anderer Platz angeboten, aber niemand zeichnet dafür verantwortlich. Wo also zieht die Bundesregierung ihre Grenzlinie, ab wann sie eine in Denkmälern sichtbar zu machende Verantwortung für millionenfache Morde übernimmt und ab wann nicht mehr?

Was geschieht mit den dreieinhalb Millionen verhungerten oder von den Deutschen ermordeten russischen Gefangenen in unserem Erinnerungsraum? Was geschieht mit den Millionen ermordeter nichtjüdischer Polen? Was mit den zahl- und wahllos umgebrachten Zivilisten im Balkanraum und in Griechenland, in Italien und in den westlichen oder nördlichen Ländern? Und was geschieht mit den gar nicht auszählbaren Toten, die wir in der Ukraine, in Weißrußland und in Rußland zurückgelassen haben? Und was geschieht mit den Homosexuellen, die in der Hierarchie des KZ-Systems am untersten Ende angesiedelt waren? Und was geschieht mit den politisch oder religiös Hinausdefinierten? Und wer wird sich jener Kriminellen erinnern, die zu einem integralen Element des Terrorsystems gemacht wurden? Auch sie haben kein Konzentrationslager verdient, sowenig wie irgend jemand.

Dies also sind die zwei unerläßlichen Fragen, die beantwortet werden müssen. Erstens: Macht die politische Verantwortung für die Taten, für die wir einstehen müssen, ein spezifisches Denkmal nur für die Juden erforderlich – unter Ausschluß der anderen? Lauert hier nicht ein erschlichener Rollentausch, der die Nation der Täter über ein Holocaust-Denkmal in die Reihe der Opfer einrückt? Zweitens: Wenn schon die Nachkommen der passiven Opfer sich der gemeinsam gedachten nationalen Gedenkstätte der Neuen Wache entziehen – wo soll welche Grenzziehung zwischen den Opfergruppen von der Bundesregierung vorgenommen und finanziert werden?

Wie viele Gedenkstätten, wie viele religiöse, politische, gesellschaftliche Sonderdenkmäler sollen eigentlich zu »nationalen« Gedenkstätten erklärt werden – wenn schon die Kollwitz in der Neuen Wache keine gemeinsame Trauergarantie bietet und wenn schon die Bundesregierung es bisher stillschweigend vermieden hat, ein einziges gemeinsames Denkmal für alle Opfer des NS-Terrorsystems zu errichten? Hier droht Unterlassung in einen politischen Opportunismus umzuschlagen, der je nach der Stärke der Pressure-groups das Totengedenken so oder so dosiert, anstatt das Terrorsystem als solches und insgesamt in Erinnerung zu halten, von dem sich abgesetzt zu haben ein Legitimitätsgrund der Bundesrepublik geworden ist. Nichts ist peinlicher als die todbringenden Kriterien der Konzentrationslager wieder zu verwenden, um die politische Verantwortung finanziell verschieden kanalsieren zu können. Vor diesem Hintergrund erweist sich das gruppenweise Ausspielen Ermordeter gegen Ermordete, also das Verrechnen Toter gegen Tote, als einer nationalen Terrorgedenkstätte unangemessen.

Frankfurter Allgemeine Zeitung, 9.4.1997

Christian Meier

Zweierlei Opfer

Der Plan, mitten in Berlin ein »Denkmal für die ermordeten Juden Europas« zu errichten, überschreitet eine bisher stets eingehaltene Grenze: Eine Nation gedenkt an einem zentralen Platz ihrer Hauptstadt der Opfer eines von ihr zu verantwortenden Großverbrechens, eines einzigartigen zudem. Denn es wird hier natürlich nicht nur an die Gemordeten, sondern es wird zugleich an den Mord selber erinnert. Es ist ein Denk- und Schandmal in einem, das zu bauen ist.

Nichts dergleichen gibt es sonst in Geschichte und Gegenwart, auch nicht annähernd, also in Fällen, wo es leichter hätte möglich sein müssen, weil sich die zu erinnernden Verbrechen im Rahmen des welthistorisch noch Üblichen hielten. Normal ist vielmehr, daß Schandtaten möglichst beschwiegen, höchstens in Worten und Gesten einmal bedauert (und dabei zumeist relativiert) werden. Der Stolz, den Staaten gerade schweren Anklagen gegenüber zu bewahren, der Schutz, den sie ihren ausführenden Organen zu gewähren suchen, bilden eine hohe Schwelle.

Erst das Ausmaß unserer Verbrechen und in Kombination damit die relativ große Offenheit ihnen gegenüber, die uns teils aufgezwungen wurde, zu der wir uns dann aber auch fähig zeigten, haben den Plan dieses Denkmals notwendig und schließlich auch möglich gemacht. Und zweifellos spricht seine Errichtung zugleich für uns. Das Gedenken, zu dem das heutige Deutschland bereit ist, befreit uns ein gutes Stück weit von der Schande des früheren.

Indem wir aber nicht nur den eigenen Gefallenen, sondern eben zugleich den Opfern der eigenen Großverbrechen an zentraler Stelle ein Monument setzen, entsteht eine neue Problematik, die nicht einfach durch Addition zu erledigen ist. Es ist vielmehr nach dem Ganzen der künftigen Denkmalkultur zu fragen, die das schlimmste Stück unserer Geschichte in Berlin zum Thema hat. Und das nötigt, weit über die mit dem geplanten Denkmal gegebenen Schwierigkeiten hinaus, zu grundsätzlichen Überlegungen.

Gewiß ist die Bundesrepublik schon früher über das Herkömmliche hinausgegangen. So gab sie ihrer zentralen Gedenkstätte in Bonn die Inschrift »Den Opfern von Krieg und Gewaltherrschaft«, die später in die Neue Wache in Berlin übernommen wurde. Sie faßt unter den Kriegsopfern die Gefallenen mit den Toten des Luftkriegs und der Vertreibung zusammen, Männer, Frauen und Kinder. Und sie vereint sie zugleich mit den Opfern von Gewaltherrschaft, womit indes nicht nur die nazistische, sondern zugleich die kommunistische gemeint war; schließlich wurde die Gedenkstätte am Vorabend des 17. Juni (1964) eingeweiht.

Ebendiese und andere Lösungen der Nachkriegszeit aber halten heute ernsthaftem Nachdenken nicht mehr stand. Wir können uns auch nicht mehr in der antitotalitären Front verstecken.

Unter unseren Kriegstoten sind nicht wenige, die zu den Tätern der Gewaltherrschaft gehört haben, von Roland Freisler bis hin zu sehr vielen Soldaten der Wehrmacht. Es ist eine arge Zumutung für die Nachkommen von deren Opfern, sie gemeinsam mit ihren Angehörigen geehrt zu sehen. Man hat daher klar zu scheiden zwischen unseren Kriegstoten und denen, die ja übrigens nicht einfach einer Gewaltherrschaft zum Opfer fielen, sondern einem auf die totale Vernichtung ganzer Gruppen von Menschen zielenden Regime samt dem weiten Kreis derer, die ihm dabei zur Hand gingen.

Wir können im Deutschen semantisch nicht zwischen dem Opfer, das man bringt, etwa für sein Land, und dem Opfer, zu dem man gemacht wird, scheiden. Bei der vorherrschenden Opfer-Identifikation bedeutet das, daß sich in der Formel der Neuen Wache notwendig die passive Bedeutung des Wortes zugleich auf die Gefallenen erstreckt. Nicht ganz zu Unrecht. Jedoch – wenn es um das Gedenken an die deutsche Vergangenheit der NS-Zeit geht, dürfen wir Täter und Opfer nicht in eins setzen. Sonst liefe es auf eine unerträgliche Anbiederung hinaus. Eine gewisse Solidarität der Spät- und Nachgeborenen zwischen den Nachkommen der Täter und denen der Opfer, auf die man hoffen kann, hat jedenfalls die Anerkennung der früheren Feindschaft zwischen den einen und den anderen zur Voraussetzung, im speziellen Fall das Bekenntnis der deutschen Nation zur Verantwortung für das, was ebendiese Nation früher angerichtet hat.

Doch muß nicht nur die Inschrift – die ja dann auch noch zu allem Überdruß durch nachträgliche Fußnoten zu erläutern war –, sondern es muß überhaupt das Täter und Opfer vereinende Gedenken der Neuen Wache radikal in Frage gezogen werden. Ganz abgesehen von der Figur der Pietà, die, um alle ästhetischen Bedenken beiseite zu lassen, wegen ihrer antisemitischen Bezüge nicht geeignet ist, unter anderen den sechs Millionen ermordeten Juden zum Denkmal zu dienen.

Die zweite große Frage ist, ob man den verschiedenen

Gruppen der Opfer von Terror und Vernichtung ein einziges oder mehrere Denkmäler zu setzen hat. Gewiß ragt der Mord an den Juden aus allen anderen heraus. Sie waren nicht nur die stärkste Gruppe, sondern mit ihnen sollte ein ganzes Volk, soweit man seiner Angehörigen nur habhaft werden konnte, von der Erde getilgt werden, und zwar mit einer Konsequenz, die anderen Gruppen gegenüber nicht galt. Aber Terror und Vernichtung richteten sich daneben auf Geisteskranke, Roma und Sinti, Homosexuelle, Zeugen Jehovas, auf die polnische Elite, Millionen russischer Kriegsgefangener und viele andere.

Setzt man den Juden ein eigenes Denkmal, wie jetzt geplant, so muß man sich zumindest darüber klarwerden, wie und wo man der anderen zu gedenken hat. Ob aller zusammen, außer den Juden, oder jeder einzelnen Gruppe oder indem man kleinere als »Sonstige« zusammenfaßt. Die Sache wird hier, wie man sieht, absurd, aber indem Bundesregierung und Senat von Berlin das Denkmal für die ermordeten Juden zu ihrer Sache gemacht haben, ist sie nicht mehr eine von der öffentlichen Hand geförderte Privatinitiative, sondern Teil deutscher Geschichtspolitik.

Die Initiatoren des Denkmals für die ermordeten Juden können sich damit begnügen, zu sagen, auch die anderen könnten ein Denkmal bekommen: Bundesregierung und Berliner Senat jedoch können dabei nicht stehenbleiben. Sie müssen sich vielmehr zugleich darüber klarwerden, wo und wie das geschehen soll; man kann nicht hinterher die Stadt nach geeigneten Plätzen abklappern, ohne Rücksicht auf den Zusammenhang. Und es wäre auch fatal, wenn etwa ein künstlerisch gelungenes Denkmal für die Homosexuellen an gutem Platz die Leute anzöge, während ein ungestaltes Monstrum auf dem zwei Fußballfelder großen Grundstück, das für das Denkmal für die Juden zur Verfügung steht, nur Kopfschütteln und Abwendung hervorriefe.

Parallel zur detaillierten Planung der Regierungs- und Parlamentsbauten ist also eine ähnlich ins Detail gehende Diskussion und Planung der künftigen Denkmalkultur in der Mitte Berlins notwendig.

Statt dessen erleben wir zur Zeit die Fortführung einer isolierten Denkmalplanung. Und sie ist, auch für sich genommen, unbegreiflich. Denn nach dem Scheitern des Wettbewerbs soll nun noch darüber diskutiert werden, wie man es ohne einen neuen Wettbewerb besser machen könnte. Das entspricht zwar einem heute beliebten Verfahren: Man bringt etwas in Gang, dann setzt man einen Termin, und anschließend denkt man nach. Viel kann ja nicht passieren, das läßt schon der Kalender nicht zu.

In Wirklichkeit aber schlittert man damit nur immer tiefer ins Ausweglose. Die falsche Entscheidung über die Gestaltung der Neuen Wache hat zur, doch wohl ebenso falschen, Zusage jenes Riesengeländes für das Denkmal für die ermordeten Juden geführt, die ihrerseits zusammen mit der ganz unzulänglichen Ausschreibung das Scheitern des Wettbewerbs bedingte. Die Entscheidung der Jury und zumal die der Auslober konnte nicht überzeugen, schon da die favorisierte angehobene Mammutgrabplatte so unpassend war wie nur irgend etwas. »Nachdem wir Deutsche fünf bis sechs Millionen Juden erschlagen, erschossen oder vergast, dann in Asche, Luft und Wasser aufgelöst haben, machen wir uns nunmehr anheischig, symbolisch ebendiesen Juden eine Auferstehung anzubieten«, um es mit Reinhart Kosellecks bitterem Kommentar zu sagen. Und nun soll an dieser Reihe von Fehlern noch weiter gestrickt werden?

Nein, wenn etwas inzwischen klar ist, ist es die ungeheure Schwierigkeit, für das Gedenken an ein derart einzigartiges, unbegreifliches Verbrechen die rechte Form zu finden. Schließlich geht es um das Ganze der Vernichtungspolitik, nicht um Ausschnitte, wie etwa in KZ-Denkmälern. Weder antike noch christliche Symbolik eignet sich dafür, auch die jüdische können wir nicht einfach für unser Denkmal beanspruchen. Wo die Worte immer wieder zu kurz greifen, tun es die Zeichen auch.

Das ist kein Grund, die Bemühung um ein halbwegs angemessenes Denkmal (genauer: eine würdige, halbwegs angemessene Denkmalkultur in Berlin) aufzugeben. Aber es ist Anlaß genug, die damit gegebenen Probleme nicht zu leicht zu nehmen und sie nicht im Hauruckverfahren anzupacken. Es ist keine Schande, wenn man sich über sie erst in einem Prozeß längeren Nachdenkens, auch des Ausprobierens sowie einer gewissen Konsensbildung klar wird. Und es ist schon gar nicht, wie behauptet wurde, ein Armutszeugnis, wenn man dabei zu neuen Einsichten kommt. Man sollte sich auch nicht von der elenden Praxis der Untersteller, wonach wer Einwände vorbringe, das Denkmal verhindern wolle, irritieren lassen.

Vor allem aber muß die Debatte endlich in den Zusammenhang gelenkt werden, in den sie gehört: zur grundsätzlichen Erörterung der Denkmalkultur in Berlin, der Frage, in welchem Verhältnis zueinander unsere Gefallenen, unsere Kriegstoten und die verschiedenen Opfer deutscher Vernichtungspolitik zu ehren sind, wo und wie. Das ist ein Teil der Besinnung darauf, wer wir – nach dieser Geschichte, aber auch nach und in unserer Auseinandersetzung mit ihr – eigentlich sind und wie wir die Berliner Republik beginnen wollen. Wir kommen von dieser Geschichte nicht los, wir müssen uns in ein bewußtes Verhältnis zu ihr setzen, in Worten, in Gefühlen und Vorstellungen, bei öffentlichen Anlässen – und eben auch durch Denkmäler.

DIE ZEIT, 11.4.1997

Heinz Dieter Kittsteiner

Der Denker denkt – die Lenkungsgruppe lenkt

»Holocaust-Denkmal«: dritte Expertenrunde

Ende vergangener Woche tagten in Berlin die von den drei Auslobern des Mahnmals für die ermordeten Juden Europas, dem Förderkreis, dem Senat von Berlin und der Bundesrepublik Deutschland, zusammengerufenen etwa 70 Experten ein letztes Mal. Das Kolloquium begann erregt, es endete eher in Erschöpfung.

Für Empörung im Saal sorgt die Ansprache von Lea Rosh, der eigentlichen Betreiberin des Projekts. In klaren Freund-Feind-Kategorien ortet sie Mitstreiter und Gegner. Mitstreiter sind eine Reihe von Politikern, die sie in ihr Vorhaben eingebunden hat; als Mitstreiter hat sich auch das »Volk auf der Straße« qualifiziert, bei dem sie Unterschriften sammelt. Ihre Gegner sind die Intellektuellen, die aus Gründen, die Lea Rosh nicht verstehen oder billigen kann, entweder ein anderes Denkmal wollen als die Platte mit den sechs Millionen Namen oder die dem ganzen Monument kritisch-ablehnend gegenüberstehen. Roshs Fazit: Die Intellektuellen sind rückständig, selbst die Politiker sind weiter als das Feuilleton. Die gescholtenen Intellektuellen wehren sich und erinnern daran, daß die Berufung auf das gesunde Volksempfinden in Deutschland eine einschlägige Tradition habe.

Zwei Leitvorträge zum Thema Ikonographie sollen gehört

werden, einer vom Leiter des Deutschen Historischen Museums, einer von Dieter Ronte vom Kunstmuseum in Bonn. Als Christoph Stölzl das Wort ergreift, schlendert eine Reihe von Experten aus dem Saal; sie weigern sich – wie sie sagen –, einen Klippschulunterricht in Ikonologie verabreicht zu bekommen. Tatsächlich führt Stölzl Bilder vor, die jedem bekannt sind, der sich einmal mit dem Thema befaßt hat. Das Denkmal des Warschauer-Ghetto-Aufstandes von Rapoport kommentiert er weltläufig: »Wer einmal in Paris war, denkt sofort an den Arc de Triomphe.« Stölzls Vortrag hat aber eine Pointe: Er hat begriffen, daß große Kunst heute nicht mehr unumstritten ist, deshalb fordert er unbekümmert Allgemeinverständlichkeit, Volkstümlichkeit; oft sei auch das Mißverständliche anrührend. Solche Denkmäler hätten eigentlich nur eine Funktion: die Menschen zum Weinen zu bringen.

Dieter Ronte hat in seine Ausführungen einen – an die Kritiker der preisgekrönten Entwürfe gerichteten – Satz eingebaut, den er nach lautem Protest zurücknehmen muß: Nach den Vernichtungszügen der Politiker folgten nun »Vernichtungszüge gegen eine heute artikulierte Ästhetik«. In der Diskussion fordert Gustav Peichl (Wien) »zur Vermeidung weitreichender Peinlichkeiten« eine Neuformulierung der Aufgabenstellung, die Berufung einer kompetenteren Jury und insgesamt eine zweite Stufe des Wettbewerbs, in der die bisherigen Preisträger ihre Entwürfe überarbeiten können, in der aber auch noch neue Künstler aufgerufen werden sollen. Er hatte diesen Antrag schriftlich eingereicht, die Lenkungsgruppe hat ihn aber nicht als Tischvorlage akzeptiert. Daraufhin bezeichnet der Althistoriker Christian Meier die Lenkungsgruppe als ein »Politbüro«, und da er gerade so schön in Fahrt ist, ruft er den beiden elder statesmen zu, die das Kolloquium leiten, sie säßen dort vorne wie zwei »Schalterbeamte«. Ignatz Bubis, Vorsitzender des Zentralrats der Juden in Deutschland, belustigt sich über den Begriff der Kompetenz; er selbst sei nicht kompetent, aber eine »kompetentere« Jury, die nicht ebenfalls wieder mit dem Argument angegriffen würde, sie sei nicht kompetent, könne er sich auch nicht vorstellen.

Eine gewisse Grundlage bekommt das Kolloquium mit dem Vortrag von James E. Young, Inhaber eines Lehrstuhls für Judaistik in Massachusetts. Young macht darauf aufmerksam, daß es niemals ein Denkmal ohne Streit gegeben habe und vor allem daß alle *Holocaust-Denkmäler* in den jeweiligen nationalen Traditionen der Länder stünden, die sie errichtet hätten. In den USA dienten sie eben nicht nur dem Eingedenken des millionenfachen Mords, sondern sie kündeten auch vom amerikanischen Mythos. Die Frage ist dann natürlich, wie eine solche »Modifizierung« im Lande der Täter aussehen soll. Unvermeidlich ist dies die Stelle, an der die Arbeiten von Esther und Jochen Gerz oder von Horst Hoheisel ins Spiel gebracht werden: die in Hamburg-Harburg abgesenkte, von der Bevölkerung bekritzelte Bleistele, die umgewendeten Pflastersteine in Saarbrücken, der in die Erde gebaute Aschrott-Brunnen in Kassel. – Sicherlich: das sind schon die avanciertesten Positionen; indes entgeht auch das Gegen-Denkmal der Logik des Denkmals nicht. Und außerdem kann man diese Idee nicht beliebig oft wiederholen. Gegen Ende der Diskussion zeichnen sich zumindest zwei Positionen ab. Die einen – wie der Kunsthistoriker Tilman Buddensieck – vertrauen nach wie vor auf die Aussagekraft der modernen Kunst in ihrer gegenwärtigen Form und fordern für eine zweite Stufe des Wettbewerbs die Teilnahme großer Namen: Richard Serra oder Walter de Maria. Andere, wie Christoph Stölzl, dem sich auch Lea Rosh anschließt, wollen gar keinen »reinen Kunstwettbewerb«. Dieses Denkmal darf geradezu unkünstlerisch sein. Manche werden darin ein mehr oder minder verdecktes Plädoyer für die bisherige erste Preisträgerin und ihre Platte sehen wollen.

Wie wird es weitergehen? Senator Peter Radunski verspricht, daß die Auslober nachdenken wollen. Alle Standorte sollen nochmals überprüft werden, Überarbeitungen und neue Entwürfe würden nun die zweite Stufe des Wettbewerbs bestimmen. Das beste aber sei: ein breiter Konsens sei jetzt hergestellt. Davon kann im Ernst keine Rede sein, und viele der Geladenen sehen das anders. Sie fühlen sich – wie der Historiker Reinhart Koselleck, der auf schon etwas verlorenem Posten für ein Denkmal plädiert, das nicht allein der Juden gedenkt – ganz einfach über den Tisch gezogen. Eigentlich war das von Anbeginn abzusehen. Der Denker denkt, die Lenkungsgruppe lenkt. Dieses Denkmal ist keine Frage des besseren Arguments, seine Verwirklichung ist eine Frage der politischen Macht und ihres Kalküls, wie die symbolische Gestaltung der neuen und alten Hauptstadt Berlin aussehen soll. Bislang hat ein Machtwort von Helmut Kohl – das aber in diesem Fall von allen Fraktionen des Bundestages getragen wird – verhindert, daß ein privater Förderkreis gesamtnationale Aufgaben an sich reißt.

Peter Conradi (SPD-Fraktion im Deutschen Bundestag) hat auf dem Kolloquium mehrfach eine stärkere Einbindung des Parlaments gefordert und die Gründung einer öffentlichrechtlichen Stiftung »Denkmal für die ermordeten Juden Europas« vorgeschlagen. Vielleicht ist das ein Weg aus dem Dilemma. Alle, die ein solches Denkmal wirklich wollen, müssen dem Förderkreis dankbar sein, daß er den Anstoß gegeben hat. Zeigt sich dann aber im Verlauf des Verfahrens, daß ein zu kleiner

Verein ein zu großes Rad dreht, daß seine ästhetischen und intellektuellen Kompetenzen nicht hinreichen, dann muß ihm ein öffentliches Gegengewicht zur Seite gestellt werden. Das Kolloquium konnte dies nicht leisten; es hatte von vornherein nur beratende Funktion, und es hat sich kein Mirabeau gefunden, der es zu einer Constituante gemacht hätte.

Neue Zürcher Zeitung, 17.4.1997

Hans-Ernst Mittig

Von der Schuld zur Verantwortung

Das dritte Expertenkolloquium zum »Denkmal für die ermordeten Juden Europas« ist vorüber, und die Veranstalter dürften aufgeatmet haben. Einige der Initiatoren hatten ja längst hören lassen, es sei genug oder übergenug geredet und geschrieben worden, man müsse endlich zu einem Bauantrag kommen und zu einem – fast scheint es: irgendeinem – fertigen Denkmal.

Aber gerade unter den wiederholten Argumenten ist zumindest eines, dessen Konsequenzen noch ganz ungenügend bedacht sind, obgleich diese Konsequenzen bis zu der Frage reichen, welche Form das Denkmal denn bekommen soll: Es wird von Menschen betrachtet werden, die zur Zeit der Mordtaten noch nicht lebten, an Nazi-Verbrechen nicht teilnehmen konnten. Trotzdem ist in den Diskussionen über das Denkmal nicht nur von der Schuld der damaligen Täter die Rede, sondern von einer Schuld, die seither auf den Deutschen laste, auch auf den jüngeren. Immer öfter wird allerdings gesagt, es treffe sie nicht die Schuld an Vergangenem, sondern Verantwortung für die Zukunft. Als klärendes Wort ist dies aber offenbar noch nicht durchgesetzt. Schuld, die nicht mit den Tätern erloschen ist, wird weiterhin suggeriert – auch durch Denkmalentwürfe – und weiterhin empfunden – auch von jungen Menschen.

Schuld kann nur Individuen treffen, nur persönlich begründet werden: durch eigenes Tun oder Unterlassen. Unser Strafrecht und die geltenden moralischen Überzeugungen stimmen darin überein, daß Schuld sich nicht vererbt.

Peter Sichrovskys wirkungsvoller Buchtitel von 1987 suggeriert jedoch, daß Kinder aus Nazifamilien »schuldig geboren« seien; erst der Text rückt dies zurecht. »Ich fühle mich so schuldig«, sagt eine etwa vierzigjährige Chorleiterin nach dem Besuch der Gedenkstätten Yad Vashem. Der Leiter einer *Berliner* Gedenkstätte berichtet, daß – ich zitiere Gerhard Schoenberner – »viele Lehrer ganz offenkundig – in bester Absicht vielleicht – (...) versucht haben, den jungen Leuten ein Schuldgefühl einzureden«. »Dauernde Schuld der Deutschen« beschwört auch einer der Entwürfe eines »Denkmals für die ermordeten Juden Europas«, und schon in der Ausschreibung (1993) wurde »Besinnung in Scham und Schuld« als Ziel genannt, »die ungeheure Last der deutschen Schuld« als Thema bezeichnet.

Schuld durch *Last* zu symbolisieren versuchen die beiden mit Ersten Preisen gekrönten Entwürfe. »Eine unheimliche Last« sollen die sechs Meter hohen Stahlträger des Entwurfes von Simon Ungers und MitarbeiterInnen »spürbar werden lassen«. Als »trümmerschwere Grabplatte«, 100 mal 100 Meter groß, wird das von Christine Jackob-Marks und anderen entworfene Denkmal charakterisiert. Dem drittplazierten Entwurf bescheinigte die Jury »bedrückende Wirkung«.

Lastende Schuld kann auch körperlichen Ausdruck finden. Von Schuld gebeugt – so die Redensart – sind zum Beispiel Adam und Eva auf einem Relief der Hildesheimer Bernwardstür von 1015. Moderne Kunstwerke können ohne figürliche Gesten eine gebeugte Haltung nahelegen, indem sie Abgründe auftun, die nur dem gesenkten Blick zugänglich sind. Solche wurden mehrmals vorgeschlagen, zum Beispiel ein Abgrund, von dem die Erläuterung sagt: »50 Meter in die Tiefe etwa zieht den Blick ein in die Erde eingegrabener Kubus.«

Viele Wettbewerbsentwürfe zeigen weitere Grundmotive, die Schuld symbolisieren können. Mehrmals fällt auf, daß in dem nicht betretbaren Abgrund Dunkelheit herrschen, insbesondere nichts zu »besichtigen« sein soll. Nicht sehen – das gehört zu schuldbewußten Gesten, wenn sich König David das Haupt verhüllte, König Ödipus sich gar das Augenlicht nahm. Eine undurchdringliche Umhüllung oder eine empfindliche Verletzung soll nach manchen Entwürfen jedenfalls am Denkmalgelände vollzogen werden. Risse, Schlitze und Klüfte werden zu einem der Leitmotive. Der eine mit einem Ersten Preis ausgezeichnete Entwurf wird einmal mit der Begründung abgelehnt: »Er tut nicht wirklich weh.« Der andere »sprengt (...) jede Übersichtlichkeit, Orientierung und jeden städtebaulichen Zusammenhang«, erreicht ein Gefühl der »Beklemmung (...) nur im Wege seiner gewollten Disproportionalität und städtebaulichen Monstrosität.« Beide sollen dem Boden der Hauptstadt eine Verletzung einprägen, die auf schuldmotivierte Selbstbestrafung weist. Das Denkmal soll nach solchen Vorschlägen ein *Mal* in dem anderen Sinne dieses Wortteils sein, einem eingebrannten oder eingeätzten Zeichen entsprechen: »wie eine Narbe im Stadtbild«, ein »ewiger Pfahl im Fleisch der Deutschen« oder – ein »Wundmal«.

Aber wessen Schuld soll so schmerzhaft und dauerhaft symbolisiert sein? Eine Schuld, die uns trifft oder doch uns drückt. Die Entwürfe beschäftigen sich wenig mit den Motiven der Täter, ihrem Vorgehen, ihren Werkzeugen und ihrer Organisationsweise. Sie vermitteln überwiegend die Haltung der *Heutigen* zum Geschehenen, sie »legen«, wie es in einer Entwurfserläuterung heißt, »Zeugnis ab«. Als Verfasser vieler Erläuterungstexte offenbaren sich – um es mit Nietzsche zu sagen – »Künstler in Schuldgefühlen«. Sie setzen ein Stück weit die Beschwörung fort: »Die Gewalt (. . .) ging von dir aus, jetzt kehrt sie zurück, zu dir« (so Martin Walser 1995).

Die Verbrechen der Nazis und ihrer Helfer verlangen aber noch nach Aufklärung statt nach der »allenthalben tönenden Selbstbezichtigung«, die Gabi Dolff-Bonekämper beobachtet und als pseudo-religiös entlarvt hat. Daß der vielfach empfundene Übergang von Verbrechensschuld auf die »Nachfahren« näherem Nachdenken nicht standhält, das sollten weder Denkmäler noch Denkmalkommentare verunklären. Die – wie an einer Stelle richtiger zu lesen ist – »schuld*los* beladenen« Nachkommen können von der *Wissenschaft* erwarten, daß sie Orientierungsversuche unternimmt, statt sich mit den vagen Worten Detlef Hoffmanns zu verabschieden: »Den Zustand der Unschuld gibt es nicht, wohl auch nicht der Schuld.«

Abstufungen *zwischen* »Schuld« und »Unschuld« sind in Rede und Schrift versucht worden; nicht wenige Varianten und Surrogate für »Schuld« gab die deutsche Sprache her: Kollektivschuld, metaphysische Schuld, historische Schuld; Schuld anzuerkennen haben, ein schlechtes Gewissen haben, zur Bußbereitschaft verpflichtet sein, keine vollkommene Absolution erlangen können, einzustehen haben, haftbar sein, eine Last, eine Bürde annehmen müssen.

Die Deutschen werden dabei als »Angehörige des Tätervolkes«, »Nachkommen der Täter«, »Kinder der Mörder« angesprochen: also wegen Volkszugehörigkeit oder Abstammung. Diese Kriterien verraten noch die archaische Auffassung, Schuld könne an Volk und Sippe haften statt ausschließlich an Individuen. Wenn *Blutsbindung* als Grund anhaltender Schuld-Last genommen wird, so sieht Konrad Paul Liessmann darin das Fortwirken einer faschistischen Zentralkategorie. Er spielt damit auf Rassentheorie und Sippenhaftung an. So einfach ist es nicht, denn schon im Alten Testament geht »Schuld (...) bisweilen auf (...) Familie und (...) Volk über«, aber davon berichten Philosophen und Theologen nur noch ablehnend oder verlegen.

So liegt es nahe, an eine Zielvorstellung anzuknüpfen, die über nationales Denken hinausführt: die Zielvorstellung von einer »Solidarität zwischen allem, was Menschenantlitz trägt«, wie Jürgen Habermas schrieb. Sie liegt bereits den häufigen Hilfsmaßnahmen für notleidende Menschen in anderen Ländern zugrunde. Solidarität ohne Nationen-Sortierung wird auch mit Inschriften wie der am Hamburger Mahnmal für KZ-Opfer aufgerufen: »(...) dem *Menschen* sei Bruder der Mensch.« Das Entsetzen darüber, daß Menschen zu Taten wie in Auschwitz fähig sind, ist noch allgemein.

Konsequenzen daraus zu ziehen, ist den Bewohnern Nachkriegsdeutschlands allerdings in besonderer Weise möglich. Auch die Jüngeren sind dem Geschehen immerhin noch örtlich nahe. Sie haben nicht die Schuld geerbt, aber die Beweisstücke. Deutsche können aus nächster Nähe Traditionen und Tendenzen bekämpfen, die gerade ihnen nicht grundlos zugeschrieben werden, so die übertriebene Schätzung von Gehorsam. Viele Täter handelten, wie zum Beispiel Eugen Kogon beobachtete, »nicht begeistert, aber gehorsam«. Zu entwickeln ist demgegenüber – so Theodor W. Adorno – die Kraft zum »Nicht-Mitmachen«.

Sie wird durch unbegründete, rückwärtsgerichtete Schuldgefühle eher gelähmt; solche Schuldgefühle könnten sogar Aktivitäten auslösen, die allen gutgemeinten Mahnungen zuwiderlaufen.

Sigmund Freud behauptete 1916 in einem kurzen Artikel über den »Verbrecher aus Schuldbewußtsein«, daß drückendes, unbegriffenes Schuldbewußtsein zu Vergehen motivieren könne, daß Menschen sogar Straftaten begingen, um vorgegebene Schuldgefühle irgendwie zu bearbeiten, irgend etwas daraus zu machen. Bekannt sind literarische Beispiele wie Schillers Sonnenwirt, der von seinen Verbrechen sagt: »Ich wollte mein Schicksal verdienen.« Aber Beweise aus seiner Praxis hat Freud nicht vorgelegt, und spätere Wissenschaftler scheinen diese Lücke nicht geschlossen zu haben. In einer Fallstudie Sichrovskys entwickelt der von Schuldgefühlen gequälte Sohn eines NS-Verbrechers Tötungsphantasien, die aber nicht zur Tat führen.

Manche Rechtsextreme jedoch haben ihre Delikte als Protest dagegen hingestellt, daß das deutsche Volk zu Unrecht mit Schuldvorwürfen belastet werde. Aggressionen gegen die, von denen ein Schuldspruch ausgegangen ist, sind der Kriminologie bekannt: ein »Verdammen der Verdammer« als Entlastungsverfahren schuldbewußter, aber schuldunwilliger Delinquenten: Man beschäftigt sich nicht mit der Tat, sondern attackiert die Richter.

Zutiefst unklar ist also nicht nur die Begründung, sondern auch das Ergebnis des bisherigen Hantierens mit Schuld-Derivaten und -Surrogaten, des Aufrufens und Konservierens von Schuldgefühlen bei Jüngeren.

Eine Alternative zum Donnerhall von Pflicht und Schuldigkeit wäre es, auf eigene Bedürfnisse der heute Jüngeren einzugehen: auf ihre individuellen Lebenswünsche wie auf die Hoffnungen, die sie zusammen mit anderen realisieren möchten, auf ihre Verantwortung für sich selbst. Es sollte fast allen klarzumachen sein, daß, wenn ein nazistisches Regime wiederkehrte, auch andere Minderheiten, andere Gruppen benachteiligt und verfolgt werden könnten als damals und daß niemand voraussagen kann, wer dazugehören würde. »Das muß sich gar nicht mal gegen Juden richten, das kann sich morgen gegen sonst jemand richten«, sagte Ignatz Bubis erst kürzlich. Wer von uns gehört nicht irgendeiner Minderheit an?

Schon die Nazis selbst haben Gruppen verschiedenster Art verfolgt: Das müßte unserer individualistisch differenzierten und zugleich gruppenbildenden Jugendkultur zur Warnung gereichen. Das damals geprägte, oft tödliche Stigma »gemeinschaftsfremd« bedroht außenseiterische Lebensformen und Lebensphasen. Nicht nur »Linke«, »Alternative« oder »Autonome« müßten die Wiederkehr fürchten: Das heute von manchen Neonazigruppen entwickelte Aussehen und Auftreten hätte, wie der Bedeutungsverlust der SA zeigt, schon im »Dritten Reich« kaum Vorteile gebracht und würde in einem nochmals technokratisch modernisierten Nazismus eine benachteiligte Existenz zur Folge haben.

Ziel dieser Überlegung ist es nicht, die Erinnerung an die NS-Verbrechen auf die Berechnung eigener Zukunftsaussichten, persönlicher Vor- und Nachteile umzulenken. Aber die künftigen Besucher eines Denkmals sollten zu der Erkenntnis ermutigt werden, daß sie nicht bloß Empfänger formelhafter Mahnung zu sein brauchen, sondern daß es um sie selbst geht. Die an den Gedenkstätten ausgelösten Gefühle verlieren ihren mitmenschlichen Bezug nicht, wenn sie auch die Erkenntnis eigener Gefährdung umfassen.

Der Gedanke an zukünftige Gefahren spricht nun dagegen, mit dem größten Denkmal der »Berliner Republik« ausschließlich an die Ermordung der europäischen Juden zu erinnern, sie von umgebrachten Sinti und Roma, slawischen

Kriegsgefangenen und Zivilisten zu trennen, erst recht von Opfergruppen, die nicht einmal aus der Sicht der Nazis »fremdrassig« waren. Wenn der Rückblick auf die Verfolgung von Juden verengt bleibt, kann er zwar zu der üblichen Schuld- und Pflichtrhetorik überleiten, aber nur ungenügend auch Lebensinteressen und Zukunftsinteressen der heute Jüngeren ansprechen. Denn eine von allem anderen separierte Erinnerung an die Judenverfolgung warnt Heutige, die sich für arisch halten, nicht davor, daß sie selbst einmal benachteiligt werden könnten.

Welchen Benachteiligungen entgegenzutreten ist, bleibt undeutlich, wenn die Bezeichnung des geplanten Denkmals von Mord spricht, aber nicht von den Entwürdigungen und Drangsalierungen, die dem Töten vorausgingen. Sie würden allein schon genügen, künftige potentiell Betroffene zu warnen – zu warnen vor einem Angriff, der bereits mit Diskriminierungen beginnen würde. Das spricht auch dagegen, als zentrales Motiv des Denkmals einen »Wall zerstörten Lebens« aus geometrisch stilisierten menschlichen Leibern zu wählen, wie es die dritten Preisträger vorgeschlagen haben. Die Leiber könnten ein Endergebnis symbolisieren, nicht die Art und Weise des Tötens im Konzentrationslager und die Inhumanität seiner Vorstufen. »Bekannt ist das Bild der Leichenberge in der Kunst (...) schon seit Jahrhunderten«, stellte Ute Wrocklage 1995 fest; eine abstrahierende, wer weiß wievielte Wiederholung des Motivs würde die Chance vergeben, angesichts der Einzigartigkeit der NS-Verbrechen aus den Bahnen der Bildtradition herauszutreten und dem näher zu kommen, was jüngere Betrachter mit Mitteln der Gegenwartskunst anspräche.

Der Übergang von Schuldgefühl zu Verantwortungsdenken spricht schließlich gegen den dekretierten Denkmalstandort in der Nähe der unterirdischen Reste der Reichskanzlei. Es verengt den Blick, das Gedenken immer von neuem an die Person Hitlers zu fixieren. Daß er, der Hauptschuldige, dort den Untergang fand, ist bekannt genug. Daß den künftigen Generationen Verantwortung bleibt, wird viel deutlicher, wenn das Denkmal in der Nähe des Bundestagsgebäudes steht, dort, wo die Volksvertretung künftig Entscheidungen treffen wird.

Freitag, 18.4.1997

Salomon Korn

Durch den Reichstag geht ein Riß

Wenn Kunst die Barbarei gestalten soll: Das geplante Berliner Holocaust-Mahnmal und die nationale Identität

Die Nationaldenkmäler des neunzehnten Jahrhunderts, Herrschern, Schlachten, Helden gewidmet, bestimmen bis heute das Bild von Denkmälern im öffentlichen Bewußtsein. In Stein gemeißelt, in Bronze gegossen, sollten sie Größe und Bedeutung der Nation verherrlichen und dauerhaft im kollektiven Gedächtnis bewahren. Weil aber nationale Identität im Deutschland des neunzehnten Jahrhunderts nur schwach ausgeprägt und stets gefährdet war, sind diese Monumente gleichzeitig versteinerte Zeugnisse jener Angst, Einheit und Selbstwertgefühl der Nation könnten mißlingen. Doch so sehr auch gesellschaftliche Realität und deren geschöntes Bild auseinanderklafften, so ungebrochen war der von Sturm und Drang romantisch verklärte Wunsch nach nationaler Einheit. Deren idealisierte Darstellung im Nationaldenkmal zielte auf positive Identifizierung des Betrachters mit Herrscher, Volk und Vaterland.

Holocaust-Mahnmale in Deutschland, zumal solche von nationaler Bedeutung, stellen das von klassischen Denkmälern her gewohnte Identifikationsmuster auf den Kopf. Vom Betrachter ist, sofern er zu den Täterabkömmlingen zählt, der komplexe Akt einer »negativen« Identifizierung zu erbringen: die gefühlsmäßige Annäherung an einen »abstoßenden« Gegenstand – die Verbrechen des eigenen Volkes – bei gleichzeitig kritischer Distanz zur ästhetisierenden Transformation von Barbarei in Kunst.

Diesem mühsamen Vorgang weichen all jene nichtjüdischen Deutschen aus, die sich selbst als Opfer des Nationalsozialismus betrachten: Adressaten der Mahnmals-Botschaft sind aus ihrer Sicht die anderen – die eigentlichen Nachfahren der Täter. Für sie kann ein Holocaust-Mahnmal identitätsbedrohend sein. Es konfrontiert mit den dunklen Seiten der eigenen Gemeinschaft. Die Bereitschaft, der nationalsozialistischen Verbrechen aufrichtig zu gedenken, hängt aber von der Bereitschaft der Täternachkommen ab, nationale Identität in ihren geschichtlichen Brechungen anzunehmen: sich eben nicht in eine scheinbar heile nationale Identität oder ausweichende Opferrolle zu flüchten, die zwangsläufig die Erinnerung an den nationalsozialistischen Massenmord auf ihre Bedürfnisse hin relativieren und schließlich verfälschen muß. Nur so kann an einem nationalen Holocaust-Mahnmal der beschwerliche Akt »negativer« Identifizierung aus kritischer Distanz gelingen.

Je näher ein Holocaust-Mahnmal der ästhetischen Tradition klassischer Denkmäler steht, desto weniger bietet es Ansätze für »negative« Identifizierung. Sie aber kann nur dort glaubwürdig gelingen, wo das Problem gebrochener Identität im Kern getroffen wird: in unmittelbarer Konfrontation mit den zur Identifizierung einladenden deutschen Symbolen.

Horst Hoheisel hatte beim Wettbewerb um das zentrale Holocaust-Mahnmal in Berlin vorgeschlagen, das Brandenburger Tor zu Staub zu zermahlen und ihn über das Wettbewerbsgelände zu verstreuen. Daß die meisten Jurymitglieder von der

Radikaltiät dieses Vorschlages abgestoßen waren, dessen gedankliche Tragweite nicht ansatzweise erkannten, spricht eher für den Entwurf als für die Jury. Denn so schmerzlich Hoheisels Vorschlag für viele Deutsche auch gewesen wäre: Er enthielt jenen wider Gedenkroutine löckenden Stachel, dessen es zur »negativen« Identifizierung mit einem angemessenen Holocaust-Mahnmal bedarf. Doch Hoheisel schoß übers Ziel hinaus und machte es der Jury leicht, seinen Vorschlag abzulehnen: Das von den Nationalsozialisten an Menschen und Völkern vollzogene Prinzip totaler Vernichtung kann nicht spiegelbildlich auf Gegenstände in der Hoffnung übertragen werden, eine totale Vernichtung durch eine andere künstlerisch symbolisieren zu können. Die Auslöschung bedeutender historischer Zeugnisse ist immer ein Akt der Barbarei, gleichgültig, welch vermeintlich höherem Zweck sie dient. Hätte Hoheisel anstelle totaler Zerstörung mehrere Stützen aus dem Brandenburger Tor herausgelöst und durch provisorische – aus Holz oder Metall – ersetzt, dann wäre er auf einem vielversprechenden Weg gewesen.

Es bedarf keiner hellseherischen Fähigkeiten, um vorherzusagen, daß auch ein solch abgemildeter Vorschlag kaum Aussicht auf Verwirklichung gehabt hätte. Groß bleibt das Bedürfnis der Täterabkömmlinge, mit Hinweisen auf bedeutende nationale Errungenschaften deutsche Geschichte von den Verbrechen der Nationalsozialisten freizuhalten – so, als seien diese keine Deutschen gewesen. Doch wie sonst des Jahrtausendverbrechens in einem Mahnmal aufrichtig gedenken, wenn nicht über Infragestellung und Verfremdung nationaler Symbole und die damit verbundenen schmerzlichen Empfindungen?

Es gibt keinen Königsweg zu einem angemessenen Holocaust-Mahnmal. Auch die erwähnten provisorischen Stützen am Brandenburger Tor sind lediglich Denkanstöße, Bewegung in die festgefahrene Debatte um das zentrale Holocaust-Mahnmal zu bringen. Vorstellbar sind auch andere von konventionellen Denkmalskonzepten abweichende Ansätze »negativer« Identifikation: So könnte dicht vor der Neuen Wache eine hohe, undurchlässige Glaswand stehen, in die alle Namen der nationalsozialistischen Konzentrations- und Vernichtungslager eingeätzt sind. Um in die zentrale deutsche Gedenkstätte für die »Opfer von Krieg und Gewaltherrschaft« hineinzugelangen, müßten die Besucher diese transparente Wand umschreiten, ohne den Namen der nationalsozialistischen Konzentrations- und Vernichtungslager ausweichen zu können. So wäre der aktive Opferbegriff (für einen »höheren« Zweck sterben) mit dem passiven (für einen »höheren« Zweck ermordet werden) konfrontiert und das nationalsozialistische Jahrtausendverbrechen als Bestandteil deutscher Geschichte wie eine gläserne Klagemauer in die zentrale deutsche Gedenkstätte eingelagert. Denkbar wäre auch, unmittelbar vor dem Eingang zum Deutschen Reichstag einen abgrundtiefen Spalt zu schaffen, über den jeder, der den Reichstag betreten oder verlassen will, hinweggehen muß.

Abgeordneten, Staatsgästen und Besuchern stünde vor Augen, über welche Tiefen deutsche Geschichte führt und über welchem Abgrund das neuvereinigte Deutschland auch errichtet wurde – als unablässige Mahnung, wo die Verletzung von Menschenrechten münden kann. Gleichgültig, welchem nationalen Symbol auf den Leib gerückt wird: Immer überwiegt das Verlangen, im blutigen Ozean der jüngsten deutschen Geschichte unbefleckte Identifikations-Inseln zu bewahren, die einen Rest an ungebrochenem Nationalbewußtsein ermöglichen. Doch die nach Auschwitz notwendige Absage an scheinbar heile nationale Identität ist Voraussetzung für die Annahme eines zentralen Holocaust-Mahnmals als Gegenentwurf zu Identifikationsangeboten herkömmlicher Denkmäler. Wie ein Pfahl im Fleisch müßte ein solches Mahnmal zwischen Betrachter und den zu »positiver« Identifizierung mit deutscher Geschichte einladenden Wahrzeichen stehen. Das aber ist wirksam nur möglich an den nationalen Symbolen selbst. Andernfalls bleibt das Holocaust-Mahnmal konventioneller Denkmals-Ikonographie verhaftet und verfehlt durch seinen Anspruch auf künstlerisch-autarke Wirkung die notwendige Konfrontation mit den gebauten Ikonen deutscher Identität.

Vermutlich ist ein solcher Schritt bisher nicht gewagt worden, weil in den ersten Jahrzehnten nach dem Holocaust das nationale Selbstverständnis des Deutschen traumatisiert, bedroht, unsicher war und – aus dem Bewußtsein dieser Schwäche heraus – sich nicht selbst darzustellen vermochte. Doch liegt im nunmehr erreichten zeitlichen Abstand eine Chance. Das Bekenntnis zu einer nationalen Identität in all ihren historisch bedingten Brechungen, widergespiegelt in einem zu »negativer« Identifizierung auffordernden Holocaust-Mahnmal, würde auch etwas über eine gewandelte Selbsteinschätzung und neue Haltung der Deutschen zur eigenen Geschichte aussagen. Mit dem Akzeptieren eines aus unterschiedlichen Facetten zusammengesetzten Nationalbewußtseins als (geringem) Preis für das von Deutschen verübte nationalsozialistische Inferno wäre ein erster Schritt zur Errichtung einer aufrichtigeren nationalen Identität getan. All das führt fort von bisherigen, lediglich auf Standort und Gestaltung eines zentralen Holocaust-Mahnmals fixierten Überlegungen, wie sie erst kürzlich wieder bei den Berliner Kolloquien zum »Denkmal für die ermordeten Juden Europas« zu hören waren. Die herkömmliche Auffassung,

Denkmäler seien Kunst im öffentlichen Raum, greift im Falle eines nationalen Holocaust-Denkmals im Land der Täter zu kurz, weil das mit ihm verknüpfte Problem »negativer« Identifizierung vorrangig kein künstlerisch-ästhetisches, sondern ein politisch-moralisches ist. Als solches ist es nicht Aufgabe eines privaten »Förderkreises«, so unbestritten dessen Verdienste in dieser Sache auch sind, sondern die des Deutschen Bundestages: Ihm muß die letzte Entscheidung in Sachen nationales Holocaust-Mahnmal vorbehalten bleiben.

Werden die Abgeordneten des Deutschen Bundestages ihrer Verantwortung gerecht werden und diese Angelegenheit zu ihrer eigenen erklären? Werden sie dann auch den Mut und die Größe besitzen, sich auf den schwierigen Pfad »negativer« Identifizierung mit dem zukünftigen zentralen Holocaust-Mahnmal zu begeben? Denn so, wie die Denkmäler des neunzehnten Jahrhunderts zu steinernen Zeugnissen einer idealisierten, in Wirklichkeit gefährdeten nationalen Identität geworden sind, so geriete ein in Verlängerung solcher Tradition stehendes Holocaust-Mahnmal zum Zeugnis eines auf Kosten der Opfer angeeigneten Nationalbewußtseins. Angemessen ist ein Holocaust-Mahnmal aber nur antinomisch: Es muß quer zur deutschen Geschichte stehen und gleichzeitig in sie integriert sein.

Aufrichtigkeit und Glaubwürdigkeit der Deutschen, kompromißlos ein unbequemes nationales Holocaust-Mahnmal gegen die vom eigenen Volk verübten Verbrechen und damit gegen eine scheinbar ungebrochene nationale Identität errichten zu wollen, stehen auf dem Spiel.

Frankfurter Allgemeine Zeitung, 17. 7. 1997

Tilmann Buddensieg

Berliner Symmetrie-Wahn

Überlegungen zum Holocaust-Mahnmal

Einmal ist keinmal. Das wird sich auch der Berliner Kultursenator Radunski gesagt haben, als er eine Reihe neuer Teilnehmer für einen zweiten Wettbewerb zum Entwurf eines »Denkmals der ermordeten Juden Europas« benannte. Dem vorausgegangen waren drei Kolloquien, aus deren Diskussionen sich im wesentlichen vier Anforderungen an das geplante *Mahnmal* herausschälten, die miteinander aber jeweils völlig unvereinbar sind.

Das *Opfer-und-Betroffenheits-Mahnmal.* Das *Mahnmal* soll das Leiden der Opfer in »Trauer und Erschütterung«, in »Scham und Schuld« in Erinnerung rufen. Diese Erwartung der Auslober beabsichtigte Trauerarbeit als Aufgabe, ein Ansinnen, das nur in eine Aporie einmünden konnte. Damit ist ein Dilemma beschrieben, das sich kaum mit einer Überarbeitung des vorliegenden Entwurfs etwa im Sinne eines »weniger ist mehr«, vor allem aber besser, wird lösen lassen.

Das »Alibi«- oder »Ritual«-*Mahnmal.* Um dieses Dilemma zu überwinden, wurde eine weitere, resignativ anmutende Lösung vorgeschlagen, die darauf hinauslief, man solle sich »bescheiden« und »die Bemühungen für ein halbwegs angemessenes Denkmal nicht aufgeben« (Christian Meier, DIE ZEIT, 11.4.1997). Die ernsten Rituale bei Staatsakten und Gedenkfeiern würden die mediale Botschaft dieses Mahnmals ins Wohnzimmer vermitteln. Entleerte Ikonen.

Dem entspricht das Kalkül, daß die Gestaltung des Mahnmals ziemlich gleichgültig sei, sofern es nur den Rahmen für Kranzablagen und andere Zeremonien biete, deren emotionale Aussage ohnehin wirkungsmächtiger sei als die kommentarbedürftige Sprache einer elitären Moderne. So könne man statt der »Avantgarde« den »Mehrheitsgeschmack der Menschen« ansprechen (Tilman Fichter, Frankfurter Rundschau, 14.4.1997). Für die Realisierung eines solchen Mahnmals böte sich ein schon anderen Orts bewährtes ikonographisches Repertoire von Darstellungen und Symbolen des Schreckens, Leidens und Trostes an, die »Gefühle der Beklemmung« (Jury) hervorrufen können. Derart ließen sich Bild- und Handlungsillustrationen für »geschichtliche Lehren« produzieren, »vor welchem Denkmal auch immer« (B. Schulz, Tagesspiegel, 14.4.1997), zumal »auch das ästhetisch Mißlungene, ja Kitschige berühren und bedeutende Gesten ermöglichen« könne, wie in Die Welt vom 12.4.1997 zu lesen war.

Das »unmögliche« *Mahnmal.* Auch die zentralen Ikonen und Bilder des *Holocaust-Grauens* werden für nachwachsende Generationen unvermeidlich ihres Sinnes entleert werden oder sich angesichts der täglich medial vermittelten Flut monströser Gewalt in allen Teilen der Welt mit neuen Sinnstiftungen aufladen. Im übrigen widerrät dem auch die Einsicht, daß das Leid der Opfer von einem Betrachter nicht wirklich erlebt werden kann, wie im übrigen die in Yad Vashem gemachten Erfahrungen lehren: »Wer versucht, fremde Erlebnisse ›nachzufühlen‹, erlebt sie völlig verfremdet, weil ›ohne sich selbst‹« (Guy Miron, Tagesspiegel, 7./8.5.1997).

Das »Wie-war-es-möglich«-Denkmal. Wenn die Erinnerung an die ermordeten Juden Europas die Begründung für das geplante *Mahnmal* ist, dann birgt dessen räumliche Nähe zur Reichskanzlei und zum Gestapo-Hauptquartier im Prinz-Albrecht-Palais möglicherweise die Gefahr, daß lediglich einer kleinen Tätergruppe die Schuld an den grausigen Verbrechen angelastet wird. Das implizierte möglicherweise einen Freispruch für die Deutschen, die »die Täter geduldet, hervorgebracht und unterstützt haben« (Jürgen Kocka, 1. Kolloquium), eine Interpretation, der ein solches *Mahnmal* auch nicht ansatzweise Vorschub leisten dürfe. Vielmehr müßte es im Zentrum der bundesrepublikanischen Gegenwart seine Begründung in einer künstlerischen Antwort auf Fragen der Nachfahren der Täter und Opfer heute suchen: Wie konnte in einem bürgerlichen Rechtsstaat das Verbrechen legalisiert, der Umsturz aller Werte zu einem bürokratischen Verwaltungsakt werden (Henning Ritter, FAZ, 25.6.1997)? Wie konnten »die Bürokraten des Terrors« »die mechanische Mühle« in Gang setzen und jüdische Bürger zu Opfern eines »bürokratischen Verwaltungsmordes« machen (Jörg Lau, DIE ZEIT, 27.6.1997, Götz Aly auf dem Hannah-Arendt-Kolloquium im Einstein-Forum Potsdam)?

Diese Fragen könnten symbolisch von einem *Mahnmal* gestellt werden, das vor den Reichstag oder das Kanzleramt gestellt an vergangenes Grauen mitten im heutigen politischen Entscheidungszentrum der Bundesrepublik erinnert: als störender schwarzer Kubus von Sol LeWitt, als »Tiltet Arch« von Richard Serra oder als Bodenskulptur von Walter de Maria – alles große Namen, die aber an dem zweiten Wettbewerb nicht teilnehmen.

So wortkarg und hilflos sich die Senatsverwaltung einerseits über »den Sinn und die Aufgabe des Denkmals« vernehmen läßt – die Entwerfer sollen so etwas Unsägliches wie »Vorschläge zur Differenzierung der Standortfläche« machen –, so fröhlich krempelt man andererseits schon jetzt die Ärmel auf, wenn es um die Planung »eines rundum erfreulichen neuen Platzes« geht. Den Urbanistik-Profis und Verkehrs-Experten scheint völlig unklar zu sein, in welch massiver Weise sie damit die Konzeption des Mahnmals präjudizieren. Zwar müsse es nicht »unauffällig« werden und brauche auf »störende, ja verstörende Elemente« nicht zu verzichten; als »entscheidende Frage« wird aber die »Maßstäblichkeit innerhalb der städtischen Struktur« angemahnt. Was immer »verstörend«, aber eingefriedet und dennoch »einladend« auf dem Plattengeviert liegen oder stehen wird, der Standort des Denkmals wird »ein überzeugendes Äquivalent für die ehemaligen Ministergärten schaffen«. Immerhin stiftet das Denkmal eine »neue Verbindung zwischen Innenstadt und Park«. Auch freut man sich schon auf »die Anlage eines neuen Stadtplatzes in Nachbarschaft zum Pariser Platz«. »Bereits jetzt aber wird, ohne daß ein neuer Entwurf vorliegt, für die »geeignete Abschirmung eines Ortes der Ruhe«, zugleich aber auch »durch geeignete Öffnung« für »die notwendige Einladung« gesorgt. Bruch statt Einpassung.

Die zum neuerlichen Wettbewerb eingeladenen Künstler können dem Senatspapier entnehmen, daß sie mit ihrem Denkmal, was immer es vorstellen mag, auch »das Netz historisch, politisch und kulturell bedeutsamer Orte um den Tiergarten um einen eigenständigen, gewichtigen öffentlichen Ort ergänzen«. Ausführlich ist von der Vernetzung, der An- und Einbindung, der Verbindung und dem Zusammenhang mit dem Sitz des Bundespräsidenten, dem Kanzleramt, den Staatlichen Museen, den Botschaften, dem Kulturforum, dem Reichstag und dem Brandenburger Tor die Rede. Schließlich wird dem *Mahnmal* auch noch die Aufgabe angesonnen, »die Zentralität des Ortes wieder zu verstärken«.

Es gibt nicht wenige, die ein solches vielfach vernetztes und überall ein- und angebundenes Denkmal für das Gegenteil einer wünschenswerten symbolischen Botschaft, wenn nicht gar als Verrat seiner Sinnstiftung zugunsten von stadträumlichen Planungen ansehen. Statt einer symmetrischen Einpassung des Denkmalplatzes in die städtebaulichen Gegebenheiten der Berliner Mitte wäre gerade der Bruch, der Konflikt dieser Harmonie erstrebenswert. Das Jüdische Museum von Daniel Libeskind neben dem Berlin-Museum liefert dafür die Anschauung, indem es mit der geradezu physischen Gewalt seiner architektonischen Brechung an vergangene, aber nie zu vergessende Verbrechen erinnert.

Süddeutsche Zeitung, 25.7.1997

Christian Meier

Das Problem eines Berliner Denkmals

[...]

Die Initiative zu diesem Denkmal geht aus von einem privaten Verein um die besonders betroffene Publizistin Lea Rosh und den Historiker Eberhard Jäckel. Er ist 1988 unter dem Namen »Perspektive Berlin« gegründet worden. Im November 1989 konstituierte er sich als »Förderkreis zur Errichtung eines Denkmals für die ermordeten Juden Europas e.V.«. Sein Ziel war und ist, ein zentrales Denkmal mitten in Berlin zu errichten. Ursprünglich hatte man dafür das brachliegende Gelände ins Auge gefaßt, auf dem einst das Prinz-Albrecht-Palais und andere Gebäude der Gestapozentrale gestanden hatten; gleich neben dem Gropius-Bau, unmittelbar an der Mauer. Heute befindet sich dort die Gedenkstätte »Topographie des Terrors«: ein Dokumentationszentrum ist im Bau. Doch gelang es nicht, an dieser Stelle Platz für das Denkmal zu bekommen.

1993 hat dann der Bundeskanzler ein 20000 qm großes Grundstück, das unmittelbar hinter der Mauer gelegen hatte, für das Denkmal zur Verfügung gestellt. Es grenzt an die Rückseite der amerikanischen Botschaft, die am Pariser Platz errichtet wird, liegt also, grob gesagt, nicht weit südlich des Brandenburger Tors, auf der andern Seite nicht weit von dem Grundstück entfernt, auf dem sich noch Reste des Führerbunkers, der zur Reichskanzlei gehörte, befinden.

20 000 qm, das ist die Größe von zwei Fußballfeldern. Das Grundstück wird mindestens von zwei, vermutlich von drei Straßen, von denen mindestens eine, vermutlich zwei recht laut sind, umfahren.

Die Finanzierung wollte der Förderkreis zur Hälfte aus selbst zusammengebrachten Spenden bestreiten. Denn das Denkmal sollte eine Sache der ganzen Gesellschaft sein, »nicht in erster Linie eine Aufgabe staatlicher Instanzen«. Für den Rest sollte aber doch der Staat gewonnen werden. Dies letztere ist gelungen, Berlin und Bonn sind zu zahlen bereit. Der Verein selbst freilich scheint noch nicht viel zusammengebracht zu haben. Eine großangelegte Sammlung – mit Einzahlungsscheinen, die an allen Postämtern ausgelegt worden waren – war offenbar kein Erfolg. Es heißt, vor allem deswegen, weil unmittelbar zuvor der Bundeskanzler ein Veto gegen den favorisierten Entwurf ausgesprochen hatte. Damit seien nicht nur zahlreiche zusätzliche Spenden, mit denen man gerechnet hatte, ausgeblieben, sondern auch die für die Werbung zugunsten der Aktion eingesetzten Gelder mehr oder weniger nutzlos verbraucht gewesen.

Nachdem das Grundstück zugesagt worden war, ist ein Wettbewerb ausgeschrieben worden. Das Interesse war außerordentlich groß. 2600 Künstler forderten die Unterlagen an, 528 haben Entwürfe eingesandt. Aus denen hat eine Jury unter Walter Jens 17 in die engere Wahl gezogen, 2 erste Preise wurden vergeben. Während die Jury keine eindeutige Empfehlung gab, haben die Auslober dann dem Entwurf einer Gruppe um Christine Jackob-Marks den Zuschlag gegeben, der berühmten Riesengrabplatte, die schräg angehoben war – entsprechend der christlichen Auferstehungssymbolik – und auf der die Namen aller ermordeten Juden auf Metallplättchen angebracht werden sollten. Besucher sollten sich solche Plättchen kaufen können, um sie dann auf der Platte befestigen zu lassen.

Kaum war die Entscheidung gefallen, begann eine scharfe Auseinandersetzung. Immer hatte es Bedenken gegeben, Zweifel, Hindernisse; nicht so sehr, wenn ich es recht sehe, offene Widerstände. Nun aber bot sich gute Gelegenheit zu streiten, auch zu spotten. Man sprach vom Ablaßhandel mit den Plättchen, kritisierte die christliche Symbolik der Auferstehung. Später hat Reinhart Koselleck sarkastisch formuliert: »Nachdem wir Deutschen 5 bis 6 Millionen Juden erschlagen, erschossen oder vergast, dann in Asche, Luft und Wasser aufgelöst haben, machen wir uns nunmehr anheischig, symbolisch eben diesen Juden eine Auferstehung anzubieten.« Wiederum eine schreckliche Anmaßung: Es fragt sich nur, was schlimmer ist: daß man sich auf die Gnade des jüdischen, des alttestamentarischen Gottes beruft oder daß man gleich den christlichen zitiert.

Anerkennenswerterweise hat ja aber der Bundeskanzler sehr bald erklärt, übrigens, wie sich bald herausstellte, in Übereinstimmung mit allen Bundestagsfraktionen, daß die Grabplatte nicht gebaut werden dürfe. Damit geriet das Projekt zunächst einmal in eine Phase der Stagnation.

Schließlich wurde entschieden, daß ein großes »Kolloquium« veranstaltet werden sollte, an drei Tagen, jeweils mit mehrwöchigem Abstand. Ca. achtzig Experten aus dem In- und Ausland sollten angehört werden, um den Auslobern die Entscheidung zu erleichtern. Federführend war der Berliner Kultursenator Radunksi.

Ein Tag galt dem *Warum?*, einer dem *Wo?*, der letzte dem *Wie?*. Den Experten wurde mitgeteilt, daß 5 Prämissen nicht zur Disposition stünden: Das Denkmal wird gebaut; der Ort steht fest; auch der Baubeginn (erster Spatenstich am 27. Januar 1999); die Kosten dürfen 15 Millionen nicht überschreiten; schließlich bleibt der Kreis der möglichen Entwürfe begrenzt; nur die neun ersten des Wettbewerbs kommen in Frage, eine weitere Ausschreibung soll nicht stattfinden; nur dazu, welcher Entwurf es sein sollte und wie er gegebenenfalls zu modifizieren sei, sollten Vorschläge vorgebracht werden. Die Sitzungen fanden im Staatsgebäude der DDR am Schloßplatz in Berlin statt.

Es war eine äußerst merkwürdige Veranstaltung. Um Spesen für die Übernachtung der auswärtigen Gäste zu sparen, begann sie jeweils um 11.00 Uhr, und sie endete mit Sonnenuntergang, nämlich Sabbatbeginn, denn man tagte freitags. Das heißt, im Januar standen fünf, im Februar und April dann sechs bis sieben Stunden zur Verfügung, und zwar nicht nur für die etwa 80 eingeladenen Experten. Denn jedesmal waren mindestens ein Referat und mehrere Kommentare dazu (auch von Nicht-Experten) vorgesehen. Viele haben sich dann auch kaum oder nie oder wenig zur Sache geäußert.

Die Leitung der Sitzung lag bei zwei sogenannten Moderatoren, dem früheren Berliner Bürgermeister Klaus Schütz und dem früheren Bundeswohnungsbauminister Oscar Schneider, die aber nicht moderierten, sondern wie Schalterbeamte Sendungen – alias Statements – entgegennahmen. Auftragsgemäß suchten sie jede lebhafte Diskussion zu unterbinden. Außerdem waren sie bemüht, die Thematik einzugrenzen, wobei sie sich auf Beschlüsse einer sogenannten Lenkungsgruppe beriefen. Wer darin saß, wurde nicht mitgeteilt (während man beim Politbüro der DDR selig doch wenigstens die Namen der Mitglieder kannte).

Doch nicht nur die fehlende Moderation und die anonyme

Lenkungsgruppe waren mit dem, was man landläufig ein Kolloquium nennt, unvereinbar. Sondern man bekam auch fast kein Material zugesandt, insbesondere gab es keine Pressespiegel, obwohl sich die Presse und damit die Öffentlichkeit schon zuvor und dann natürlich nach den Sitzungen zum Teil sehr kompetent geäußert hatte; aber wahrscheinlich gerade deswegen. Berichten zufolge hatte nämlich eine der Auslobeerinnen gegen die Versendung von Pressespiegeln Einspruch erhoben, weil die Artikel überwiegend kritisch waren. (Man wüßte gern, ob auch die vorbereitenden Sitzungen im Staatsratsgebäude stattfanden, um die Wirkung des *genius loci* besser einschätzen zu können.) Entgegen den allgemeinen Usancen gab es auch keine Adressenliste der Teilnehmer, wohl damit diese vor und zwischen den Sitzungen nicht so leicht Kontakt miteinander aufnehmen konnten.

Die Bitte eines der Experten, eines führenden deutschen Historikers, daß ein gewichtiger Zeitungsartikel, den er geschrieben, mit den Tagungsunterlagen versandt würde, wurde nicht einmal abschlägig beschieden. Ja, nicht einmal ein kurzer Vorschlag eines der führenden, besonders kompetenten Architekten durfte als Tischvorlage verteilt werden; auch hier nicht einmal eine Antwort auf seine Bitte. Er hatte sich allerdings, muß man einräumen, darin – und zuvor schon – kritisch zum Verfahren, zum Wettbewerb und sogar zur Kompetenz der Jury geäußert.

Damit gar kein Irrtum über den Sinn der Veranstaltung aufkommen konnte, ließ sich eine hochgestellte, mit Recht sehr angesehene Persönlichkeit auch noch dazu herbei, die Tatsache, daß ein Experte neue Einsichten gewonnen und folglich seine Meinung geändert hatte, als »geistiges Armutszeugnis« zu bezeichnen. Daß man drei jüdische Experten, die wegen der von ihnen (nicht ohne Grund) als unerträglich betrachteten Diskussion unter Protest den Saal verließen, keine Träne nachweinte, entsprach hinwiederum dem *genius loci*.

Und immer wieder wurde uns erklärt, wir hätten nichts zu entscheiden (was in der Sache richtig war, sich aber nicht unbedingt auch auf das Verfahren erstrecken mußte; denn darauf, wie und worüber zu diskutieren sei, hätten – im Falle, daß es sich um ein Kolloquium gehandelt hätte – die Experten doch eigentlich Einfluß nehmen können müssen). Vor allem sahen sich die Auslober fast nie dazu bemüßigt, auf Argumente mit Argumenten zu antworten. Der Vertreter der Bundesregierung schwieg fast durchweg, meinte nur einmal, die vorgebrachten Argumente hätten ihn nicht überzeugt. Er scheute nicht nur nicht den Verdacht, daß er keine habe, sondern nicht einmal den, daß ihn das auch nicht weiter störe. Die Vertreter des Fördervereins schwiegen zunächst, äußerten sich aber später, unter anderem um uns mitzuteilen, daß der Mann und die Frau auf der Straße schon viel weiter seien als die sogenannten Intellektuellen. Wobei man sich dann – Staatsratsgebäude hin, Staatsratsgebäude her – etwas unliebsam an das »gesunde Volksempfinden« noch früherer Zeiten erinnert fühlte. Ohnehin konnte es der Atmosphäre nicht förderlich sein, daß denen, die gewisse Ansichten des Fördervereins kritisierten, immer wieder unterstellt wurde, sie wollten das Denkmal verhindern. Im übrigen bekam man gelegentlich mitgeteilt, was der Lenkungsausschuß befunden hatte, aber wiederum nicht, warum.

Der offiziellen Auffassung nach ging es folglich nur darum, daß achtzig Experten in außerordentlich kurzer Zeit an die Adresse der »Moderatoren« Vorschläge ablieferten.

Von Anfang an regte sich bei verschiedenen von ihnen Unwille darüber, daß die Thematik ungebührlich eingeschränkt worden war. Drei Prämissen wollte keiner in Frage stellen: daß, wann und mit welchem Aufwand gebaut würde. Aber sowohl über den Ort wie über die mögliche Gestaltung wollte man diskutieren, ohne an die entsprechenden Vorgaben gebunden zu sein. Und außerdem wollte man dazu mehr Zeit haben. Die – zumeist schriftlich zuvor versandten – Referate enthielten vielfach nur, was die Experten (schließlich waren es ja Experten) schon wußten; einige Texte wurden als nachgeliefertes Proseminar empfunden. Die vorweg festgelegten Beiträge sollten also, so die Meinung verschiedener Teilnehmer, ausfallen oder gekürzt vorgetragen werden.

Folglich kam es mehrfach zu Anträgen zur Geschäftsordnung und zum Disput über Verfahrensfragen. Der Direktor des Deutschen Historischen Museums hat sich darüber anschließend in der FAZ ungnädig geäußert. Er verstand nicht, warum »einem Teil der Mitwirkenden … die Addition von Standpunkten nicht genug« war, und meinte, sie hätten »dem Gedankenaustausch eine quasiparlamentarische Fassung geben« wollen, »mit Geschäftsordnungsdebatten und Abstimmungen«. Das eine ist gewiß richtig formuliert, es sollte eine »Addition von Standpunkten« sein. Wie ihm dann der Ausdruck »Gedankenaustausch« in die Feder floß, bleibt sein Geheimnis. Wenn man weiß, welche Entscheidungswege er gewohnt ist, kann man sein Unbehagen gut verstehen.

Aber in Wirklichkeit ging es eben nicht darum, daß man ein Parlament sein wollte, sondern nur darum, daß ja eigentlich ein Kolloquium hatte veranstaltet werden sollen. Und dazu gehört, nach einem doch wohl nicht verkehrten landläufigen Verständnis, eben der Austausch der Meinungen, die Befruchtung durch Widerspruch, die Erprobung der Argumente, kurz all die Vorteile, die eine geistige Auseinandersetzung zu haben pflegt.

Eben dazu sind Diskussionen doch erfunden, daß sich die Beteiligten dabei gegenseitig zu lernen geben, wenn auch konzediert werden muß, daß alles Lernen mit Risiken verknüpft ist. Statements aber hätte man billiger per Post erbeten.

Die durch die Geschäftsordnungsdebatten schließlich ertrotzte Diskussion scheint zu einem Erfolg geführt zu haben. Amtlich ist uns das natürlich nicht mitgeteilt worden, den abschließenden Dank erhielten wir von der Leiterin der privaten Veranstaltungsorganisation im Namen des Senators. Aber ein großer Fortschritt wurde öffentlich bekanntgegeben: Der Bundestag tritt als vierter zu den drei Auslobern hinzu. Und ich höre aus sehr guter Quelle, daß sich wirklich etwas bewegt habe. Die zum Kolloquium verwandelte große Anhörung scheint also doch nicht die Alibiveranstaltung geblieben zu sein, als die sie – so hatten viele jedenfalls den Verdacht – ursprünglich geplant war. Näheres ist mir freilich unbekannt.

Insgesamt war in dieser Veranstaltung ein erschreckendes Ausmaß an Gouvernementalität (oder: Gouverne-Mentalität) zu beobachten. Es war bezeichnend, daß sich der Berliner Senator bemüßigt sah, uns die Freiheit der Meinungsäußerung zuzusichern – wie wenn es dessen bedurft hätte.

Im Verlauf dieser Auseinandersetzungen haben viele Mitglieder, zum Teil nach eigenem Bekunden, vieles gelernt. Die Problematik dieses Denkmals ist offenbar so schwierig, daß erst die Ausschreibung und das Studium der Entwürfe sowie die anschließenden Diskussionen das Ausmaß der offenen Fragen deutlich machen konnten. Damit schließlich zum Problem des Denkmals.

Die Erkenntnis der gegenwärtigen Problematik dieses Denkmals ist offenbar dadurch wesentlich erschwert, daß aus dem Wandel der Umstände, welcher während und aufgrund der

Tätigkeit des Förderkreises eintrat, bisher keine Konsequenzen gezogen worden sind. Die Gründung des Kreises in der jetzigen Form erfolgte wenige Tage vor dem Fall der Mauer im Jahre 1989; aber die Vorbereitungen liefen natürlich schon länger.

Damals konnte man das Projekt isoliert betreiben. Man wollte dieses Denkmal für die ermordeten Juden Europas mitten im verwaisten Zentrum Berlins. Und für den Förderkreis ist es auch weiterhin dabei geblieben.

Das ist völlig legitim; private Förderkreise können selbstverständlich die Errichtung eines Denkmals betreiben, Mittel einwerben und sich außerdem um die Zuwendung von öffentlichen Geldern bemühen.

Und nicht nur das. Vielmehr hat der Plan dieses Denkmals zunächst einmal sehr viel für sich. Er ist für viele auf Anhieb überzeugend – auch wenn es, neben den üblichen Widerständen, manche sehr ernstzunehmende grundsätzliche Bedenken dagegen gibt. Nur – was vor dem Fall der Mauer für sich betrieben werden konnte, geriet seit dem 3. Oktober 1990 und vor allem seit dem Beschluß vom 20. Juni 1991, die Hauptstadt der Republik nach Berlin zu legen, unvermeidlich in weitere Zusammenhänge. Und dies muß vor allem für den wichtigsten Zuwendungsgeber maßgebend sein: die Bundesregierung und damit auch den Bundestag.

Lea Rosh und ihr Förderkreis konnten und können mit besten Gründen sagen, sie wollten ein Denkmal für die ermordeten Juden; daß auch andere Gruppen, die zu Opfern der deutschen Vernichtungspolitik wurden, Denkmäler bekämen – die Roma und Sinti etwa, die Geisteskranken und andere – sei ihnen durchaus recht, nur sei das nicht ihre Sache.

Die Repräsentanten der Bundesrepublik aber können genau

das nicht tun. Wenn sie ein großes Grundstück und Geld zur Verfügung stellen, um an einer Stelle, die jetzt im Zentrum der Hauptstadt liegt, ein Denkmal für die ermordeten Juden zu errichten, dann müssen sie sich auch darüber im Klaren sein, daß das Konsequenzen für andere Gruppen von Opfern hat und wie sie damit umgehen wollen. Geld dafür zur Verfügung zu stellen, wird kaum das Problem sein. Die Frage ist: wo – gegebenenfalls – der anderen gedacht werden soll und wie die verschiedenen Denkmäler in ein Verhältnis zueinander zu setzen sind. Hinzu kommt die weitere Frage, wie sich das Gedenken an die Opfer der Vernichtungspolitik zu dem an die Kriegstoten der Wehrmacht (und der Armee des Ersten Weltkriegs), des Luftkriegs und der Vertreibung verhalten soll.

Für die Bundesregierung ist es also ganz unmöglich, einfach das 1988/89 eingefädelte Projekt fortzusetzen, ohne sich weiter umzusehen. Nein, seit die Mitte Berlins wieder die Mitte der deutschen Hauptstadt ist und seit die Bundesregierung selbst den Löwenanteil am Denkmal übernommen hat, ist dies ein zentraler Teil ihrer Denkmals- (oder, wenn man so will, ihrer Geschichts-)politik. Und das heißt, so, wie sie jetzt in Berlin die Verteilung von Ministerien, Bundesbehörden, Abgeordnetenhäusern etc. im Zusammenhang plant, muß sie dies auch für die wichtigen, zentralen Denkmäler tun.

Das Problem des Gedenkens an die Opfer der Zeit von 1933 bis 1945 (und die von 1914 bis 1918) schien sich dem Kanzler nach der Vereinigung zunächst ganz einfach zu stellen: Er verlegte 1993 die zentrale Gedenkstätte von Bonn nach Berlin in die Neue Wache. Dann aber entstanden eben daraus Folgeprobleme. Und die ziehen im Zweifel weitere nach sich.

Grob gesagt: Weil hier, wie üblich, nicht richtig nachgedacht worden ist, schlitterte man von einer Bredouille in die andere. Und dabei schleppt sich im Hintergrund immer ein Problem mit, das unmittelbar ins Zentrum deutscher Geschichtspolitik – und das heißt: deutscher Ratlosigkeit – gehört; das Problem, wie wir uns unserer Kriegstoten in Anbetracht der Opfer deutscher Vernichtungspolitik und Gewaltherrschaft zu erinnern haben.

Im Bonner Hofgarten hatte man Mitte der sechziger Jahre eine Gedenkplatte als »nationales Ehrenmal« aufgestellt. Sie trug die Inschrift: »Den Opfern der Kriege und der Gewaltherrschaft«. Eingeweiht wurde sie durch Bundespräsident Lübke am 16. Juni 1964, am Vorabend also des 17. Juni, und der erste Kranz, der dort niedergelegt wurde, galt den Opfern der kommunistischen Gewaltherrschaft. Nur in diesem Zusammenhang war der Ausdruck »Gewaltherrschaft« auch einigermaßen zutreffend. Die Opfer der NS-Zeit dagegen sind zumeist nicht einfach einer Gewaltherrschaft zum Opfer gefallen, sondern einem auf totale Vernichtung ganzer Menschengruppen zielenden Regime samt dem weiten Kreis derer, die ihm dabei zur Hand gingen.

Dieses Denkmal, das 1980 auf den Bonner Nordfriedhof umgesetzt wurde, hatte also seinen Platz im Rahmen des antitotalitären Selbstverständnisses; einer Front, in der wir uns damals ein Stück weit verstecken konnten. Damals konnte man finden, daß die verschiedenen Opfer der Zeit der Weltkriege samt denen der Nachkriegszeit im Osten eben alle Opfer waren und sich gemeinsam ehren ließen. Was dabei noch in den achtziger Jahren für Vorstellungen mitschwangen, wurde in den damaligen Diskussionen um die Errichtung eines (neuen) »zentralen nationalen Mahnmals« deutlich. Dort wurde etwa vorgebracht, die zu schaffende nationale Gedenkstätte solle »Opfer und Geopferte in einem versöhnenden Gedenken vereinen«. Während die SPD in der Bundestagsdebatte vom 25. April 1986 anmahnte, die Fragen nach Verantwortung und Schuld dürften nicht verschleiert werden, das Mahnmal dürfe sich auch nicht auf die deutschen Toten des Krieges beschränken, fanden die Fraktionen von CDU/CSU und FDP, die zentrale Gedenkstätte solle »den Opfern der Kriege und der Gewaltherrschaft, insbesondere den Toten unseres Volkes gewidmet« sein. »Sie solle ein Zeichen der Trauer und der Erschütterung und zugleich der Hoffnung und der Versöhnung sein.«

Daß das Opfer, das der Soldat seinem Lande bringt, herkömmlichem Verständnis nach ein freiwilliges, ein aktives ist, die Opfer der Gewaltherrschaft aber passiv und durchaus unfreiwillig sind, wurde nicht weiter für wichtig genommen. Sofern man Opfer von »Geopferten« unterscheiden wollte, wurde es geradezu grotesk: denn wem sollen denn die Täter und Opfer die Geopferten geopfert haben?

Gewiß konnte man darauf verweisen, daß auch die deutschen Opfer des Krieges zum Teil insofern passive waren, als sie dem Luftkrieg oder der Vertreibung zum Opfer fielen. Wieweit schon damals der Wunsch, die passive Bedeutung des Wortes Opfer auf alle zu erstrecken, am Werk war – was angesichts der heute beliebten Opferidentifizierung nur natürlich erschiene –, wüßte ich nicht zu sagen.

Die Erklärung der Koalitionsparteien, die Gedenkstätte solle »insbesondere den Toten unseres Volkes gewidmet« sein, machte von neuem deutlich, was schon 1964 gemeint, aber in der generalisierenden Opferformel verborgen war: daß die nicht-deutschen Opfer, unter anderem der Großteil der sechs Millionen Juden, bestenfalls nebenbei miteinbezogen sein sollten. Im Grunde drückte man sich um das Problem herum, das sich mit dem Verhältnis von Kriegstoten zu Opfern der Vernichtungspolitik stellte.

Die Inschrift in Berlin ist gegenüber dem Bonner Vorbild leicht verwandelt. Sie lautet: »Den Opfern von Krieg und Gewaltherrschaft«. Wie wenn es der Krieg überhaupt – und nicht die Kriege von 1914/18 und 1939/45 – war, um dessen Opfer es zum einen ging, und entsprechend die Gewaltherrschaft schlechthin (vielleicht nicht mal nur die deutsche?). Dabei mutet schon die Beibehaltung des blassen Ausdrucks Gewaltherrschaft recht gedankenlos an, da man es eigentlich 1993 besser hätte wissen müssen. (Die DDR hatte am gleichen Platz, sehr viel konsequenter, die Opfer des Militarismus und des Faschismus verehrt, wobei zumindest auf der Täterseite eine klare Differenzierung vorgenommen wurde, etwa zwischen den »Militaristen« und ihren Opfern.) Auch hier sind einfache Fortschreibungen der Findung angemessener Lösungen im Wege gewesen.

Doch weit gravierender als die Bezeichnung der Opfer-Ursachen ist die Vereinigung der verschiedenen Kategorien: Können wir wirklich in den neunziger Jahren noch wie 1964 alle Opfer der verschiedenen Kategorien an einer Stelle zusammen verehren? Zu den Opfern des Krieges zählt der Präsident des Volksgerichtshofs Roland Freisler genauso wie zweifellos unzählige Soldaten, die zuvor etwa an Judenerschießungen teilgenommen hatten. Die einen Opfer sind also zum Teil von den andern Opfern zum Opfer gemacht, richtig gesagt: Sie sind von ihnen ermordet worden!

Der Widersinn, der in dieser Zusammenfassung lag, ist 1993 durchaus erkannt worden. Der Vorsitzende der Berliner jüdischen Gemeinde hat sich deswegen geweigert, an der Einweihung teilzunehmen (und statt dessen einen Protestzug mitangeführt, der zu den ehemaligen Befehlszentralen des NS-Regimes und seiner Vernichtungspolitik führte). Die Teilnahme von Ignatz Bubis aber kostete einen Preis. Zum einen bekam die Inschrift Fußnoten: Die differenzierende Aufzählung der verschiedenen Gruppen von Opfern, die Richard von Weizsäcker in seiner Rede vom 8. Mai 1985 so eindrucksvoll geleistet hatte, wurde auf eigenen kleinen Tafeln wiederholt. Zum andern aber wurde für das Denkmal für die ermordeten europäischen Juden das 20000 qm große Grundstück zur Verfügung gestellt.

Aus der Gedankenlosigkeit bei der Konzeption der Neuen Wache – vom christlichen, der antisemitischen Untertöne keineswegs entbehrenden Symbol der *Pietà* für, unter anderm, 6 Millionen Juden ganz zu schweigen –, also: aus der Gedankenlosigkeit dieser Konzeption wurde das Grundstück geboren, dessen Größe im Zweifel mitursächlich für das Scheitern des Wettbewerbs ist, und daran anknüpfend eröffnen sich die nächsten schon angedeuteten Probleme.

Um sie gleich zu explizieren: Da die Neue Wache grundsätzlich allen Opfern gewidmet ist, auch den Juden: Was spricht dafür, diesen noch ein eigenes Denkmal zu setzen? Warum muß man ihre Einbeziehung in die Opfergemeinschaft der Neuen Wache dadurch erkaufen, daß sie aus dieser Gemeinschaft gleichzeitig augeklinkt werden, um ein Denkmal *à part* zu bekommen? Aber wenn es schon so sein soll, ist es erlaubt, nur ihnen (unter den Opfern der Vernichtungspolitik) ein eigenes Denkmal zu errichten – oder muß man es dann für alle Opfer der Vernichtungspolitik zusammen tun? Oder läßt sich ein Ausweg dadurch finden, daß man Roma und Sinti, Homosexuellen, Geisteskranken, Zeugen Jehovas, polnischen Eliten, sowjetischen Kriegsgefangenen etc. ebenfalls eigene Denkmäler setzt? Wenn aber ja: wo und wie? Und muß man das dann nicht gleichzeitig planen? Wenn aber die Opfer der Vernichtungspolitik (im Gegensatz zu denen des Krieges) einzeln oder zusammen eigene Denkmäler bekommen sollen, ist dann der Widersinn des gemeinsamen Gedenkens an alle Opfer in der Neuen Wache noch aufrechtzuerhalten? Kann – oder vielmehr: muß – man dann nicht aus der Not eine Tugend machen und bei der Gelegenheit auch den Schaden der falschen Neue-Wache-Konzeption gleich mitbeseitigen – zugunsten einer sinnvollen Neugestaltung?

Wenn ich hier noch einen kleinen Exkurs anschließen darf: Man hat früher keine Bedenken gehabt, die gefallenen Soldaten beider Seiten, auch Deutsche und Franzosen zusammen auf den gleichen Friedhöfen zu begraben; hat noch nach 1870/71 an verschiedenen Orten gemeinsame Gedenktafeln für Deutsche und Franzosen auf den Schlachtfeldern angebracht. Je länger es aber dauert, um so stärker wird die Tendenz zur »Opfertrennung«. Die Amerikaner führen ohnehin alle Gefallenen in ihre Heimat zurück. Jetzt sieht man, wie von jüdischer Seite (natürlich beileibe nicht von allen Juden) starke Einwände dagegen vorgebracht werden, daß Juden und andere Opfer des nationalsozialistischen Deutschlands ein gemeinsames Denkmal erhalten. Und dann sollen die deutschen Kriegstoten weiter gemeinsam mit den Opfern der deutschen Vernichtungspolitik verehrt werden?

Dies etwa ist der Komplex der Fragen, der sich für eine zusammenhängende Planung der Denkmalkultur (in Hinsicht auf 1933/45) stellt. In ihrem Rahmen – und nur in ihrem Rahmen – so ist meine These, stellen sich die nächsten Probleme auch für das geplante Denkmal (wenn es denn eines nur für die Juden sein sollte): Denn die Beantwortung der Frage nach dem richtigen Ort und die nach der richtigen Grundkonzeption hängt vom weiteren Zusammenhang ab. Und die Fragen der künstlerischen Gestaltung können überhaupt erst danach angegangen werden. Ich möchte das sehr unterstreichen: Man braucht eine Gesamtkonzeption, eine zusammenhängende Gesamtplanung anstatt des zum Teil recht zufälligen Weiterspinnens einzelner Fäden! Wie man freilich den künftigen Rahmen einer Berliner Denkmalgruppe abstecken soll, ist eine keineswegs leicht zu beantwortende Frage.

Sicher erscheint mir, insofern hätte ich in aller Entschiedenheit eine These zu verfechten, daß man die widersinnige Opfergemeinschaft der Neuen Wache aufspalten muß. Sie ist genau besehen, unerträglich. Man kann sich fragen, ob Gedenkstätten heute überhaupt noch sein sollen. Aber wenn man das bejaht (wozu man im Augenblick doch wohl überwiegend neigt), dann müssen sich die zentralen Gedenkstätten der Deutschen vornehmlich auf ein Stück Geschichte beziehen, das noch heute höchst lebendig, ja geradezu virulent ist. Dieses Stück Geschichte können wir – und können sehr viele andere – so leicht nicht auf sich beruhen lassen.

Es ist hier daran zu erinnern, daß die Unfaßbarkeit der namenlosen deutschen Verbrechen dazu führt, daß alle Versuche, die Erinnerung an sie sicher an einem zentralen Punkt des kollektiven Gedächtnisses der Deutschen zu verankern, scheitern. Deswegen muß ja jede neue Generation neu darüber erschrecken und das Gedenken muß sich wellenartig immer wieder neu beleben; um nur die letzten Stationen zu nennen: Holocaust-Film 1979, Bitburg 1985, Historikerstreit 1986/88, Goldhagen-Debatte und Wehrmachtsausstellung 1996/97.

In der, je länger es dauert, immer lebhafter und intensiver werdenden Verquickung in jene Vergangenheit, die nicht vergehen will, müssen sich (trotz aller Differenzierungen im einzelnen) Täter und Opfer dieses einzigartigen Verbrechens deutlich voneinander scheiden. Es wäre ganz falsch, wenn sich die Nachkommen der einen und die der andern darüber täuschen (oder hinwegmogeln) wollten, daß sie von der Geschichte her voneinander getrennt sind. Selbstverständlich muß man – und das ist ja erstaunlicherweise auch vielfach geschehen – auf Versöhnung, ja auf Solidarität hinarbeiten. Aber Versöhnung setzt die Anerkennung der von der Geschichte her gegebenen Scheidung, ja Feindschaft voraus. Versöhnung lebt und bezieht ihre Kraft – ihre zum Teil wirklich großartige, freundschaftsstifende Kraft – daraus, daß zunächst einmal anerkannt wird, was gewesen ist und wer es verschuldet und vor allem mitverursacht hat (und daß dies die Unseren waren). Voreilige Versöhnungs-, Umgehungs- und Umarmungsstrategien sind der guten Absicht eher im Wege.

Eben dies ist gerade auch bei Denkmalsetzungen zu beachten. Wir Deutschen können die Versöhnung nicht anmahnen. Wir können die Juden nicht auffordern, mit uns zusammen die Opfer unseres Krieges zu verehren. Wenn sie uns diese Geschichte tragen (oder wenigstens leichter machen) wollen, können wir nur dankbar sein. Aber – wir sollten uns nicht in Hinblick auf unsere Eltern und Großeltern als Opfer mit ihnen gemein machen. Das ist völlig unangebracht, ja es ist schamlos.

Man kann gewiß sagen, daß die Jungen unter uns mit dieser Geschichte nichts mehr zu tun haben. Aber erstens ist das offensichtlich falsch: Sie haben nämlich sehr viel damit zu tun; wollen auch wissen, was damals geschah; machen sich durchaus damit zu schaffen. Und zweitens kann dies für Denkmalsstiftung (und -gestaltung) kein maßgebender Gesichtspunkt sein. Da darf die Vergangenheit am wenigsten ausgeblendet werden.

Allerdings beobachtet man, daß viele sich, wie gerade die Goldhagen-Debatte und die um die Wehrmachtsausstellung zeigen, von den eigenen Großeltern relativ leicht distanzieren. Und – wie ein norwegischer Kollege, der sich viel damit beschäftigt hat, es kürzlich formulierte – dabei scheint die Parole zu gelten: *the worse the better:* Je schlimmer es die Wehrmacht oder, mit Goldhagen, »die Deutschen« getrieben haben, um so weniger nämlich haben wir, sittsam wie wir jetzt sind, mit ihnen gemein. Das macht es schwierig, überhaupt ein Gedenken an die Toten der deutschen Streitkräfte aufrecht zu erhalten.

Ich meine trotzdem, daß es gute Gründe dafür gibt. Wir dürfen uns von diesen Toten nicht lossagen; müssen ihnen insgesamt, wie es üblich ist, ein ehrendes Gedenken zollen; auch wenn es, wie üblich, viele einbezieht, die es nicht verdienen, und vor allem, wie in diesem Ausmaß keineswegs üblich, viele, die an schweren Verbrechen beteiligt waren. Man kann das Makabre monumental nicht ausdrücken, das, zumal nachträglich, im schreienden Widerspruch zwischen dem, was so viele opferten, und dem, wofür sie es in Wahrheit taten, besteht. Doch bleibt vieles davon in jedem Gedenken an die deutschen Soldaten enthalten. Wir dürfen davor nicht die Flucht suchen, um bequem bei den andern Opfern Unterschlupf zu begehren. Und schon gar nicht dürfen wir sie als Opfer mit den Opfern von Vernichtungspolitik und Gewaltherrschaft gleichstellen. Übrigens sollte man auch die DDR-Opfer hier nicht mehr einreihen, sondern eher sehen, sie im Zusammenhang des geplanten Denkmals für den Aufstand am 17. Juni 1953 zu ehren.

Also, um es zu wiederholen: Die Opfergemeinschaft der

Neuen Wache muß unbedingt aufgelöst werden. Es gibt kein ernstzunehmendes Argument für sie. Und – nebenbei gesagt – man muß sich etwas anderes einfallen lassen als die Pietà der Kollwitz; schließlich ist ja auch der Frauen und Kinder zu gedenken, die diesem Krieg auf deutscher Seite zum Opfer fielen; von ästhetischen Gesichtspunkten zu schweigen.

Es ergibt sich sodann die Frage, ob man für die Opfer der Vernichtungspolitik ein gemeinsames oder nach Kategorien getrennte Denkmäler zu setzen hat. Hier ist eine einfache These nicht vorzutragen.

Eines ist auf jeden Fall richtig: Unter den verschiedenen Gruppen der Opfer ragen die Juden weit heraus. Nicht nur durch die Zahl der Gemordeten, sondern auch dadurch, daß das Deutsche Reich unter den damaligen Machthabern sie zum schlimmsten seiner Feinde erklärt und ihre ausnahmslose Ermordung sich zum Ziel gesetzt hat. Das ist bei keiner der andern Gruppen der Fall. Obwohl man doch eigentlich den Krieg gewinnen wollte, hat man fast bis zuletzt eine ungeheure Mühe darauf verwandt, noch von der letzten griechischen Insel die Juden einzusammeln, um sie in die Vernichtungslager zu transportieren.

Insofern ragt die Shoah, der jüdische Teil dieser »Katastrophe«, innerhalb der Vernichtungspolitik heraus. Und zweifellos bietet der bedeutende Anteil, den die deutschen Juden nicht nur an unserer Kunst und Wissenschaft, sondern am ganzen Leben unserer Gesellschaft jahrhundertelang gehabt haben, ein starkes zusätzliches Motiv, ihrer zu gedenken.

Welche Konsequenzen daraus zu ziehen sind, ist aber trotzdem sehr genau und umsichtig zu fragen. Nach meinem Urteil ist auch hier zusammenhängende Überlegung an die Stelle mehr oder weniger zufälliger Verfolgung von Einzelfäden zu setzen. Denkmäler sind nicht der einzige, vermutlich nicht mal der wichtigste Teil sinnfälliger Erinnerung. Sie geben wenig zu verstehen, obwohl sie Anlaß bieten können, Verstehen zu suchen. In den Diskussionen um das geplante Denkmal ist denn auch immer wieder darauf hingewiesen worden, daß zusätzliche Information, Aufklärung notwendig seien.

Meine Frage ist, ob nicht in der Vermittlung von Kenntnissen, von Anschauung, von Vorstellung und dem Bemühen, sowohl Verstehen wie die harte Erfahrung der Grenzen des Verstehens anhand von Bildern und Dokumenten zu vermitteln, die eigentliche Aufgabe, das Entscheidende also, liegt.

Man hat gesagt, Deutschland brauche, anders als Israel, kein zentrales Mahnmal für die Shoah, weil hier die Stätten des Verbrechens selbst seien. Das trifft insofern nicht zu, als Vernichtungslager nur in Polen zu finden sind und die Massenerschießungen nur dort und in den Ländern der Sowjetunion stattfanden. Daher spräche sehr viel dafür, neben den KZ-Gedenkstätten ein Auschwitz-Museum in der deutschen Hauptstadt zu errichten. Es könnte sich zugleich den Wurzeln des Antisemitismus in Deutschland widmen; und, was ja keineswegs das gleiche ist, der Wendung zur Vernichtungspolitik, nämlich deren Ermöglichung nicht einfach durch eine Machtergreifung, sondern von den Ministerien, den Verwaltungen, den Stäben her; aber auch, um von den Einsatzgruppen abzusehen, aus den verschiedensten Rängen von Polizei und Armee heraus. Schließlich müßte der Prozeß der Ausführung illustriert werden, im komplizierten Gefüge von Tätern, Opfern, direkten und indirekten Beihelfern, Zuschauern und wenigen Mutigen, die sich entzogen oder gar den einen oder anderen zu retten versuchten.

Doch kann dies hier nicht näher ausgeführt werden, zumal

sich da eine Reihe weiterer Fragen eröffnet. Finanzielle Einwände übrigens gelten nur, wenn man, wie es in Berlin leider üblich ist, perfekte, teure Lösungen sucht. Aber Provisorien, in irgendeiner umgerüsteten Fabrikhalle, könnten es auch tun; und sie brauchten nicht im Zentrum der Stadt zu liegen. Jedenfalls könnte in einem Museum (oder in einem Komplex von Ausstellungen) die besondere Bedeutung des Mordes an den Juden, auch im Zusammenhang der ganzen Vernichtungspolitik, gebührend herausgestellt werden.

Eben das aber ist bei der gesonderten Errichtung eines »Denkmals für die ermordeten Jüdinnen und Juden Europas« (wie es neuerdings heißt) wohl kaum möglich. Denn sie muß zur Folge haben, daß man auch für die andern Opfergruppen Denkmäler vorsieht. Mehrere, denn man kann sie ja nicht als nichtjüdische zusammenfassen. Also für Zigeuner, Zeugen Jehovas, Homosexuelle, Geisteskranke, polnische Eliten, sowjetische Kriegsgefangene, Widerstandskämpfer, mindestens zum Teil auch für Deserteure etc. Alle für sich – oder kann man einerseits größere Gruppen mit eigenen Denkmälern bedenken, andererseits den Rest gleichsam mit einem für »Sonstige« – oder gar dem unbekannten Soldaten ein unbekanntes Opfer korrespondieren lassen? Keine Frage, diese Überlegungen führen sehr bald ins Absurde. Aber man muß sie anstellen, um deutlich zu machen, worum es geht. Wie es andernfalls aussehen könnte, hat Rudolf Kraft in der ZEIT vom 24. 7. 1992 unter der Überschrift *In trennendem Gedenken* ausgemalt, indem er sich eine Touristenführung vorstellt: »Als höchstes Bauwerk des Areals erkennen Sie in der Mitte das Holocaust-Mahnmal für die ermordeten Juden. Es steht auf unterirdisch begehbaren Erlebnisräumen, in denen auch die Büros der Erlebnispädagogen und Mediothekare untergebracht sind ... Nein, meine

Dame, nicht im ehemaligen Führerbunker, der war noch zehn Meter tiefer und lag weiter rechts ... Linker Hand sehen Sie jetzt das Holocaust-Mahnmal II für die ermordeten Sinti und Roma. Rechter Hand ... erhebt sich die Reichskanzleigedenkstätte. Ein Tunnel führt von dort zur nahegelegenen Gedenkstätte ›Topographie des Terrors‹ auf dem ehemaligen Gestapo-Gelände. Dort drüben, schräg rechts, das 30 Meter hohe Dreieck aus rosa Granit ist ein Mahnmal für die ermordeten Homosexuellen ... Der noch etwas größere Stern aus rotem Granit – nein, ich meine nicht den Davidstern, der gehört zum Holocaust-Mahnmal –, also nicht der sechszackige Stern, sondern der fünfzackige, erinnert an die kommunistischen Widerstandskämpfer ...«

Angesichts all der Mißlich-, ja Unerträglichkeiten, die mit einer ganzen Denkmallandschaft in der Mitte Berlins verbunden wären, spricht sehr viel für eine einfache, klare Lösung: ein Denkmal für alle Opfer der Vernichtungspolitik und – negativ – für diese selbst zu errichten. Am besten erschiene mir: gegenüber der Neuen Wache, auf dem Bürgersteig, unmittelbar am Straßenrand, provozierend, nicht unbedingt groß, aber vielleicht hoch, ein deutlicher Kontrapunkt zur Neuen Wache, zur ganzen näheren und ferneren Umgebung. Ein Skandalon, das ins Auge sticht, auf das viele zugehen, das sie stören muß, dem sie letztlich auszuweichen haben, wenn sie weiterkommen wollen. Nicht abseits der großen zentralen Achse von Ost nach West, sondern direkt an ihr gelegen, nicht nur von Autofahrern, sondern gerade auch von Fußgängern zu passieren, wobei man erwarten kann, daß dort auch einmal diejenigen stehen bleiben, die sich das Denkmal nicht eigens zum Ziel eines Ausflugs genommen haben. Doch ließe sich auch ein Platz vor dem Reichstag oder im Spreebogen denken. Die

Inschrift dürfte nicht symmetrisch zu der für die Kriegstoten sein; sie dürfte neben den Opfern die Täter nicht verschwinden lassen.

Ein solches Denkmal für alle Opfer der Vernichtungspolitik könnte man aber nur errichten, wenn keiner mit guten Gründen dagegen protestiert. Denn obwohl es völlig klar ist, daß dies ein deutsches, von den Deutschen gesetztes Denkmal sein muß, dürfte keine Gruppe, dürften vor allem nicht die Juden sich dadurch verletzt fühlen. Es gibt aber, mindestens zur Zeit, starke Einwände gegen eine Gemeinschaft der Opfer der Vernichtungspolitik – wie andererseits auch, gerade auch, jüdische Befürworter. Aber der Diskussionsprozeß ist ja noch nicht zu Ende; er hat im Hinblick auf das Ganze der Problematik noch kaum begonnen.

Jedenfalls wird man in der Verfolgung des einst unter völlig anderen Umständen eingeschlagenen Wegs nicht zum Ziel kommen. Die Debatte muß noch einmal aufgenommen werden, so leidig das auch erscheinen mag. Der Gesamtzusammenhang, in dem allein das Denkmal geplant werden kann, muß – endlich – im Ganzen und in all seinen Konsequenzen bedacht und diskutiert werden. Sonst werden die Fehler nur immer neue Fehler und Probleme nach sich ziehen.

Eine Debatte über die monumentale Form des Gedenkens an die Gefallenen und an die Gemordeten, die Opfer des Krieges und die von Gewaltherrschaft und Vernichtungspolitik könnte Teil einer Besinnung darauf sein, wer wir – nach dieser Geschichte, aber auch nach und in unserer lebhaften Auseinandersetzung mit ihr – eigentlich sind und wie wir die Berliner Republik beginnen wollen. Man sollte es jedenfalls versuchen.

Die Neue Gesellschaft / Frankfurter Hefte, August 1997

Eduard Beaucamp

Kunst in der Falle

Das Holocaust-Denkmal und das Scheitern der Künstler

Moderne Kunst steckt immer in der Krise. Besonders qualvoll aber ist die Krise, in die uns die Debatte und der Wettbewerb um ein mögliches Holocaust-Denkmal gestürzt haben. Alle wollen ein solches »Denkmal für die ermordeten Juden Europas«. Es soll einen riesigen, zentralen Platz in der Hauptstadt beherrschen. Er wurde ihm zugewiesen, bevor man sich über die Möglichkeiten eines solchen Denkmals verständigt hatte. Mit dem Wunsch der Gesellschaft verband sich blindes Vertrauen in die »Kunst«, die so etwas bewerkstelligen soll und kann. Die Zuversicht stützt sich auf die lange Geschichte der Denkmäler, doch sie kann sich im Grunde nur auf wenige gelungene moderne Beispiele berufen. Sie wurden einer Ästhetik abgerungen, die seit hundert Jahren den Denkmalgedanken ablehnt und demontiert. Die Denkmalästhetik operiert heute in ihren letzten Ausläufern an der Grenze der Sichtbarkeit oder schon jenseits ihrer und negiert die Idee bei ihrer gleichzeitigen Apotheose.

Derartige Antidenkmäler oder Reflexionen über Denkmäler und ihre Inhalte fanden auch in der Berliner Mahnmalsdiskussion Befürworter. Solche Vorschläge führen aber weg vom doch unabdingbaren, weil ausdrücklich gewollten, sichtbaren

Denkmalsgegenstand. Anlaß zu mentalen Erinnerungen und Reflexionen bietet die Kommunikationsgesellschaft täglich in Überfülle. Zum moralischen Appell und zur dokumentarischen Erinnerung bedarf es heute nicht mehr des Aufwands und des Umwegs der Kunst.

In einem eindrücklichen öffentlichen Denkmal muß sich die Idee, also die Erinnerung an den Holocaust, für die Gesellschaft vergegenständlichen und monumentalisieren. Ist die Kunst, wie sie heute in aller Vielfalt beschaffen ist, dazu noch willens und fähig? Hunderte frustrierender Antworten, die der erste Wettbewerbsschub erbrachte, sprechen dagegen. Sie widerlegen zuallererst das naive Vorgehen der Veranstalter, die das Projekt voller Kunstvertrauen ausschrieben, um breite Beteiligung warben und über solche Popularisierungen, über Jurydebatten, demokratische Abstimmungen und Urteile unfehlbar zum Ergebnis zu kommen meinten.

Die Initiatoren glauben bis heute, dies Verfahren sei richtig gewesen und müsse am Ende auch zu einem umsetzbaren Resultat führen. In einem zweiten Anlauf haben sie den Wettbewerb jetzt um einige bekannte Künstler, die von »Experten« vorgeschlagen wurden, erweitert. Manche Enttäuschte und Ungeduldige geben die Mühe der Differenzierung inzwischen auf. Sie wollen zum Beispiel ein alle Kategorien von Opfern umfassendes Denkmal, das da oder dort auf einem Berliner Boulevard zu plazieren sei und möglichst auffällig und erschütternd zu wirken habe. Die Kunst, wenn an sie denn überhaupt noch gedacht wird, solle sich jetzt gefälligst und schnell zu dem aufrüttelnden Wunsch-Werk bequemen.

Die Historiker und Moralisten gaben bei den Ratschlägen den Ton an. So dienten sich denn auch in den Reihen der Künstler Regisseure an, die nach Art von schnell wechselnden, ein szenisches Sujet illustrierenden Bühnenbildern eine aufsehenerregende, erschreckende, allegorische oder symbolträchtige »Installation« entwerfen wollten. Doch nichts widerspricht dem Denkmalgedanken mehr und desavouiert seine Ernsthaftigkeit und seinen Anspruch auf die Dauer, die hier doch gewollt werden muß, so sehr wie Kulissenschieberei, flüchtiges Zeitgeistarrangement.

Man darf also festhalten: Das Denkmal kommt ohne »Kunst«, den Willen zur dauerhaften Vergegenständlichung, zur expressiven oder suggestiven Formulierung und ohne verbindliche Symbolik nicht aus. Kunst und Öffentlichkeit sind im Fall des Holocaust-Denkmals zwangsweise aufeinander angewiesen. Das eine ist ohne das andere nicht zu haben.

Auch die Künstler machten es sich zu leicht. Man versteht, daß manche kapitulierten oder jetzt der neuen Aufforderung nicht folgen wollen. Die Prämisse ist falsch, daß man bei einem solchen Projekt die Künstler nur machen lassen müsse und ihre Angebote unwidersprochen zu akzeptieren habe. Die Aufgabe ist außergewöhnlich. Einen solchen Auftrag hat es in der Geschichte des Landes noch nicht gegeben. Das Holocaust-Denkmal ist keine beliebige Routineübung, sondern soll so etwas wie ein Grundstein der neuen Berliner Republik werden. Kein zweiter Fall ist bekannt, daß ein Land in einem zentralen Denkmal nicht an einen ruhmreichen Höhepunkt seiner Geschichte, sondern an sein größtes Unheil mahnend erinnern will, an eine Verfehlung, die bis heute den Blick auf die restliche Geschichte verstellt und ihren Sinn verdüstert. Für diese tonnenschwere Schulderinnerung eine Form, eine Sprache, einen Ausdruck oder ein Symbol zu finden muß extrem schwierig sein.

Die Aufgabe wird noch dadurch heikler, daß sich Kunst und

Öffentlichkeit gründlich auseinandergelebt haben. In früheren Epochen konnte sich die Gesellschaft – selbst noch die demokratische der frühen, auch auf diesem Gebiet verblüffend unbefangenen Bundesrepublik – auf repräsentative Künstler verlassen, die sich im Einklang mir ihrer Umwelt, sogar der »Nation« oder doch der »Menschheit« fühlten. Ästhetischer Konsens stellt sich heute allenfalls in Teilbereichen der Gesellschaft her, etwa im Kunstbetrieb, in den spezialisierten Zirkeln der Kunstrichtungen, im Museums- und Ausstellungswesen.

Ein weiteres Handikap ist das zerstörte oder doch gebrochene Verhältnis der Kunst zu aller Historie. Die kriminelle Geschichte dieses Jahrhunderts, zu deren Opfern sich auch die Kunst der Moderne zählen durfte, gab den Künstlern lange das Recht, sich für diese Vergangenheit nicht verantwortlich zu fühlen. Sie durfte ihr den Rücken kehren.

»Geschichte« war jahrzehntelang kein Thema einer auf Zukunft oder Metaphysik ausgerichteten Moderne. Seit den sechziger Jahren jedoch bahnte sich eine neue Einmischung und Geschichtsdebatte in der Malerei, vor allem auch in den Installationskünsten an. Dabei ging es um intellektuelle Interventionen, um kritische Analysen und Aufklärungen vom Rand her, kurz um Bemühungen, die nicht den Kern einer Denkmalaufgabe treffen wollen und können. Die Scheu, Gereiztheit und Indifferenz weiter Künstlerkreise muß schmerzhaft bewußt werden bei einem Vorhaben, das zentral auf Erinnerung der Geschichte zielt.

Die Frage, was Kunst in einer demokratischen Gesellschaft bedeuten und leisten könne, ist oft gestellt, aber fast immer nur phrasenhaft beantwortet worden. Die häufigste und allgemeinste Antwort lautet: Ihr Zweck und ihr Sinn ist die freie Entfaltung der Künstler als repräsentativer Individuen und die Demonstration der Möglichkeiten dieser Freiheit. Die Aufgabe eines Holocaust-Denkmals zeigt deutlicher als je zuvor, daß eine solche Antwort zu eng gefaßt ist und daß die Rolle öffentlicher Kunst, wenn sie denn aufrechterhalten werden soll, erweitert werden muß. Denn die Aufgabe kann nicht mit traditionellen Mitteln, auch nicht mit den spezialisierten Methoden oder den kanonischen Formen der Moderne gelöst werden. Künstler können hier also nicht, wie im Auftragswesen üblich, nur die eigenen Leitideen oder die ihrer Schule paraphrasieren und Varianten ihrer Standardwerke abliefern. Bei dieser fundamentalen Aufgabe müssen auch die Kunstmöglichkeiten, die ästhetischen Strategien und Kunstsprachen neu durchdacht werden.

Auch bei dem besonderen Berliner Wettbewerb gibt es Ratgeber und Juroren, die auf der unantastbaren Autonomie, dem gläubigen Respekt vor der Autorität, der Souveränität und Subjektivität der Kunst bestehen. Sie verkennen den historischen und auch ideologischen Charakter dieser Autonomie, die die Kunst heute in goldene Käfige sperrt. Sie war entscheidend auf dem Weg der Befreiung von einer erstarrten und normativen Ästhetik, lebenswichtig bei der Selbstbehauptung gegenüber dem Zugriff der modernen Diktaturen. Heute ist die Kunst allseits befreit. Sie kann eigentlich nur gewinnen und wachsen, wenn sie sich von ihrer eigenen Konvention, ihrer Norm und ihrer Abneigung befreit und versuchsweise neue Bündnisse und Vermittlungen erprobt, Aufgaben und Aufträge auch inhaltlich nicht verschmäht.

Es mutet seltsam an, daß Künstler in freien Gesellschaften zwar öffentliche Aufträge akzeptieren, gleichzeitig aber auf vollkommener Eigensinnigkeit und absoluter Werkintegrität bestehen. Was dabei an Mißverständnissen herauskommt, ist am ästhetischen Meublement öffentlicher Plätze, auch an der traurigen Geschichte von »Kunst am Bau« abzulesen.

Die außerordentliche Aufgabe des Holocaust-Denkmals leitet vielleicht ein Umdenken ein. Beide Seiten, Kunst und Gesellschaft, müssen subtilere, wahrscheinlich lange und verzweifelte Dialoge miteinander führen. Die deprimierende Wettbewerbserfahrung hat vor allem gezeigt, daß ein solches Denkmal nicht von Politikern, Historikern, Moralisten beschlossen, bestellt, organisiert, durch Diskussionen herbeigeredet und nach Terminplan fristgerecht errichtet werden kann. Das Ergebnis entsprach dem bürokratischen Gehabe des Auftraggebers, dem Prahlen mit Dimensionen, Geldmitteln und Jurynobilitäten, einer anmaßenden Erwartung, dem funktionalen Denken und naiver Wettbewerbsgläubigkeit.

So ist das Schlimmste eingetreten, was geschehen konnte: daß Betroffene angesichts des ermittelten ersten Preises sagen konnten, dies Modell habe sich von der Monstrosität des zu erinnernden Verbrechens zu einer Megalomanie verleiten lassen. Eine sensiblere, auch beweglichere, souveräne Jury sollte Gespräche mit den vorgeschlagenen Künstlern aufnehmen und über weitere Berufungen nachdenken. Sie muß sich von allem Termindruck freimachen. Das angemessene Denkmal kann am Ende länger, auch qualvoller, öffentlicher Überlegungen stehen. Ein Alptraum ist nur das vorschnelle, verfehlte, verlogene, modische Denkmal, das »falsches Bewußtsein« und geheuchelte Trauer monumentalisierte und verewigte.

Manifestiert würde, daß man in Deutschland über ein halbes Jahrhundert nach dem großen Verbrechen keine adäquate sichtbare Form des Gedenkens finden konnte. Die Kunst steckt in einer Falle. Bei absehbarem Scheitern sollte man das Projekt rechtzeitig abbrechen, auf eine integrale Kunstlösung verzichten und in anderen Richtungen weitersuchen, etwa zu authentischen, dokumentarischen oder musealen Schauplätzen zurückkehren. Zum Glück gibt es einen großartigen Ausweg aus dem Dilemma: das von Daniel Libeskind entworfene Jüdische Museum in seiner fulminanten skulptural-symbolischen Form eines zerbrochenen Davidsterns, das in seiner Verbindung von Mahnmal und Studienstätte der übergroßen Schwierigkeit der Aufgabe, der unausweichlichen Vielschichtigkeit und Differenzierung gerecht werden kann.

Frankfurter Allgemeine Zeitung, 13.8.1997

Henryk M. Broder

Wer ein Menschenleben rettet, rettet die Welt

Sehr geehrter Herr Radunski,
gestatten Sie mir, für einen Moment die Position des Beobachters und Kritikers zu verlassen, um Ihnen einen Vorschlag zu machen, wie der Streit um das »Denkmal für die ermordeten Juden Europas« auf eine praktische, vernünftige und würdige Weise beendet werden könnte. Nach der Unzahl von Vorschlägen, die in die Debatte geworfen wurden, mag eine solche Ankündigung ein wenig anmaßend erscheinen – nehmen Sie sich trotzdem die Zeit, diesen Brief zu Ende zu lesen.

Sie haben vor einigen Wochen eine neue Runde im Wettbewerb um das »Denkmal ...« eingeläutet. Es kann keinen Zweifel daran geben, daß dieser zweite Anlauf dort enden wird, wo schon der erste gescheitert ist. Die Vorgaben sind dieselben, die Kriterien unverändert, nur die Zahl der Teilnehmer wurde von 528 auf 25 reduziert, was immerhin als ein Versuch gewertet werden kann, eine »Jeder-kann-mitmachen«-Party auf ein halbwegs professionelles Niveau zu heben. Doch wie schon beim ersten Versuch wird gegen alle Einwände, die in der Diskussion laut wurden, an einer Linie festgehalten, die vollkommen unsinnig, unmoralisch und unrealisierbar ist. Sie schreiben in der Vorbemerkung zum »engeren Auswahlverfahren« u. a.: »Der Massenmord an den Juden ist ein Verbrechen sui generis. Er steht nicht nur für die Vernichtung von annähernd 6 Millionen Juden ..., er riß auch eine 1000jährige Kultur aus dem Herzen Europas ... Die Tragödie des Massenmordes an den Juden ist nicht nur, daß Menschen auf so schreckliche Weise umkamen ..., sondern daß so viel unwiederbringlich verloren ging ...«

Allein diese Sätze müßten die Repräsentanten der jüdischen Gemeinschaft in Deutschland – Ignatz Bubis vornweg – dazu veranlassen, sich von Ihnen mit der gebotenen Höflichkeit zu distanzieren und Ihnen eine Ausgabe des fünfbändigen Jüdischen Lexikons von 1927 zum Abschied zu schenken. An welche Tausend Jahre Sie auch beim Schreiben dieser Zeilen gedacht haben mögen, die jüdische Kultur ist älter als 1000 Jahre. Und ein »Verbrechen sui generis« definiert sich nicht durch die Folgeschäden für die Hinterbliebenen, sondern durch die Gründlichkeit, mit der es begangen wurde. Als wäre die Ermordung von sechs Millionen Menschen nicht schlimm genug, verweisen Sie noch auf den »unwiederbringlichen Verlust, die bleibende Leere«, die durch den Massenmord eingetreten sind. Einmal abgesehen davon, daß die »Leere« sehr schnell durch die Ariseure aufgefüllt wurde, die in die freigewordenen Wohnungen eingezogen sind und die enteigneten Betriebe übernommen haben, abgesehen davon also, daß ihre Argumentation nett klingt, aber faktisch falsch ist, soll damit begründet werden, warum die Ermordung von einer halben Million Zigeuner kein Verbrechen sui generis ist, keinen unwiederbringlichen Verlust bedeutet und keine bleibende Leere hinterlassen hat. Alles, was post festum für die ermordeten Juden gilt, gilt nicht für die anderen Opfer der Nazis. Das ist die nicht allzu diskrete Botschaft Ihrer Sätze: Was haben wir uns angetan, indem wir die Juden umgebracht haben. Zu behaupten, wie es in Ihrem Papier heißt, »dem Verbrechen an anderen Opfergruppen« werde »kein nachgeordneter Rang zugewiesen«, ist zwar der reine Hohn, zeugt aber immerhin von einem letzten Rest schlechten Gewissens – denn Sie wissen genau, was Sie tun.

Außer der Tatsache, daß auf der Werteskala der unwiederbringlichen Verluste jüdische Nobelpreisträger höher rangieren als rumänische Zigeunergeiger, gibt es keinen Grund, die Opfer der Nazis neu zu selektieren und zu hierarchisieren. Und lassen Sie sich nicht täuschen: daß einige jüdische Honoratioren eitel und kurzsichtig genug sind, an ihrer eigenen Sonderbehandlung mitzuwirken, macht die Sache nicht besser, sondern noch schlimmer. Und ändert nichts an der schändlichen Idee, daß es höher- und minderwertige Opfer geben soll, wie es das Protokoll des Gedenkens offenbar erfordert.

Im Laufe der Debatte wurde immer wieder gesagt, die Täter würden den Opfern ein Denkmal setzen, das sei ein in der Geschichte einzigartiger Vorgang. In Ihrem Papier heißt es: »In der Hauptstadt des Landes der Täter soll mit dem Denkmal der Menschen und der mit ihnen vernichteten Kultur« gedacht werden.

Das ist eine ebenso wohlfeile wie frivole Argumentation und ziemlich geschmacklos obendrein. Es wird eine historische Kontinuität hergestellt, die außer zu einem symbolischen Ablaß zu nichts verpflichtet. Die Deutschen von heute sind nicht das Täterkollektiv von damals und die Juden von heute sind nicht das Opferkollektiv von gestern. Aber selbst wenn es so wäre, wenn die Täter (bzw. deren Nachkommen) den Opfern ein Denkmal setzen würden – gerade dann müßte man die Täter daran hindern, ihr Privileg der Täterschaft wieder auszuüben. Wenn Sie also, Herr Radunski, darauf bestehen, als Täter bzw. im Namen der Täter zu handeln, dann müssen Sie sich im Namen der Opfer vorhalten lassen, daß Sie das Recht verwirkt haben, sich ihre Opfer nach Ihren Bedürfnissen aussuchen zu dürfen.

Sie sehen, Sie haben sich in die Ecke manövriert. Was immer Sie jetzt anstellen, wie viele neue Wettbewerbe Sie ausschreiben und welche Argumente Sie nachlegen werden – Sie kommen aus der Bredouille nicht heraus. Ob es jetzt ein größeres oder ein kleineres Denkmal wird, ein lautes oder ein nachdenkliches, über den Ministergärten oder neben der Neuen Wache, es wird ein Denkmal des deutschen »Sündenstolzes« (Hermann Lübbe), das unweigerlich die Frage provozieren wird: Warum nehmen wir uns schon wieder die Juden vor? Und warum diesmal nur die Juden? Andererseits verstehe ich, daß Sie nicht einfach sagen können: Volle Kraft zurück, lassen wir es sein.

Aus dieser Situation gäbe es einen Ausweg. Nehmen Sie das Geld, das für die Planung und den Bau des »Denkmals ...« ausgegeben werden soll und gründen Sie eine Stiftung, die den Opfern von heute helfen soll, Menschen, die aus ihrer Heimat vertrieben wurden, die verfolgt wurden, die auf sich allein gestellt sind und es aus eigener Kraft nicht schaffen. Rufen Sie zu weiteren Spenden auf und nennen Sie diese Stiftung »Denkmal für die Opfer des Nazi-Terrors ...« oder »Denkmal für die Opfer der braunen Barbarei ...«, ein zutreffender Name wird sich schon finden lassen. Nichts würde die Opfer der Nazis adäquater ehren als ein organisierter Versuch, den Opfern aktueller Gewalt beizustehen. Wir finden es noch immer empörend, daß die Amerikaner im Jahre 1939 die »St. Louis« mit ihren 936 jüdischen Passagieren zurück in das von den Nazis beherrschte Europa schickten, während wir Jugendliche, Kranke und Alleinstehende in das ehemalige Jugoslawien zurückschicken, weil wir kein Einwanderungsland sind und es uns nicht leisten können, ein paar tausend Bürgerkriegsopfer dauernd bei uns aufzunehmen. Wir haben mehr Flüchtlinge aufgenommen als andere europäische Staaten. Das ehrt uns, aber mit jedem Statement, das der bayerische Innenminister Beckstein abgibt, schmilzt unser moralischer Bonus dahin. Wir rufen »Wehret den Anfängen!« und »Laßt uns aus der Geschichte lernen, damit sich die Geschichte nicht wiederholt!«, aber das einzige, was wir aus der Geschichte gelernt haben, ist, daß man keine Juden umbringen soll, weil das hinterher teuer und uns ewig vorgehalten wird. Bei anderen Opfern der Geschichte legen wir weniger strenge Maßstäbe an.

Und da ihnen die »jüdische Kultur«, die aus dem Herzen Europas gerissen wurde, so am Herzen liegt: Eine Stiftung zur Rettung von Menschen wäre eine Verbeugung vor den Werten jüdischer Kultur. Das Judentum – die jüdische Kultur, die jüdische Religion – ist abstrakt und konkret zugleich. Es gibt nur den einen unsichtbaren Gott, keine Nebengötter, keine Heiligen, keine Gewaltenteilung im Himmel. Und es gibt genau 613 Gebote, die sogenannten Mitzwot, die befolgt werden müssen. Die wichtigsten sind: Den Allmächtigen preisen und Menschenleben retten. Wer ein Menschenleben rettet, rettet die Welt. Um ein Menschenleben zu retten, dürfen alle Gebote gebrochen werden, bis auf drei: Man darf Gott nicht lästern, keinen Mord und keine Unzucht begehen, ansonsten: *anything goes*. Und wenn ein frommer Jude an Jom Kippur, dem Versöhnungstag, in die Synagoge geht, dann ist er gehalten, zuerst seine Nächsten um Versöhnung zu bitten, bevor er sich mit Gott versöhnt. Alles, was gemacht werden muß, muß hier und jetzt erledigt werden, es gibt keine Belohnung im Jenseits.

Ein »Denkmal …«, das als abstrakte Idee konzipiert ist und dem konkreten Ziel dient, Menschen zu helfen, wäre nicht nur Ausdruck jüdischer Kultur, es würde auch von der Bevölkerung angenommen werden, die zu Recht nicht verstehen kann, warum es neben dem Centrum Judaicum, dem Jüdischen Museum, der Topographie des Terrors, der Wannseevilla und anderen Mahnmalen noch ein »Denkmal …« geben soll, das als »Kranzabwurfstelle« für salbadernde Politiker und durchreisende Staatsgäste gedacht ist. Geben Sie sich einen Ruck, Herr Radunski, stoppen Sie den teuren und nutzlosen Unsinn des »Denkmals …«, das ohnehin nicht zustandekommen, aber noch sehr viel Geld und Kraft kosten wird, bevor es eines Tages in irgendeiner Ablage verschwindet. Helfen Sie mit, ein wirklich sinnvolles »Denkmal …« zu bauen, eines, das die toten Opfer der Nazis ehrt, indem es sich der lebenden Opfer annimmt, die am Leben bleiben möchten.

Der Tagesspiegel, 22. 8. 1997

Salomon Korn

Mit falschem Etikett

Verhindert das Denkmal für die ermordeten Juden ein zentrales Mahnmal gegen Tat und Täter?

Am 21. März 1994 fand in der Berliner Akademie der Künste die Vorbesprechung der Jurymitglieder für den Wettbewerb um das »Denkmal für die ermordeten Juden Europas« statt. Während der Aussprache stellte ein Mitglied des Preisgerichts den Antrag, die Bezeichnung »Denkmal für die ermordeten Juden Europas« in »Gedenkstätte oder Mahnmal für die ermordeten Juden Europas« umzubenennen. Dies lehnte der »Förderkreis« – neben Bund und Land Berlin einer der drei Auslober – mit der Begründung ab, man habe lange über diesen Punkt nachgedacht und die Bezeichnung »Denkmal« schließlich mit Bedacht gewählt, eine Änderung komme nicht in Frage.

Rückblickend betrachtet ist dieser Standpunkt konsequent. Denn die Initiative zur Errichtung des »Denkmals« ging bereits 1989 vom privaten »Förderkreis zur Errichtung eines Denkmals für die ermordeten Juden Europas e. V.« aus, dem sich der Bund und das Land Berlin erst viel später anschlossen. Von Anfang an war es die erklärte Absicht des »Förderkreises«, kein Denkmal für alle Opfer oder gar ein Mahnmal gegen das nationalsozialistische Jahrtausendverbrechen in seiner umfassenden Dimension zu errichten, sondern ausdrücklich das Andenken der ermordeten Juden Europas zu wahren. Genaugenommen hätte die korrekte Bezeichnung »Denkmal für die von Deutschen ermordeten Juden Europas« lauten müssen; doch es ging den Initiatoren, wie die mit Überlegung gewählte Bezeichnung belegt, nicht um die Erinnerung an den von Deutschen in der Vergangenheit verübten Massenmord, sondern um das von Deutschen in der Gegenwart zu pflegende Gedenken an die jüdischen Opfer.

Es ist zweifellos das Recht jeder privaten Vereinigung, ein Denkmal für diese oder jene Opfergruppe des nationalsozialistischen Völkermordes zu errichten. Und es bleibt selbstverständlich auch das unabdingbare Recht der Überlebenden und Nachkommen jeder Opfergruppe, ein besonderes Denkmal für die Ermordeten des eigenen Volkes, der eigenen Volksgruppe oder der eigenen Schicksalsgemeinschaft zu fordern. Eine Opfergruppe gegen ihren erklärten Willen in ein gemeinsames Denkmal mit anderen Opfergruppen zu zwingen, wäre unmoralisch. So muß es von der Öffentlichkeit respektiert werden, daß Juden nicht mit anderen Opfergruppen im selben Mahnmal ihrer ermordeten Angehörigen gedenken wollen, wenn es unter den meisten Opfergruppen willfährige Helfer der nationalsozialistischen Henker bei der Ermordung jüdischer Menschen gab. Ob dann ein eigenes Denkmal von den Überlebenden und Nachkommen der jeweiligen Opfergruppe, einer privaten Vereinigung oder einem »Förderkreis« errichtet wird, ist politisch unerheblich, solange sich diese Initiative im Privatbereich bewegt (was staatliche Zuschüsse keineswegs ausschließt).

Doch was einem privaten »Förderkreis« erlaubt ist, ist dem Staat noch lange nicht erlaubt. Im Falle des »Denkmals für die ermordeten Juden Europas« hat er sich in bester Absicht einer partikularistischen Privatinitiative angeschlossen oder sich von ihr vereinnahmen lassen, statt die Initiative für eine unteilbare staatliche Verpflichtung von Anbeginn selbst zu ergreifen. Seine Aufgabe wäre es gewesen – und ist es auch weiterhin –, im öffentlichen Gedenken die Totalität des nationalsozialistischen Massenmordes zu wahren und daraus die Notwendigkeit eines »ungeteilten« Mahnmals gegen den nationalsozialistischen Völkermord in seiner Gesamtheit abzuleiten und es zu verwirklichen. Zwischen verständlichen Ansprüchen von Opfergruppen und unabdingbaren staatlichen Verpflichtungen allen Opfergruppen gegenüber herrscht ein kaum auflösbares Spannungsverhältnis. Beim »Denkmal für die ermordeten Juden Europas« hat sich die Bundesrepublik Deutschland wohlmeinend die berechtigten Interessen eines privaten Förderkreises zu eigen gemacht und damit legitimes partikularistisches Privatgedenken auf die Ebene staatlich unteilbaren Gedenkens gehoben – es gleichsam staatlich »geadelt«.

Der Hinweis, für andere Opfergruppen seien bereits Mahnmale geplant, geht am staatlich selbstverschuldeten Dilemma vorbei. Denn selbst wenn Deutschland neben dem »Denkmal für die ermordeten Juden Europas« in Zukunft für alle übrigen Opfergruppen Denkmäler errichten sollte, so wird am Ende doch *das* zentrale Mahnmal fehlen, in dem der nationalsozialistischen Verbrechen nicht ratenweise, sondern in ihrer Gesamtheit gedacht wird. Die Addition unterschiedlicher Opfergruppen-Denkmäler, zumal an verschiedenen Standorten, bildet noch kein Mahnmal-Ensemble gegen den nationalsozialistischen Massenmord. Und selbst ein solches Ensemble muß nicht unbedingt von sich aus ein die Gesamtdimension des Verbrechens umfassendes Mahnmal sein. Ein Mahnmal, das ein ungeteiltes Bekenntnis der Deutschen zum nationalsozialistischen Inferno beinhaltet, überspannt alle Aspekte des nationalsozialistischen Völkermordes und ist dadurch eben mehr als die Summe aller über die Hauptstadt verteilten Opfergruppen-Denkmäler. Es ist ihnen übergeordnet, weil es auch ohne einzelne Opfergruppen-Denkmäler seine Berechtigung hätte – nicht umgekehrt.

Es mag zunächst widersprüchlich klingen, aber mit der gutgemeinten staatlich unterstützten Errichtung eines »Denkmals für die ermordeten Juden Europas« schwindet die Wahrscheinlichkeit, daß es ein zentrales deutsches Mahnmal gegen Tat und Täter geben wird. Sicherlich ist es für die Nachkommen der Täter angenehmer, ein Denkmal für die Opfer als ein Mahnmal gegen die Verbrechen des eigenen Volkes zu errichten. Das Denkmal für die Opfer kann dann – psychoanalytisch gesprochen – leicht zur »Deckerinnerung« des nicht errichteten zentralen Mahnmals werden und damit die Notwendigkeit seiner Errichtung verschleiern. Die Zerstückelung in einzelne Opfergruppen-Denkmäler macht dann scheinbar *das* zentrale deutsche Mahnmal gegen den nationalsozialistischen Massenmord überflüssig. Mit Hinweis auf die Neue Wache als zentrale deutsche Gedenkstätte für die »Opfer von Krieg und Gewaltherrschaft« und die dann errichteten Denkmäler für die einzelnen Opfergruppen ließe sich jede weitere Forderung nach einem solchen Mahnmal leicht abwehren. Denn die Nachfahren der Opfergruppen hätten keinen Anlaß mehr zu weiteren Forderungen, und die Nachkommen der Täter werden kaum Interesse an einem noch zu errichtenden zentralen Mahnmal als »negatives Nationaldenkmal« haben.

So zeitigt die begrüßenswerte Privatinitiative des »Förderkreises« durch herausgehobene staatliche Beteiligung ungewollt die Verhinderung eines zentralen deutschen Mahnmals gegen die nationalsozialistischen Verbrechen in ihrer Gesamtheit. Die fehlende Abgrenzung zwischen privater Initiative und öffentlichen Aufgaben erzeugt eine mißverständliche Durchdringung von Inhalten und Begriffen: Weil zwischenzeitlich die Bezeichnungen »Holocaust-Mahnmal« und »Holocaust-Denkmal« im Verständnis der Öffentlichkeit nicht allein den Völkermord an den Juden meint, sondern zunehmend für das nationalsozialistische Verbrechen insgesamt steht, verschwimmen die Begriffe »Denkmal für die ermordeten Juden Europas« und »Holocaust-Mahnmal« bis zur Austauschbarkeit ineinander. Dies ist insofern bedenklich, als ein Denkmal für die Opfer des Holocaust und ein Mahnmal gegen die Verbrechen des nationalsozialistischen Völkermordes sich weder inhaltlich noch in der künstlerischen Darstellung eindeutig voneinander trennen lassen. In jedem Opfer-Denkmal wird – mal zurückhaltender, mal herausgehobener – immer auch das an den Opfern begangene Verbrechen erkennbar werden. Und so ist es durchaus wahrscheinlich, daß ein Opfer-Denkmal gleichzeitig als Mahnmal gegen Tat und Täter wahrgenommen wird – und umgekehrt. Dies hängt mit der besonderen inneren »Gesetzmäßigkeit« der Bildenden Künste zusammen. Sie können zwar mit ihren Ausdrucksmitteln Inhalte verdichten und symbolisieren, aber keine präzisen Informationen vermitteln. Dazu bedarf es einer (schriftlichen) Widmung, die das künstlerische Gebilde unmißverständlich einem bestimmten Zweck, einer eindeutigen Funktion zuordnet. Erst der Widmungstext schafft Eindeutigkeit in einem Bereich, in dem Mehrdeutigkeit Besonderheit und Stärke des Mediums ausmachen.

Dies läßt sich anschaulich an den beiden mit einem ersten Preis ausgezeichneten Entwürfen des 1995 entschiedenen Wettbewerbs um das »Denkmal für die ermordeten Juden Europas« aufzeigen: Auf der schräggestellten, 20000 Quadratmeter großen Mega-Grabplatte von Christine Jackob-Marks u. a. sollten alle bekannten Namen der ermordeten Juden Europas in millionenfacher Reihung eingeschrieben werden. Die unübersehbare Anzahl von Namen aus allen Ländern Europas (die der Betrachter als solche erst noch erkennen müßte) sagt für sich genommen nichts darüber aus, welchem Ereignis sie gewidmet sind. Es könnte vom spontanen Eindruck her ein Denkmal für die Gefallenen des Ersten Weltkrieges aus den am Krieg beteiligten europäischen Ländern sein. Erst der Widmungstext beseitigt alle Zweifel. Das gilt auch für die ebenfalls mit einem ersten Preis ausgezeichnete Stahlplastik von Simon Ungers: In ein 80 mal 80 Meter großes, sechs Meter hohes Stahlträgerband sind die Namen aller nationalsozialistischen Konzentrations- und Vernichtungslager perforiert. Diese Plastik könnte in ihrer allgemein gehaltenen Aussage nicht nur Denkmal für eine bestimmte Opfergruppe, sondern Mahnmal für den Holocaust in seiner umfassenden Dimension sein. Doch nicht allein das: Sie hätte, wenn die deutsche Geschichte anders verlaufen wäre, auch das Denkmal des nationalsozialistischen Sieges über »minderwertige Rassen«, »Untermenschen« und politische Gegner sein können. Wie immer auch der künstlerische Inhalt eines Denkmals sich darstellen mag: Wegen seiner Mehrdeutigkeit sagt er für sich allein genommen nichts Konkretes über seine tatsächliche Bestimmung aus, diese wird erst durch Zuschreibung eindeutig definiert. Sind mehrere Zuschreibungen vorhanden, dann ist für das allgemeine Verständnis und die damit verbundene öffentliche Wahrnehmung entscheidend, welche Definition sich im Bewußtsein der Öffentlichkeit schließlich durchsetzen wird.

In eben diesem Spannungsfeld der Bedeutungen und Bezeichnungen bewegt sich das »Denkmal für die ermordeten Juden Europas«. Bevor es noch errichtet ist, gilt es unter dem Etikett »Holocaust-Mahnmal« im öffentlichen Bewußtsein als *das* zentrale deutsche Mahnmal gegen den nationalsozialistischen Massenmord in seiner Gesamtheit. Die umständlich-korrekte, nach bestem Bürokratendeutsch klingende Bezeichnung »Denkmal für die ermordeten Jüdinnen und Juden Europas«, wie es neuerdings heißt, ist nicht zuletzt wegen offizieller staatlicher Beteiligung an dessen Errichtung in die einprägsamere, gleichwohl mißverständliche Formel »Holocaust-Mahnmal« umgewidmet worden – eine Bezeichnung, die bereits jetzt auf eine bestimmte Richtung der öffentlichen Wahrnehmung dieses Denkmals verweist und die sich auf Dauer, mit allen damit verknüpften inhaltlichen Vorstellungen, vermutlich auch durchsetzen wird. So könnte Deutschland mit dem »Denkmal für die ermordeten Jüdinnen und Juden Europas« sich am Ende doch noch eines zentralen Mahnmals gegen die Verbrechen des Nationalsozialismus rühmen – freilich eines, das keines ist.

Frankfurter Rundschau, 4.9.1997

Robert Kudielka
Das falsche Gewicht der Betroffenheit

Mitte Juli diesen Jahres ging den Teilnehmern des »Colloquiums über ein Denkmal für die ermordeten Juden Europas« eine ausführliche Dokumentation der drei Veranstaltungen zu. In einem allgemeinen Anschreiben bedankte sich der Berliner Kultursenator für das »Engagement« in einem »mitunter harten Diskussions- und Klärungsprozeß« und versicherte: »Auf der Grundlage des Colloquiums geht das Verfahren gegenwärtig in einem ›engeren Auswahlverfahren‹ in die Endrunde.« Doch in der Neufassung der Aufgabenbeschreibung, die von demselben Berliner Kultursenator etwa zur gleichen Zeit den 25 Kandidaten der engeren Wahl übermittelt wurde, ist von dieser »Grundlage«, geschweige denn von den versprochenen »Folgerungen«, so gut wie nichts zu erkennen. Der willkürliche und zum Teil sinnentstellende Zusammenschnitt einzelner Stellungnahmen aus der Dokumentation liegt deutlich unter dem Niveau der ersten Ausschreibung und läßt nur den Schluß zu, daß die Auslober jetzt alle Hoffnung auf den großen Künstler setzen, der mit einem volkstümlichen Geniestreich dem Gezänk der Intellektuellen ein Ende bereitet.

Über soviel unverhohlene Geringschätzung des Nachdenkens könnte man sich mit gutem Grund empören. Aber vielleicht ist es richtiger, die »Endrunde« des verfahrenen Wettbewerbs ungerührt mitzugehen und die Zeit des Wartens auf den

Sieger mit Überlegungen, wie eine angemessene Aufgabenbeschreibung hätte aussehen können, hinzubringen. In heillos verworrenen Situationen ist es zuweilen hilfreicher, die Probleme zu entdecken und klarzustellen, als unverwandt nach Lösungen Ausschau zu halten.

Das Colloquium hat für eine solche Problembeschreibung eine ganze Reihe wichtiger Hinweise und Erkenntnisse erbracht, wenngleich der gestalterische Aspekt infolge der dreistufigen Gliederung der Veranstaltung – nach den Fragen Was?, Wo? und Wie? – bedauerlicherweise ins Hintertreffen geriet. Eigentlich waren wir ja aus Anlaß eines Denkmal-Wettbewerbs zusammengerufen worden und nicht zu einem Historiker-Kongreß. Aber die formale Unterteilung der Diskussion führte zu einer inhaltlichen Hierarchisierung der Themen, die sich nachteilig auf den praktischen Primat der Gestaltung auswirkte. Dabei hätte die Erinnerung an die Gestaltungsaufgabe so manche theoretische Frage präziser zu fassen erlaubt, wenn nicht gar einer Klärung näher gebracht. Das Grundproblem etwa, ob die Ermordung der Juden überhaupt als Sonderfall aus dem Gesamtgeschehen des Massenmordes herausgelöst werden kann (und wenn ja, mit welcher Begründung), ist offensichtlich in der Forschung umstritten. Diese Kontroverse gewinnt jedoch noch eine andere Dimension, wenn man sie unter dem Gesichtspunkt betrachtet, wie eine Differenzierung nach Opfergruppen gestalterisch zu bewerkstelligen wäre. Mit welchen Darstellungsmitteln will man denn die Vernichtung von Juden, Sinti und Roma, Schwulen, Geisteskranken und Kriegsgefangenen unterscheiden? Ich fürchte, es gibt keine anschaulichen Merkmale, die das mörderische Geschäft der Auslöschung und Anonymisierung zu spezifizieren erlauben, außer der Zuschreibung von Ort und Namen.

Eine stärkere Beachtung der gestalterischen Fragen hätte freilich nicht nur die Rigidität manch akademischer Konfrontation gemildert. Umgekehrt sind wichtige Punkte, wie vor allem die Funktion des Denkmals, nicht zureichend präzisiert worden, weil man sich, nach Art von Disputationen, mit dem Aufwerfen von Antithesen begnügte. So hat die allgemeine Übereinstimmung, daß das geplante Denkmal kein »Denkmal der Opfer« sein könne, rasch zu der unglücklichen Angewohnheit geführt, von einem »Denkmal im Lande der Täter« zu sprechen. Die darin enthaltene Unterstellung von Kontinuität ist bloß emphatisch, ja sogar unfreiwillig rassistisch. Denn der moralische Zusammenhang existiert nur, wo die Last der Vergangenheit aus freien Stücken übernommen wird. Max Bächer hat in seiner abschließenden Stellungnahme mit dankenswerter Deutlichkeit herausgestellt, daß es bei der Errichtung eines zentralen Holocaust-Denkmals wesentlich um das »öffentliche Eingeständnis der Massenvernichtung« und ein »Bekenntnis zu dieser historischen Erblast« gehe. Das heißt, ein solches Denkmal ist von Grund auf doppeldeutig. Einmal wird durch seine Aufstellung öffentlich bekundet, daß dieses einzigartige Verbrechen von Deutschen begangen wurde. Zum andern ist dieses Andenken an die Vergangenheit geeignet, eine Besinnung wachzuhalten, die über die Gegenwart hinaus in die Zukunft weist: nämlich die fortwährende Erinnerung daran, daß dies unter Deutschen möglich gewesen ist – und also in keiner Zukunft mehr für unmöglich erachtet werden darf.

Beide Aspekte mögen Gefühle von äußerster Betroffenheit hervorrufen: Schmerz, Trauer, Abscheu angesichts der Tat, Bestürzung, Ratlosigkeit, ja sogar Wut ob ihrer schieren Möglichkeit. Das Entsetzen hat somit durchaus verschiedene Ursachen; vor allem aber kann die blanke Fassungslosigkeit nicht

Gegenstand eines Holocaust-Denkmals sein. Es war die kapitale Irreführung des ersten Wettbewerbs, daß die Künstler durch die Ausschreibung geradezu animiert wurden, sich von der Ungeheuerlichkeit des Themas inspirieren zu lassen. Die Neufassung kaschiert dieses Debakel lediglich durch Verquastheit: »Angesichts der gestalterischen Fragen, die die Ergebnisse des Wettbewerbs von 1995 aufgeworfen haben, ist festzuhalten, daß Größe keine absolute Setzung ist, sondern viel entscheidender die Frage nach der Maßstäblichkeit innerhalb der städtischen Struktur bleibt. Das heißt nicht, daß das Denkmal sich unauffällig machen oder auf störende, ja verstörende Elemente verzichten müßte, wenn diese Teil einer überzeugenden künstlerischen Konzeption sind.« Zur Ehre des Zulieferers dieses Textverschnitts, des Architekten Cornelius Hertling, muß gesagt werden, daß er im Kolloquium gerade den »Umkehrschluß« aus diesen städtebaulichen Erwägungen gezogen hat. Sein Plädoyer für »Maßstablosigkeit« und die verstörende Sperrigkeit der preisgekrönten »Grabplatte« war aufgrund der unbestreitbaren Echtheit der Gefühle ein eindrucksvolles Beispiel für die Verwirrung der Kriterien, die am Ende auch die Jury ereilt zu haben scheint. So konträr nämlich der andere favosisierte Entwurf (von S. Ungers u. a.) in seinen Stilmitteln auch sein mag, in dem erklärten Respekt vor der »Darstellung des Undarstellbaren« ist er ebenfalls der Suggestion des Übermaßes erlegen.

Rein formal gewiß die gelungenste Arbeit, beweist der Entwurf von Ungers, daß auch die rationale Kontrolle der Ausdrucksfaktoren nicht vor einer fürchterlichen Verstrickung im Ergebnis schützt. Das 85 x 85 Meter große Quadrat aus Stahlträgern kommt durch das Prinzip des Vierstützenraumes nicht nur äußerlich dem Typus der offenen Pfeilerhalle, den Troost für die Ehrentempel auf dem Münchner Königsplatz heranzog, bedenklich nahe, sondern trifft sich mit der Ästhetik dieser Bauten in einem archetypischen Effekt: der Beschwörung des »geheiligten Bezirks«. Obschon unvergleichbar in der inhaltlichen Absicht, ist dieser Versuch des Gedenkens an die Opfer des Holocaust in seiner Wirkung der Verklärung der Pseudo-Märtyrer des 9. November 1923 zu ähnlich, als daß nicht die Gestaltungskriterien in Zweifel gezogen werden müßten. Die beklemmende Leere des einen und die verstiegene Erhabenheit des anderen Projekts kommen offenbar im Pathos der Beschwörung des Übermenschlichen überein. Die Verstrickung ist um so fataler, als die Nazi-Schergen selber ja die Ermordung der Juden für nicht »vorzeigbar« hielten; und das nicht etwa aus Scham, sondern wegen der alles menschliche Verstehen überragenden Größe des Unternehmens. »Dies durchgehalten zu haben und dabei – abgesehen von Ausnahmen menschlicher Schwächen – anständig geblieben zu sein«, ist für Himmler ein »niemals geschriebenes und niemals zu schreibendes Ruhmesblatt« der deutschen Geschichte gewesen.

Um kein Mißverständnis aufkommen zu lassen: es geht nicht um eine ideologische Gleichsetzung der Anschauungen, geschweige denn um die Diskreditierung des unmittelbaren Entsetzens, das die Dokumente des Verbrechens auch nach über einem halben Jahrhundert noch hervorrufen. Mitnichten. Es geht allein um das falsche Gewicht, das ins Spiel kommt, wenn man dem Unfaßlichen geradewegs Ausdruck oder Gestalt zu verleihen versucht – anstatt dem Sog des Maßlosen zu widerstehen und zu erkennen, daß das gesuchte Denkmal im besten Falle einen Anlaß zur Erinnerung an den Holocaust geben, niemals aber eine Form seiner Vergegenwärtigung sein kann. Was da wirklich einmal gewesen ist, mögen vielleicht noch die verbliebenen Reste der Konzentrations- und Vernichtungslager in ihrer schäbigen Monstrosität andeuten. Dagegen ist der Versuch, das Ungeheuerliche zu repräsentieren, entweder naiv oder auf eine perverse Weise komisch. Oder was soll man dazu sagen, daß einige der prämierten Entwürfe das abgrundtiefe Versinken in die Erde – vor Scham oder Entsetzen, wer weiß – buchstäblich inszeniert haben? Wenn dann das Preisgericht noch lobend den »Charakter der Erlebnisarchitektur« herausstreicht, kommt man beim Lesen der Entwurfsbeschreibungen tatsächlich ins Grübeln, ab welcher »Kopfhöhe« die Last der Betroffenheit beim Eintreten ins Denkmal am besten zum Tragen kommt: bei runden drei Metern – oder erst ab zwo-achtzig?

Die Crux des Denkmalprojekts besteht schlicht in dem Widerspruch, daß es offenbar einer außergewöhnlichen gestalterischen Intelligenz bedarf, um einem Thema zu entsprechen, das sich der gestalthaften Vergegenwärtigung weitgehend entzieht. Denn natürlich geht es um das »Undarstellbare« – aber nicht das theatralische Einknicken vor dem Übermaß ist gefordert, sondern die Realisierung der Unangemessenheit, die präzise Artikulation der Beziehung zwischen der Kapazität der Darstellungsmittel und der Grenze ihres Zureichens. Nur dies, die Eröffnung und Ausrichtung des Bezugs, ist Sache der Gestaltung: nicht die Vorwegnahme des Maßes, wie weit der Einzelne sich darauf einzulassen hat. Als Brancusi 1935 den Auftrag zur Errichtung eines Denkmals für die »gefallenen Helden von Tîrgu Jiu« erhielt, hat er nicht die Vorstellung des heroischen Todes zu bewältigen gesucht, sondern eine Anlage geschaffen, die die Toten in einen Bezug zum Leben und die Lebenden in eine Beziehung zum Tod setzt.

Das Gestaltungsproblem ist also gar nicht so neu und einzigartig wie sein Anlaß. Der Wettbewerb um das Holocaust-Denkmal hat vielmehr eine Kondition der Moderne in Erinnerung gerufen, die fast schon in Vergessenheit geraten schien. Aus dem Auftrag von Religion und Staat entlassen, hat moderne Kunst im Zuge ihrer Emanzipation zugleich die Verfügungsgewalt über Zeichen und Symbole verloren, in denen die Gesellschaft ihr Weltverständnis wiedererkannte. Umgekehrt darf die säkulare Gesellschaft nicht erwarten, daß ihr der große Künstler bei Bedarf die fehlenden Bilder für die ausgeblendete Transzendenz des Menschlichen sozusagen aus dem Blauen heraus zustellt. Einmal ganz abgesehen davon, daß kein Individuum aus eigener Kraft eine verbindliche Ikonographie erschaffen kann, hat sich die Kunst mit dem Verlust ihrer Repräsentationsfunktion dahingehend verändert, daß sie, anstatt dem großen Bild der Welt nachzutrauern, mitten unter den Dingen wirksam geworden ist: als eine eigene Form des Zugangs zur Welt.

Der Streit um die Gestaltung des Holocaust-Denkmals dreht sich letztlich um diese veränderte Funktion der Kunst in der modernen Welt. Schon der bloße Hinweis darauf hat den Kunstwissenschaftlern auf der letzten Sitzung des Kolloquiums heftige Proteste eingebracht. Insbesondere die Historiker haben auf die Tradition und Vielfalt der Denkmalskultur verwiesen, geradeso, als wäre ein Künstler so frei im Gebrauch seiner Mittel wie der Forscher beim Heranziehen von Quellen – und die Postmoderne ein direkter Weg zurück ins 19. Jahrhundert. Demgegenüber ist zu bedenken, daß wohl nur auf der Höhe der modernen Kunstproblematik (nicht auf dem letzten Stand der Moden) die Chance einer einzigartigen Verbindung zwischen Form und Inhalt des Denkmals gegeben ist. So umstritten nämlich die Singularität des Mordes an den Juden wissenschaftlich auch sein mag, so unabweisbar ist doch die Tatsache, daß die Gestaltung des Gedenkens an den Holocaust an ein Kernstück der jüdischen Kultur rührt. Der Bildverzicht, der durch die Undarstellbarkeit des Themas nahegelegt wird, berührt sich unwillkürlich mit dem Bilderverbot des Deuteronomiums. Man mag diese Analogie für zufällig und rein formal halten. Aber dann begibt man sich der weiterführenden Überlegung, daß das Gebot der Bildlosigkeit offenbar das Geheimnis des großen Dialoges des Volkes Israel mit seinem Gott ist, indem es die Beziehung von jeder Bemächtigung frei gehalten hat. Könnte das nicht eine Maxime der Gestaltung sein: statt eines Monolithen, der Gedenken erheischt, ein Ort, der das Unvorstellbare einräumt?

Freitag, 5.9.1997

Henryk M. Broder

»Auf der Höhe der Zeit«

Vier neue Entwürfe stehen für das Berliner Holocaust-Mahnmal bereit, die Entscheidung soll schon im Januar fallen – in jedem Fall wird es eine Fehlentscheidung

Was immer man vom Berliner Senator für Wissenschaft, Forschung und Kultur, Peter Radunski, auch halten mag, er versteht es meisterhaft, einfache Tatbestände kompliziert darzustellen. Dabei spricht er so, wie vornehme ältere Damen ihren Nachmittagstee trinken – mit abgespreiztem kleinem Finger.

Vorletzten Sonntag legte er wieder eine Probe seines Könnens ab. Bei der Präsentation der vier Zwischengewinner im »engeren Auswahlverfahren« des Wettbewerbs um das »Denkmal für die ermordeten Juden Europas« stellte er zufrieden fest, »daß den sechs Millionen Opfern in der Mitte der neuen Hauptstadt Deutschlands nun ein Denkmal gesetzt werden kann, das über den Tag hinaus Gültigkeit hat und zugleich auf der Höhe der Zeit in Gestaltungsfragen ist«. Dabei dürfe »nicht vergessen« werden, »daß wir Deutschen mit diesem Denkmal unserer Trauer, unserer Scham angesichts des Holocaust-Mahnmals Ausdruck geben.«

Auch wenn etwas unklar blieb, ob sich Radunski für den Holocaust oder für das geplante Holocaust-Mahnmal schämte: Man habe, so der Senator, in jedem Fall eine »tragfähige

Grundlage« geschaffen, um »dem Monument für das größte unfaßbare Verbrechen der deutschen Geschichte dauerhaft Gestalt zu geben«. Schon im Januar werde die »endgültige Entscheidung« für einen der vier Entwürfe aus der »Realisierungsauswahl« fallen.

1995 war man schon einmal beinahe soweit gewesen. Im ersten Versuch hatten die drei Auslober, der Förderkreis um Lea Rosh, das Land Berlin und der Bund, zu einem offenen Wettbewerb aufgerufen, an dem Hunderte von Profi- und Hobbykünstlern teilnahmen. Die Masse der 528 eingereichten Entwürfe zeugte allein von dem objektiven Unvermögen, dem Holocaust mit ästhetischen Mitteln beizukommen.

Auch die von der Jury unter dem Vorsitz von Walter Jens prämierten Entwürfe zeichneten sich vor allem durch eine Mischung aus unkontrolliertem Größenwahn und naiver Symbolik aus. Nur ein entschiedenes »Nein!« von Kanzler Kohl verhinderte, daß ein von Lea Rosh favorisierter Entwurf gebaut wurde: eine fußballfeldgroße, schräg aus dem Boden aufragende »Grabplatte«, in die nach und nach die Namen aller Holocaust-Opfer eingeritzt werden sollten.

Es dauerte eine Weile, bis sich die Auslober von dem Flop erholt hatten. Anfang 1997 rief Senator Radunski rund 80 Experten – Historiker, Architekten, Künstler – zu einem mehrtägigen »Colloquium« nach Berlin, um sich von ihnen beraten zu lassen, wie das lädierte Projekt doch noch auf den Weg gebracht werden könnte.

Die Teilnehmer kritisierten vor allem die Lage des Denkmals auf einer Brache zwischen dem Brandenburger Tor und dem Potsdamer Platz, die schiere Größe des Projekts und den Umstand, daß nur der ermordeten Juden, nicht aber der anderen Opfer der Nazis gedacht werden sollte. Radunski ließ die

Experten reden und setzte sich souverän über alle Einwände hinweg.

Im Juli 1997 lud er 25 Künstler aus dem In- und Ausland für ein »engeres Auswahlverfahren zum Denkmal für die ermordeten Juden Europas« ein; 19 beteiligten sich schließlich. Die Vorgaben – Lage und Größe des Areals, die Beschränkung auf die jüdischen Opfer der Nazis – waren dieselben geblieben, nur daß diesmal statt zu einem Karaoke-Abend, bei dem jeder mitmachen darf, zu einer geschlossenen Gesellschaft in der Beletage gebeten wurde. Eine Findungskommission sollte die nötigen Vorentscheidungen treffen.

Zuvor machte Radunski noch einmal klar, worauf es ihm ankam: »In der Hauptstadt des Landes der Täter soll mit dem Denkmal der Menschen gedacht werden und der mit ihnen vernichteten Kultur«, der Massenmord an den Juden habe »eine 1000jährige Kultur aus dem Herzen Europas« gerissen. Wobei die Juden nur ihr Leben verloren, die Deutschen aber viel mehr: »Die Tragödie des Massenmordes an den Juden ist nicht nur, daß Menschen auf so schreckliche Weise umkamen …, sondern daß soviel unwiederbringlich verlorenging.«

Damit war zudem erklärt, warum das Denkmal nur an die ermordeten Juden und nicht auch an die ermordeten Sinti und Roma erinnern sollte, die gemeinsam mit den Juden umgebracht wurden. Die Juden hatten sich um die deutsche Kultur verdient gemacht, von Heinrich Heine bis zu Albert Einstein Deutschland als Kulturnation bereichert, während die Zigeuner allenfalls ein paar fidele Musiker vorweisen konnten.

Mit diesen Vorgaben machten sich die Künstler an die Arbeit. Bei den vier Entwürfen, die in die »Realisierungsauswahl« genommen wurden, handelt es sich um handwerklich solide Arbeiten, die gewiß bald in jedes Handbuch der Gegenwartskunst aufgenommen werden.

Die Berliner Architektin Gesine Weinmiller hat einen Davidstern »dekonstruiert«, also ästhetisch ansprechend zerlegt, um »einen Raum der Stille zu schaffen, in dem jeder Besucher zu seiner Trauer Assoziationen und Bilder erzeugen kann«.

Der Architekt Daniel Libeskind, der das Jüdische Museum in Berlin entworfen hat, zitiert sich selbst, indem er die im Museum ausgesparten »Leerräume« als fünfteiliges Mauerensemble aus Rohbeton von 21 Meter Höhe und 115 Meter Länge über den Platz zieht. »Steinatem« nennt er sein Werk. »Ist sich der Verfasser bewußt, daß die Wandscheiben ein Kletterrisiko bergen?« sorgten sich die Auslober, die ein Mahnmal wollten, das allen wehtut, an dem sich aber niemand verletzen sollte.

Der New Yorker Architekt Peter Eisenman und der Bildhauer Richard Serra haben aus über 4000 unterschiedlich hohen Betonscheiben ein Labyrinth arrangiert, das an einen alten jüdischen Friedhof erinnern soll. Hier »gibt es kein Ziel, kein Ende, keinen Weg«, erklärten die Künstler, hier kann sich der Besucher allenfalls verirren.

Und schließlich möchte der in Paris lebende Künstler Jochen Gerz, der bereits ein »unsichtbares«, also den Blicken des Betrachters entzogenes Mahnmal in Saarbrücken konzipierte, das zur Verfügung gestellte Gelände mit 39 jeweils 16 Meter hohen Lichtmasten bestücken, »mit der Frage ›Warum?‹ in den Sprachen der verfolgten Juden«, und das alles in Leuchtschrift.

Dies sei, meinte Lea Rosh, ein »interaktives Mahnmal«, die Besucher der Anlage würden aufgefordert, Antworten zu geben, die dann in die Bodenplatte eingraviert würden. Es gebe »Raum für 145 000 Antworten«, in 10, 20 oder 50 Jahren werde man »mit großem Interesse lesen, was die Menschen geantwortet haben«.

So kommt doch noch etwas von dem Größenwahn ins Spiel, der schon die anfangs prämierte Mega-»Grabplatte« auszeichnete. »Think big!« ist noch immer die Parole der Auslober, 20 000 Quadratmeter im Herzen Berlins wollen repräsentativ gefüllt werden.

Die neuen Entwürfe mögen um einige ästhetische Nasenlängen besser sein als die des ersten Wettbewerbs, doch kommt keiner ohne umständliche Instruktion an die Betrachter aus. Vielleicht stelle sich die Idee eines Holocaust-Denkmals doch als »unmöglicher Auftrag« heraus, meinte kürzlich Andreas Nachama, der Vorsitzende der Jüdischen Gemeinde in Berlin.

Selbst wenn es ein möglicher Auftrag wäre, die Auftraggeber wären die falschen. Es geht nicht an, daß Menschen, die sich selbst als die Nachkommen der Täter bezeichnen, darüber verfügen, welche Opfer ein Denkmal verdienen und welche nicht. Die Sonderbehandlung der Juden darf auch unter einem positiven Vorzeichen nicht fortgesetzt werden.

Unter diesen Umständen wäre kein Denkmal die bessere Alternative.

DER SPIEGEL, 24.11.1997

György Konrád

Abschied von der Chimäre

Wider das Holocaust-Denkmal

Wozu sollte es taugen: ein überwältigend großes Denkmal mitten in der Stadt, auf einer Fläche von vierzigtausend Quadratmetern? Als könnte das Ausmaß in einer proportionalen Beziehung zur Geschichte selbst stehen. Wenn die Nachkommen der Täter zu einer bedeutsamen Geste finden möchten, indem sie das größte Holocaust-Denkmal der Welt errichten, so verstehe ich das und würdige es als Zeichen wahrer Reue. Ich verstehe, daß sie – mehr als ein halbes Jahrhundert nach dem Geschehenen, an der Schwelle zu einem neuen Jahrtausend – keine Gewissensbisse empfinden wollen. Nicht sie sind diejenigen, die es getan haben.

Ich verstehe das, doch sei angemerkt: Wenn sich die Deutschen aus ihrer Geschichte nicht davonstehlen, wenn sie das Haus des Großvaters übernehmen wollen, dann erben sie auch dessen Taten, auf die sie gelegentlich stolz sein dürfen, doch wofür sie manchmal auch Scham und Schuldbewußtsein empfinden. Und das kann Kinder und Enkel veranlassen, Witwen, Witwern und Waisen unserer Zeit zu helfen. Es wäre nicht eben glücklich, wenn sich die Deutschen der Gegenwart zu einer Übertreibung hinreißen ließen, die sie morgen bereuen könnten. Ein derart großes Territorium vom Stadtkern sollten sie nicht der künstlerischen Aufarbeitung der Tragödie überlassen!

Namhafte, hervorragende Künstler haben sich der Herausforderung gestellt, doch es hat sich gezeigt, daß niemand der Aufgabe gewachsen ist. Und vielleicht sollte gerade dies als schicksalhaft hingenommen werden. Die bisherigen Entwürfe zeigen gnadenlosen oder didaktischen Kitsch, besserwisserische Anspielungen, geschraubte Symbole, Ideen, Konzepte, Arroganz gegenüber den Anwohnern und den Besuchern. Es bedarf keines Denkmals, das der robusten Größe Deutschlands angepaßt wäre. Besser wäre eines, das einem verbrannten jüdischen Kind entspräche!

Wenn mit Hilfe eines Gleichnisses, einer Raumplastik zusammengefaßt werden soll, was von dieser Geschichte zu halten ist, dann streift die Überheblichkeit sämtlicher Versuche fast schon die Grenze der Blasphemie. Durch die Übergabe eines großen Platzes und den Einsatz enormer Finanzmittel kann die Geschichte nicht abgeschlossen werden; das Nachdenken darüber muß sich auch im nächsten Jahrhundert fortsetzen. Die Berliner Innenstadt wird ohnehin von den Zentralen eingenommen. Und jetzt noch ein Platz der Unerbittlichkeit? Der Berliner Bürger, sollte er sich daran erfreuen können? Vielleicht würde er dazu nichts sagen, vielleicht aber doch. Je gigantischer das Denkmal, desto eher könnte es Anlaß geben zu spöttisch-antisemitischen Bemerkungen.

Man muß den Besucher nicht durch einen Wald von Pfählen erschrecken, ihm nicht mit erhobenem Zeigefinger drohen, ihn nicht durch eine Mauer mit symbolischem Winkel belehren, man muß ihn nicht zwingen, an diesem Ort eine kleine Kostprobe zu nehmen von jenen Stimmungen, denen die Opfer ausgeliefert waren. Vielleicht verspürt er keine Lust dazu. Konstruktionen, die dazu dienen, dem Menschen Angst und Schrecken einzujagen wie in einer Geisterbahn, gehören auf den Jahrmarkt. An einem Denkmal, das sich düster über den Betrachter erhebt, besteht kein Bedarf. Den Vorübergehenden sollte es nicht durch Verunsicherung und Locken in ein Labyrinth depressiv stimmen wollen. Sollten diese Pläne verwirklicht werden und ich wäre Berliner, dann würde ich diesen Platz meiden. Die Menschen werden nicht hingehen, weil sie ihn (nicht ohne Grund) für gefährlich halten werden: Warum sollten sie einen bedrohlichen und unangenehmen Ort aufsuchen?

Befragte man ein Kind, es würde sich nicht in einem grauenerregenden hohen Pfahlmeer verstecken wollen. Besser wüde ihm eine Überraschung gefallen, dergestalt, daß es über einen Platz schlendert, auf eine Panzerglasplatte tritt, während sich unter ihm seinen Blicken plötzlich ein unterirdisches Zimmer auftut, dessen Wände aus leeren weißen Bücherregalen bestehen. Denen der verbrannten Bücher. Und davor auf einer Bronzeplatte Heinrich Heines luzider Satz: »Dort, wo man Bücher verbrennt, verbrennt man am Ende auch Menschen.« Noch ein Satz könnte dort auf der Platte eingraviert werden: »Das ist geschehen.« Nun, das weiß ein jeder.

Wer mehr von der Sache erfahren möchte, der sollte Bücher lesen oder in das Jüdische Museum gehen und im Anschluß daran für eine Minute am Fuß eines freistehenden Turmes verharren, der selbst in seinem Verlassensein, seiner Blöße das Fehlen symbolisiert, ebenso wie das Mahnmal der israelischen Künstler Micha Ullman und Ramat Hasharon auf dem Bebel-Platz, dem Schauplatz der Bücherverbrennung, der seinen Namen später von einem Mann erhalten hat, der den Satz prägte, der Antisemitismus sei der Sozialismus der »dummen Kerls«.

In jenem bläulich dämmrigen, unterirdischen Gemach, in dieser zwischen Kopfsteinpflaster hervorschimmernden leeren

Bücherstube bekommen wir nicht die Bücher zu sehen, sondern ihr Nichtvorhandensein, anstelle von Menschen deren Fehlen, statt Juden aus Fleisch und Blut deren Bücher – eine Art *pars pro toto*, welches die Juden, die sich gelegentlich auch selbst als Volk des Buches betrachten, überzeugen muß. Nicht nur, daß Micha Ullmans und Ramat Hasharons Mahnmal uns nicht überragt, es erhebt sich nicht einmal über die Erdoberfläche. Der Passant kann darüber hinweggehen, er muß sich nicht daran stoßen, er kann höchstens darauf aufmerksam werden. Walter Jens sagte unlängst, den Schrei könne man nicht überschreien, und der Gegensatz des Schreiens sei das Flüstern. Micha Ullmans und Ramat Hasharons unterirdischer Raum mit leeren Bücherregalen ist ein solches flüsterndes Mahnmal.

Um zu erkennen, daß das, was wir suchen, sich schon längst in unserem Besitz befindet, noch dazu am denkbar geeignetsten Standort, ist manchmal eine größere Weisheit vonnöten. Mit allem Respekt würde ich vorschlagen, sich zu der Erkenntnis durchzuringen, daß die eine Hälfte des Denkmalbedarfs bereits gedeckt, das Problem, einen gemäßen Ort für Kranzniederlegungen zu finden, gelöst ist. Das Ritual zwischenstaatlicher Kontakte ist eine historische Tatsache und in diesem Rahmen auch die Gepflogenheit, daß der hohe Staatsgast an symbolträchtigem Ort seine Ehrenbezeugung erweist.

Die ranghohe Persönlichkeit, die vermutlich im Hotel Adlon absteigen wird, sollte unweit von dort und vom Brandenburger Tor, an der Oper, dem Platz der einstigen Bücherverbrennung, ihr Haupt, das würde ich vorschlagen, für eine Minute des Schweigens vor der Dämmerung des Fehlens verneigen. Ich glaube, damit wäre der staatsmännischen Rolle Genüge getan. Sollte das private Interesse über diese Geste hinausgehen und trotz der vermutlich eng bemessenen Zeit für den Besuch noch eine Stunde für dieses Thema bleiben, dann sollte der Gast ins Jüdische Museum gehen, sich der intensiven Wirkung aussetzen und, der jüdischen Tradition gemäß, neben die anderen weißen Kieselsteine einen weiteren legen, der dort in einem Korb auf ihn wartet. Das ist so, als würde er eine Handvoll Erde auf den Sarg werfen. An einen schönen Garten vor dem Museum denke ich, mit Bänken, auf denen sitzend man über das Gesehene nachdenken kann.

Vom Bebel-Platz aus kann der hohe Gast auch auf die andere Seite hinübergehen und in der Neuen Wache einen Kranz niederlegen, in jenem Schinkel-Ehrenmal, dessen Schicksal gleichfalls die Zerrissenheit der deutschen Geschichte spiegelt. Die Vermischung der Stilelemente brachte der Wandel der Zeiten mit sich, doch der Raum selbst hat Bestand. Schon immer war er ein Denkmal zu Ehren der Verstorbenen, und auch Heinrich Tessenow, der den Innenraum schuf, stellte sich in der Mitte einen leeren Schacht vor, um die Abwesenheit der Toten anzudeuten. Die ewige Flamme für sämtliche Opfer des Faschismus und des Militarismus habe ich zu DDR-Zeiten gesehen, und hätten die Soldaten nicht wie Statuen davorgestanden und dem Gebäude ein ziemlich militärisches Gepräge verliehen, würde es mir sogar gefallen haben. Ich habe Käthe Kollwitz' profane, gedrungene Pietà gesehen, Mutter und Sohn in schlichter Linienführung, von jener Bildhauerin, deren Person keinen Grund zu Meinungsverschiedenheiten zwischen Ost und West liefert und die alles andere war als eine Anhängerin des Dritten Reichs. Diese Neue Wache ist so gestaltet worden, so sollte sie geachtet werden.

Auch der in Bronze gegossene Begleittext, meines Wissens von Richard von Weizsäcker formuliert, ist gut. Noch besser würde es mir gefallen, hätten in der Aufzählung der Kriegstoten auch die gefallenen Soldaten Erwähnung gefunden. Die eklektische Natur der Geschichte würde die Einfügung eines solchen Satzes in den Bronzetext gestatten. Der Zweite Weltkrieg hat auf deutscher Seite etwa zehn Millionen Tote christlichen Glaubens gefordert, von denen der größere Teil Opfer gewesen sind. In Militärunion taten sie etwas, was sie eigentlich nicht hätten tun wollen, selbst wenn sie zeitweilig trunken waren von den Phrasen der Zeit. Dennoch denke ich, daß die Mehrheit den Krieg gern beendet hätte und nach Hause zu ihren Familien gegangen wäre. Wenn die eine Gruppe der Toten alles bekommt, die andere dagegen sozusagen nichts, dann kann das nicht gerecht genannt werden. Aus dem Abstand von fünfzig Jahren gebührt einem jeden ehrfurchtsvolles Gedenken, jeder Gefallene möge in Frieden ruhen, alle haben sie mit ihrem Leben dafür bezahlt, wenn sie getötet und auch wenn sie nicht getötet, nur den Versuch unternommen oder nur die Uniform getragen haben. Auch ihnen steht ein Kranz zu, nicht nur den Unbewaffneten.

Das Geld, das für das Holocaust-Denkmal auf jenem Platz zur Verfügung gestellt worden ist, sollte lieber für etwas verwendet werden, woran die Menschen ihre Freude haben, für eine Anlage, wo auch die ermordeten Juden gern gespielt und gesessen hätten, gern flaniert wären. Für die Kinder sollte man einen Spielplatz, für die Jugend eine Tanzfläche und für die Älteren einen Ort der Kontemplation schaffen. Einige der ermordeten Kinder kannte ich, ich habe eine Ahnung davon, was ihnen gefallen könnte. Man sollte sie sich nicht als finstere Lehrer vorstellen. Jene Kinder sind keine rachsüchtigen Gespenster, und ich will nicht, daß sie in der Phantasie irgendeines Kindes von heute als Horrorfiguren auftreten. Meine einstigen Verwandten und Freunde hegen den Wunsch, daß dieser Platz ein Garten des Spiels und der Besinnung sein möge. Sollte jemand meinen, die im Gas erstickten Kinder wünschten den Berliner Kindern von heute etwas Schreckliches – er würde das Fortleben der antisemitischen Karikatur verlängern.

Den zuständigen Behörden würde ich vorschlagen, keinen weiteren Wettbewerb für das Holocaust-Denkmal auszuschreiben. Ausschreiben dagegen sollten sie einen Wettbewerb für einen Garten der Freuden. Und in diesem Park sollte irgendwo ein Schild angebracht werden, daß es sich hierbei um ein Geschenk der vernichteten Juden an die Berliner handele.

Frankfurter Allgemeine Zeitung, 26. 11. 1997

Uwe Schmitt

Das Mandat

Man und das Mahnmal

Wenn sich an diesem Donnerstag das Berliner Bürgerpublikum, aufatmend oder aufstöhnend, im Marstall am Schloßplatz über die neunzehn Entwürfe, vor allem die vier favorisierten Modelle für das *Holocaust-Mahnmal* beugt, wird ihm ein Gespenst über die Schultern blicken. Es ist ein moralischer Imperativ, »Man« genannt, der deutschen Politikern und Gelehrten seit mindestens drei Jahren immerzu dasselbe rät: Findet den am wenigsten überforderten Künstler, der den Deutschen das beste, unerbittlichste, ergreifendste Mahnmal für die ermordeten Juden Europas formt. Man schulde es, und Man erwarte es. Nie dürften sie nachlassen in der Mühe, sagte Man, wie qualvoll immer die Suche sei. Und so überzeugend waren die Argumente, daß die Betrachter der Entwürfe heute meinen müssen, man habe keine andere Wahl mehr als zwischen jenen vieren. Sie irren.

Öffentlich wurde der Irrtum spätestens am 26. November, als György Konrád, Präsident der Akademie der Künste, sich die Freiheit nahm, die Künstler sämtlich an der Aufgabe gescheitert zu nennen und in ihren Entwürfen »gnadenlosen oder didaktischen Kitsch« zu entdecken, der auf zwanzigtausend Quadratmetern nur den Schrecken einer Geisterbahn verbreiten und zu spöttisch-antisemitischen Bemerkungen reizen werde. Statt dessen, schrieb der ungarisch-jüdische Dichter, der als Kind nur durch einen Zufall der Deportation zusammen mit seinen Klassenkameraden nach Auschwitz entging, möge man einen freundlichen Garten des Spiels und der Besinnung anlegen. Denn die ermordeten Kinder dürfe man sich nicht als finstere, »rachsüchtige Gespenster« denken.

Es gebe im übrigen, gab Konrád zu bedenken, viele Berliner Orte, an denen Staatsgäste Kränze niederlegen könnten, in der Neuen Wache oder am Bebel-Platz, dem Denkmal für die Bücherverbrennung.

György Konráds Anklage der »Chimäre« und sein Werben für ein kinderspielerisches Mahnmal erregten Staunen und Ärgernis. Nicht selten bei denselben Menschen, die sich im privaten Gespräch begeisterten für Konráds befreienden Entfesselungsakt des Denkens, auf den man seit Jahren gewartet habe. Doch sei es leider, fügen manche gereizt hinzu, zu spät für eine Debatte solch radikaler Gegenentwürfe. Man könne nicht zurück, denn am 20. Januar 1999, dem Jahrestag der Wannsee-Konferenz, müsse die Grundsteinlegung des Mahnmals erfolgen. Im übrigen dürfe Konrád eben Dinge aussprechen, die den Nachfahren der Täter selbst zu denken verboten seien. Man stelle sich vor, ein Politiker hätte derlei zu sagen gewagt. Entsprechend kleinlaut fiel bisher die öffentliche Unterstützung für Konráds befreiende Idee aus. Man schweigt. Viele wider ihr Gefühl.

Was aber ist das Mandat des Man? Es ist offenbar eine virtuelle Instanz, die zugleich handelt und zuschaut, anklagt und richtet, Opfer und Täter, Inland und Ausland, öffentliche Meinung und schlechtes Kollektivgewissen in sich vereinigt. Unausgesprochen bleibt bei der Berufung auf Man stets der Verdacht, die deutschen Politiker und erst recht die Bundesregierung bedürften – gleichsam zur Sühne für ihren Einzug in die Hauptstadt – des Mahnmals als Gegengift wider jeden Anfall von Größenwahn. Aus welcher Not dies mehr als fünfzig Jahre nach Kriegsende zu geschehen hat und wer sich empörte, wenn es nicht so oder anders, etwa nach Konráds Idee, geschähe, bleibt unerfindlich.

Wer also ist Man? Einige Künstler, die sich betrogen fühlen könnten, »Libération« oder die »New York Times«? Sicher ist jedenfalls, daß es »die Juden« nicht sein können, denn sie sprechen und widersprechen einander wie alle anderen auch. Ein Mann wie Konrád wird nie zum Teil des Man, eher wird er von politischer Korrektheit verschlungen. Kaum besser könnte es dem in Berlin lehrenden kanadisch-jüdischen Soziologen Bodemann ergehen, wenn er in Israel die Dynamik deutscher Diasporagemeinden rühmt und sagt, es sei »aus mit dem Staats- und Gedenkstättenjudentum«. Daß die Dissidenten überhaupt das Wort ergreifen können, ohne daß sie dafür gescholten werden, hat, unerlaubt es zu sagen, weniger mit ihrem Ansehen als mit ihrem Judentum zu tun. Sie dürfen, was Man nicht darf. Dafür kann Man ihre Stimmen, wenn sie das gute Werk stören, überhören.

Es ist früh auf die Sonderbarkeit hingewiesen worden, daß das vereinte Deutschland seine Gedenkstätten an den authentischen Tatorten der Konzentrationslager immer knapper halte und halbwegs verkommen lasse, während es für das *Holocaust-Mahnmal* an Geld nicht fehle. Nach zwei Wettbewerben, drei Kolloquien und einem Veto des Bundeskanzlers gilt das unverändert. Unterdessen darbt nur eine S-Bahn-Fahrt von Berlin entfernt Sachsenhausen, das 1936 von der SS errichtete zentrale Muster- und Ausbildungslager der Reichshauptstadt, nach Himmlers Vorstellung ein »modernes und vollkommen neuzeitliches« Lager, in dem ein Höß sein Handwerk lernte. Tausende Juden wurden bei dem Vorspiel der Vernichtung gefoltert und gemordet, die anderen 1942 nach Auschwitz verbracht.

Brandenburgs Ministerpräsident Stolpe nannte am 9. November dieses Jahres die wiedereröffnete jüdische Baracke, die 1992 von Rechtsextremisten halb niedergebrannt worden war, »Brandenburgs Beitrag zu einem Denkmal für die ermordeten Juden Europas«. Und so könnte man es wirklich sehen.

So sahen es auch sieben Ost-Berliner Kindsköpfe, keiner älter als neunzehn, die kürzlich in der Gedenkstätte festgenommen wurden, weil sie die rechten Arme reckten und Besucher »Judenschweine« schimpften. Die Tat geschah am Mittwoch, dem 26. November. Es war der Tag, an dem György Konráds Plädoyer für das Mahnmal der Kinder erschien. Nun kann und muß über seinen Vorschlag gesprochen werden. Zu gewinnen wäre der Ausweg. Zu verlieren nur ein wenig Fassung.

Frankfurter Allgemeine Zeitung, 11.12.1997

Eduard Beaucamp

Baut Serra!

Berlins Holocaust-Mahnmal

Auch zum Abschluß des zweiten Wettbewerbs um das Berliner Holocaust-Mahnmal häufen sich die defätistischen, die besorgten, ablehnenden, ja protestierenden Stimmen. Alle vier Entwürfe des Finales, so heißt es vielstimmig aus den verschiedensten Ecken, seien mißglückt. Man dürfe sich vor der bitteren Wahrheit nicht drücken: Nach zehn Jahren, nach der Konsultierung von Künstlern und Gelehrten aus aller Welt, nach Hunderten von Vorschlägen und Modellen, zahllosen Konferenzen und Debatten sei das Projekt gescheitert. Nun solle man die Idee begraben und die beträchtliche Preissumme sinnvoller für die Hinterbliebenen des deutschen Judenmords und die Pflege und Frequentierung der historischen Schauplätze des Verbrechens verwenden.

Nach dem ersten Wettbewerb waren die Depressionen zwangsläufig. Nach dem zweiten Durchgang sind sie grundlos. Je mehr man über die vier letzten Projekte nachdenkt, um so schlüssiger, beeindruckender und wünschenswerter erscheint einer dieser Vorschläge: der Pfeiler- oder Wandscheibenwald der beiden Amerikaner Eisenman und Serra. Nur ihr Entwurf verspricht die Erschließung und suggestive Beherrschung des übermäßigen Geländes, ja macht dessen Größe notwendig und zwingend. Ihre Idee ist radikal, umfassend, vielschichtig und homogen.

Richard Serra lehnt zwar inhaltliche und symbolische Sinngebungen ab, kann aber Deutungsversuche der Adressaten nicht verhindern. So ist die Nähe zu einem Friedhofsbezirk, einem Grabstelenfeld unabweisbar. In der Kritik am Projekt der Amerikaner ist viel die Rede von der abstoßenden Monumentalität, ja dem Schrecken dieses Denkmals. Doch monoton und abstoßend ist ihr rauher »Hain« keineswegs. Die Modulationen im Bodenrelief und die wechselnden Höhen der Pfeiler verleihen Serras »Wald« Rhythmus und wellenhafte, pulsierende Bewegung. Der enge Abstand zwischen den viertausend Stelen (jeweils knapp ein Meter) ergibt ein Dickicht, aber keinen klaustrophobischen Dschungel, da die planvolle Anlage klare Durchblicke und Orientierungen erlaubt. Ihre Enge ist notwendig – nicht um Angst und Grusel zu erzeugen, sondern um den Rummelplatz zu verhindern und die Besuchermassen aufzulösen. Das Denkmalgelände ist nicht abweisend, sondern nach allen Seiten offen und durchsichtig. Doch es duldet kein Gruppen- oder Massenerlebnis, es erschließt sich nur dem einzelnen, der beim Durchwandern des Scheibenfelds auf sich allein gestellt sein wird. Er wird von einem Ozean von Totensteinen, einem Wald voller Erinnerungsmale umgeben sein. Diese begrenzte Grenzenlosigkeit beschwört die Masse der Opfer, das grenzenlose Morden. Serras erste Entwurfsfassung differenzierte dies Erlebnis noch höchst subtil. Eine einzige Säule war weiß markiert und pointierte damit das Schicksal des einzelnen Opfers im anonymen Meer der Massenvernichtung.

Serras plastischer Zugriff ist ingeniös. Er verhindert das unangemessene kollektive Trauerritual, die öffentliche Manifestation, damit auch das Staatsdenkmal und den repräsentativen Staatsakt. Dieser Mahnmalpark spricht nur den Einzelbesucher an, isoliert und fordert ihn und zwingt ihn zur Stellungnahme, zur Entwicklung und Verarbeitung eigener Erinnerungen und Gefühle. Noch einmal: Von diesem lichten Stelenhain dürfte kein niederschmetternder Schock, keine menschenfeindliche, abstoßende Gewalt ausgehen. Im Gegenteil: Die Scheiben steigen allmählich vom Boden bis zur Höhe von vier oder fünf Metern auf und senken sich dann wieder zu den Seiten. Die Wellenbewegung im Boden wie im Höhenrelief der Pfeiler hat, auch in der Aufsicht, noch eine besondere, suggestive Wirkung, auch wenn Richard Serra solche Bedeutung vermutlich zurückweist: Das Auf und Ab symbolisiert den unzerstörbaren, pulsierenden Rhythmus des Lebens, der auch dieses Totenfeld tröstlich durchflutet und belebt.

Dieses Projekt ist ästhetisch autonom, es ist reich an Bedeutungen und offen für Assoziationen. Es schließt ein Universum an Opfern ein. Serras und Eisenmans Vorschlag versöhnt auch mit der monströsen Größe des Platzes. Ein solches Erinnerungsfeld, ein begehbarer Denkmalpark, bedarf um der Wirkung willen weitläufiger Ausdehnung. In die Berliner Stadtlandschaft wird sich das Mahnmal als einzigartiges, gewiß fremdes und unverwechselbares Monument, als notwendiger Stachel eingraben. Der Standort in der gespenstischen Umgebung von Hitlers einstiger Reichskanzlei und dem Parteibunker des Mordregimes ist richtig. Genau plaziert ist hier das Mahnmal auch als Gegenstimme zum boomenden, gedächtnislosen Futurismus des Potsdamer Platzes, als Gegenpart ferner zum historischen Berlin, in der Nachbarschaft des Brandenburger Siegestores und des alten und neuen Parlaments. Es macht die kaum zu verarbeitenden Widersprüche der Stadtgeschichte erst erträglich.

Wie ein Wunder, daß am Ende der quälenden Debatten ein großartiges Ergebnis greifbar scheint. So muß nicht allein der

Weg das Ziel und der Sinn der endlosen Bemühungen gewesen sein. Schnell vergessen werden die Kontroversen darüber sein, ob die Deutschen ein solches Mahnmal überhaupt bauen durften oder ob es Juden erlaubt war, sich an der »Entlastung« der Täter zu beteiligen. Um das Holocaust-Mahnmal in Berlin, das wird einmal in den Geschichtsbüchern stehen, wurde erbittert gerungen. Es wird nicht, wie Kritiker vermuten, die Deutschen beruhigen und »entlasten«, es erledigt und verdrängt auch nichts. Es setzt in seiner archaischen Stille und Wucht einen bewegenden Akzent in die aufbrechende Hauptstadt. Jetzt sollte Serras Entwurf ohne mildernde Abstriche und verfälschende Zutaten gebaut werden.

Frankfurter Allgemeine Zeitung, 3.2.1998

Walter Jens

In letzter Minute

Mein Widerruf zum Holocaust-Mahnmal

Zum Lernen gibt es freilich eine Zeit: Mephistopheles', dem Baccalaureus vorgetragene Sentenz ist zu variieren: Zum Lernen gibt es *immer* Zeit, zumal in Fragen, die über Jahre hinweg bedacht sein wollen.

Wie erinnern wir uns der Millionen von Menschen, die im Namen Deutschlands ermordet worden sind? Kann es ein Problem geben, das gründlicher überlegt werden muß? Da sind scheinbar wohl abgesicherte Thesen wieder und wieder in Frage zu stellen; da müssen Argumente eigene Überzeugungen auch dann ins Wanken bringen, wenn sie von Menschen formuliert werden, die dem Nachdenkenden nicht eben sympathisch sind.

Warum gilt, seine Meinung zu ändern, die Resultate eigener Überprüfung des einst für richtig Gehaltenen nicht zu verschweigen, eigentlich als problematisches Geschäft: auf einem Terrain zumal, wo Starrheit sich als Standfestigkeit ausgibt und das »Vielleicht doch anders, liebe Freunde« als Wankelmütigkeit etikettiert wird? – Ich halte den Menschen für ein lernfähiges Wesen und mache von dieser Ansicht Gebrauch, indem ich erkläre: Meine, nicht zuletzt als Vorsitzender der Jury, die über den künstlerischen Wettbewerb »Denkmal für die ermordeten Juden Europas« zu entscheiden hatte, geäußerte Ansicht, es sei, trotz aller Bedenken, am Ende doch möglich, auf einem Platz von gewaltigem Ausmaß ein Monument zu errichten, das dem Schreckensgeschehen künstlerisch adäquat Ausdruck verleiht, hält strenger Prüfung nicht stand – wie wenig, das zeigen die ersten, aber in gleicher Weise, trotz kleiner Niveauhebung, auch die zweiten Entwürfe.

Nein, dem Schrecken aller Schrecken ist durch monumentale Entsprechung auf artistischem Feld nicht beizukommen. Eugen Kogons Diktum »Der Nationalsozialismus war nicht bloß eine Episode, ein fürchterliches Intermezzo unserer Geschichte – er war eine neue Dimension ... Auschwitz ist der eindringlichste der zu erbringenden Beweise«, dieses Axiom wäre, künstlerisch, nur durch ein Erinnerungsmal zu belegen, das mit den ihm gegebenen Mitteln ebenfalls eine neue Dimension eröffnete.

Davon aber, das zeigen die Modelle mit gebotener Eindringlichkeit, kann keine Rede sein – vor allem deshalb nicht, weil der Ort, dieses makabre Reichsopferfeld, keine Gegenläufigkeit, keine überzeugende Verfremdung, keine Gestaltung *e contrario* zuläßt. Doch gerade darauf kommt es, denke ich, am Ende der (immer noch vorläufigen) Überlegungen an: Der Schrei wird, in bombastischem Ambiente aufs Kolossale festgelegt, zu einem Spektakel, das durch die Tautologie das vorgesetzte Ziel verfehlt. Brüllen kann nicht überbrüllt, sondern nur flüsternd, ja, beinahe stimmlos auf den Begriff gebracht werden. Allein das Kleine und Demütig-Bescheidene sollte zur Diskussion stehen – eher ein winziger, ans Sterben des einzelnen erinnernder Ort als eine Kollektivgedenkstätte.

Vom Millionentod ist leicht zu reden – wie aber ging Selma Kohn ins Gas? Wo kann ich ihrer gedenken, im teutonischen Kolosseum? Und wo finde ich Abraham Bomba und seinen

Freund, die, da sie Friseure waren, den Frauen, bevor man die ins Gas schickte, das Haar abschneiden mußten, und wir füllten es in Säcke und schafften es nach Hause? »Der Tag ist gekommen, da mein Freund seiner Frau und seiner Schwester, die von der Rampe hergetrieben wurden, den Kopf scheren mußte. Er versuchte, mit ihnen zu sprechen, aber er konnte ihnen nicht sagen ›Ihr werdet jetzt sterben‹, denn hinter den Friseuren standen die Wachmannschaften, und mein Freund wußte, daß er das Schicksal dieser beiden Frauen teilen würde, wenn er nur ein einziges Wort zu ihnen sprach. Und doch tat er das für sie Beste, blieb eine Sekunde, eine Minute länger bei ihnen, umarmte und küßte sie, denn er wußte, daß er sie niemals wiedersehen würde.«

Im bescheidenen Rahmen also – wie's uns ziemt, die wir am Beispiel der aufgepumpten Kollwitz-Pietà gesehen haben, wohin makabre Überbietungsversuche führen –, auf kleinem, aber gleichwohl ins Weite und Offene weisenden Raum sollte der einzelnen in ihrer anrührenden Verschiedenheit gedacht werden, – eines Lebens, hier im Staub, dort unter den Himmeln, das den Kollektivtod um so entsetzlicher sein läßt.

Kurzum, hätte ich heute zu entscheiden, ich würde dreierlei vorschlagen: Zum ersten müßten die noch bestehenden Schreckensmale zwischen Dachau, wo's begann, und Auschwitz, wo's endete, sorgfältig, mit unverzichtbarem Aufwand, bewahrt werden. Zum zweiten wäre, als zentrales Zeichen, die »Topographie des Terrors« in Berlin zu vervollkommnen. Zum dritten sollten wir endlich daran gehen, in Deutschland jene »andere« Geschichte nicht nur in Forschungsinstituten aufzuarbeiten, von der wir im Land mit den vielen Hindenburg-Straßen so wenig wissen.

Wer kennt schon die Schriften des großen Publizisten und

Gelehrten Robert Weltsch? Wer kann die Bedeutung von Berlins genialem Rabbiner, einem unvergleichlichen Prediger in düsterer Zeit, ermessen: Wer kennt Joachim Prinz? Wer hat die Artikel gelesen, in denen deutsche Zionisten bezeugen, daß sie dem Land ihrer Geburt viel enger verbunden waren als andere, die das Bekenntnis laut auf den Lippen trugen?

Wäre es, so betrachtet, nicht endlich an der Zeit, als exemplarisches Zeichen zumindest die späten, zwischen 1933 und 1938 publizierten Jahrgänge der »Jüdischen Rundschau« nachzudrucken, mit deutschen Mitteln, wie sich versteht, damit die Nachwachsenden lernen können, daß es in einer Ära, die bestimmt war vom »Völkischen Beobachter«, dem »Angriff« oder dem »Stürmer«, zumindest eine Gazette gab, in der die deutsche Sprache – zum letzten Mal für lange Zeit – Perfektion und Glanz der republikanischen »Frankfurter Zeitung« gewann.

Nein, nichts gegen ein bescheidenes Erinnerungsmal – wohl aber ein Bedenken der Tatsache, daß es in unserem Land eine verschollene Tradition gibt, deren Wiederbelebung das mit Blut und Schande Preisgegebene sinnfälliger macht als pathetische Kranzniederlegungsstätten und nur allzu schnell zu Sightseeing-Objekten verkommende Monumentaldenkmale.

Man lese die Familienanzeigen in der »Jüdischen Rundschau«, lese Annoncen, die – nach der Shoa – nur unter Tränen buchstabiert werden können: »Erika und Centaurien. Wenden Sie sich an die Friedhofsgärtnerei der Jüdischen Gemeinde.« »Vollkommen selbständige Kochmamsell (nicht rituell) für Erholungspension in Jahresstellung gesucht.« Anzeigen, die wenige Tage vor der Pogromnacht des Jahres 1938 publiziert worden sind – leise, sehr menschliche Chiffren im Zeichen der drohenden Brände.

Noch einmal: Statt ein monumentales Denkmal zu fordern, sollten wir uns fragen: Was wissen wir von einer Zeit, in der Torakronen wie Karnevalsattribute verhöhnt wurden – im vorbereitenden Akt, der später zur Vernichtung der europäischen Juden führte? Ach, allzu wenig.

Und warum so spät, dieser Widerruf? Nun, Nachdenken erfordert Geduld und Bereitschaft zu lernen; es bedarf der Selbstkritik, um das für unrichtig Erkannte öffentlich zu verwerfen. Was aber den konkreten Fall angeht – diesen für manche so ärgerlichen Versuch, alles in letzter Minute noch einmal in Frage zu stellen –, so sei an ein Diktum des Publizisten Walter Maria Guggenheimer erinnert: »Auf dem Weg zum Abgrund kann eine Panne bisweilen lebensrettend sein.«

Frankfurter Allgemeine Zeitung, 7.2.1998

Tilmann Buddensieg

Die Kälte-Krieger

Holocaust-Mahnmal: Warum Walter Jens unrecht hat

»Bedrückend riesig« finden die neunzehn Autoren eines offenen Briefes die »abstrakte Installation« von Serra und Eisenman und vermissen einen »stillen Ort des Gedenkens« – auf diesen Biedersinn läuft die ganze Kritik der Hüter eines »authentischen« und »sinngebenden« Wissens vom Holocaust hinaus. Andere Kritiker haben sich nicht gescheut, von monströser, megalomaner und kolossaler Dimension zu sprechen. Damit wird das Vokabular usurpiert, das für die vergleichslosen Ausmaße der nazistischen Planungen, wie des Nürnberger Parteigeländes, brauchbar ist: Dreißig Quadratkilometer sollte es umfassen, also das weit über Tausendfache des überschaubaren »Fußballfeldes« am Brandenburger Tor! Die Nähe zum Tiergarten, die Grenzen eines nicht gesprengten Gevierts der Mitte Berlins, respektiert die vorhandenen Straßen und ist groß, wie die großen Dimensionen des nachbarocken Berlin.

Schinkel hat die Riesenmaße seiner Denkmalentwürfe mit dem Hinweis begründet, sie gälten dem ganzen Volk, nicht dem Monarchen oder einem Individuum. Auch das Mahnmal von Serra und Eisenman soll das ganze deutsche Volk betreffen, sie zählen auf Besucher als einzelne, viele einzelne. Ihr kraftvolles Projekt wächst aus kleinen, mittleren und großen Stelen, ohne regelhafte Ordnung, ohne übergreifende Achsen, Symmetrie oder Wiederholung, zu seiner am Ende großen Dimension. Serra und Eisenman verweigern aus guten Gründen rigoros den Platz und den Ort für staatliche Trauerhandlungen.

Sodann moniert der offene Brief dieses Mahnmal als »abstrakte Installation«, als »Ort ... kalter Abstraktion«, dem das »Konkrete«, die »authentische Geschichte«, das »Zeugnis der Vergangenheit« fehlen. Es war gewiß nicht die Intention der Planer dieses Mahnmals, das Grauen der Tatorte zu simulieren. Es ist bemerkenswert, daß die Freiheit der Gedanken und die Unendlichkeit der Empfindungen als die Unfähigkeit der Illustration des Faktischen kritisiert wird. Der Formensprache der Kunst der Moderne wird die Beliebigkeit und Inhaltslosigkeit »kalter Abstraktion« vorgeworfen. Diese Kritik ist die immer wiederholte Formel im Kampf gegen die Moderne seit dem 19. Jahrhundert. Es ist der gleiche Vorwurf, den die Thüringer Reaktion gegen das Weimarer Bauhaus erhoben hat. »Kalte Abstraktion« wurde auch der Arbeit der beiden bedeutendsten Architekten des 20. Jahrhunderts, Mies van der Rohe und Le Corbusier, in der Weißenhofsiedlung in Stuttgart 1928 vorgeworfen.

Helmut Lethen hat die »Kälte-Metapher« als plumpe Waffe gegen die Literatur der zwanziger Jahre untersucht. Sie hat Schönberg und die Musik der zwanziger Jahre getroffen. Ich verzichte auf die Nennung des Namens dessen, der bei der Eröffnung der Ausstellung »Entartete Kunst« 1937 in München dem »kalten intellektuellen« Kandinsky eine deutsche »Kunst ..., die aus unserer Seele kommt«, gegenübergestellt hat. »Kalte Abstraktion« steht gegen »stille« Innerlichkeit – die Hüter der »inneren Werte« waren im 20. Jahrhundert immer die Verlierer gegen die Avantgarde und haben manchmal Unheil angerichtet.

Das ist die sinistre Tradition der Argumente, in der die Autoren des offenen Briefes in der »abstrakten Installation« einen »Ort der stillen Trauer und Erinnerung« vermissen. Ich halte es im Land der Täter für anmaßend, der Hölle des Holocaust eine Nische »stiller Trauer und Erinnerung« wie vor einem Familiengrab abverlangen zu wollen. Eine christliche »compassio« der Vergebung und Versöhnung vermag ich auch an den »vorhandenen Plätzen authentischer Geschichte« nicht zu empfinden, und ich wehre mich heftig gegen die »sinnhafte« Verwandlung der Vernichtungslager in »Orte der stillen Trauer«.

An diesem Punkt stellt sich mir die vorsichtige Frage, ob der Vorwurf des »gnadenlosen oder didaktischen Kitsches«, den György Konrád erhob, nicht auch für die Klischees des von ihm unterzeichneten Briefes gilt. Der Beitrag von Walter Jens an dieser Stelle beantwortet diese Frage noch mit der Variante des Betroffenheitsklischees. Dazu gehört auch die Rolle des Retters vor dem »Abgrund«, »in letzter Minute«. Immerhin erkennen auch die Autoren des Briefes die großen, sprachlosen Dimensionen der Baukunst von Daniel Libeskind als unverzichtbar an, die Fakten, Dokumente, Zeugnisse des Berliner Judentums und seines Untergangs emotional wahrzunehmen und sinnlich zu erkennen. Serra und Eisenman haben eine andere Sprache gewählt, die Eduard Beaucamp eindrucksvoll beschrieben hat: widerständig, störend, sperrig und doch umschließend, Wege bahnend im Ausweglosen, das Ganze ein Pfahl im Weichbild der Stadt, als die Metapher eines »Stolpersteins« (Rita Süssmuth).

Frankfurter Allgemeine Zeitung, 11.2.1998

Walter Grasskamp

Das Mahnmal als Kanzlerfalle

Das Denkmal für die ermordeten Juden Europas – Auswege aus einem verfahrenen Verfahren

Manche Kritiker des Vorhabens, in Berlin ein Denkmal für die ermordeten Juden Europas zu errichten, triumphieren angesichts der vier Entwürfe: Es sei kein Wunder, daß auch bei der zweiten Wettbewerbsrunde nichts Brauchbares herausgekommen sei, weil die Demokratie in Kunstfragen zwangsläufig versagen muß. Aber war das Findungs- und Beschlußverfahren wirklich eine demokratische Veranstaltung? Nein, denn eklatante Koordinationsmängel im Zusammenspiel der beiden staatlichen Auslober – Bund und Berliner Senat – haben dem privaten Förderkreis als drittem Beteiligten einen Spielraum eröffnet, den dieser weit über seine ästhetische und politische Autorität hinaus zu nutzen verstand. Peinlichkeiten.

Von Anfang an ist diese Fehlkonstruktion bemängelt worden, die Kritiker fanden sich daher auch unter den Vertretern der Bundestagsparteien, die zu den Kolloquien entsandt worden waren. Sie konnten auf den Respekt des Fördervereins rechnen, denn schließlich schien die Zustimmung des Bundestags für das Denkmal unabdingbar. Inzwischen haben die Parteien aber die Lust an einer parlamentarischen Auseinandersetzung verloren, und es ist nur die logische Fortsetzung der Verfahrensmängel, daß man es nun dem Kanzler überläßt, das

Entscheidungsvakuum zu füllen. Man schiebt ihm die Entscheidung wohl auch mit dem herzlosen Hintergedanken zu, damit den Schuldigen für den absehbaren Fall markiert zu haben, daß sich schließlich als Peinlichkeit herausstellt, was als seriöses Kunstwerk geplant war.

Kritiker, die sich nicht auf ihren politischen Einfluß, sondern nur auf ihren Sachverstand berufen konnten, durften dagegen erfahren, wie wenig dieser während der Kolloquien gefragt war. Die beliebte These, die Debatte um das Denkmal sei wichtiger als seine Realisierung, kann daher nur favorisieren, wer sich die niederschmetternde Erfahrung der Kolloquien ersparte. Die waren von vornherein polarisiert zwischen Verfechtern eines Mahnmals um jeden ästhetischen Preis und einer Gruppierung von Verfahrenskritikern, zu der auch enttäuschte Mitglieder der ersten Jury zählten. Ihr Zusammenhalt wurde durch drei früh benannte Vorbehalte gestiftet: Sie hielten den Standort für ebenso fatal wie den als Sachzwang gehandelten Termindruck. Außerdem bemängelten sie die Kompetenzanmaßung fachfremder Auslober, die dem Vernehmen nach so energisch in die Jury hineinregierten, daß man sich über die Fragwürdigkeit der Prämierungen nicht zu wundern brauchte.

Die gespannte Toleranz, mit der diese Gruppe aus Juden und anderen Deutschen die Themen, über die sie sich leicht hätte zerstreiten können, intern handhabte, fand leider kein Echo bei der »Lenkungsgruppe« der Kolloquien. Im Gegenteil: Die Rigidität, mit der sie das Verfahren abwickeln ließ, schenkte emeritierten Ordinarien wie Christian Meier oder Reinhart Koselleck, international angesehenen Wissenschaftlern mithin, das verjüngende Gefühl, wie Schuljungen behandelt zu werden. Als Julius H. Schoeps, ein profilierter jüdischer

Teilnehmer, das zweite Kolloquium unter Protest verließ, das ihm immer mehr als Alibiveranstaltung vorkam, nötigte das den beiden Moderatoren nicht mal ein Schulterzucken ab. Dem Publikum, das auf diesen Skandal hinwies, verweigerten sie das Rederecht, wie sie zuvor den Kolloquiumsteilnehmern ungerührt eine Mitbestimmung über die Tagesordnung hatten abschlagen wollen. Bei der routinierten Arbeitsteilung der Rednerliste ließen sie sich allenfalls von einer tuschelnden Lea Rosh beeindrucken, deren Hintergrundregie rein sportlich auch von jenen bewundert wird, die sich vor dem gesamten Verfahren gruseln.

Für Kolloquiumsteilnehmer, die, bis auf die Fahrkarten, auf eigene Kosten hierher gekommen waren, war es nämlich durchaus kein Vergnügen, langatmige Statements anzuhören, die man ihnen zuvor hätte zuschicken können und deren Verlesung die verbleibende Diskussionszeit zur Farce machte.

So waren die Kolloquien kein Paradefeld der Demokratie; ein eiskaltes Klima wechselseitiger Unterstellungen vergiftete die Debatte vielmehr bis zur Schmerzgrenze. Allein die Anwesenheit der unbestechlichen Bundestagspräsidentin Rita Süssmuth verhinderte einen Eklat beim zweiten Kolloquium; das dritte Kolloquium wurde durch die Auskunft des Neulings James E. Young befriedet, daß Denkmalsplanungen immer von Streit gekennzeichnet seien, auch in Israel.

Ausgerechnet dieser Wellenglätter, den die Auslober nach seinem Auftritt flugs in die Findungskommission der zweiten Wettbewerbsrunde einbanden, besorgte anschließend die finale Demütigung der Verfahrenskritiker – ungewollt vielleicht, aber äußerst effektiv: In der FAZ vom 2. Januar 1998 legte Young den Rechenschaftsbericht eines Gesinnungswandels ab, der ihn vom sarkastischen Gegner eines solchen

Mahnmals zum Befürworter der Entwürfe von Weinmiller und Serra/Eisenman hatte reifen lassen.

Als Konvertit aus dem Kreis der Mahnmalsgegner suggerierte er dort, auch die Argumente jener Gruppe hinter sich gelassen zu haben, zu der er nie gehört hatte. Indem er beschrieb, wie er aus einer »luxuriösen« Distanz prinzipieller Vorbehalte zur Einsicht in die Notwendigkeit eines solchen Mahnmals gefunden hatte, diskreditierte er jene, die weiterhin auf konkreten Vorbehalten bestanden, die nicht die seinen waren und die er einfach unterschlug.

Raffiniert war auch die Regie der sechs Veranstaltungen, mit denen Senat und Förderkreis Anfang des Jahres die prämierten Entwürfe der zweiten Runde lancierten: Vier Vorstellungstermine und zwei Podiumsdiskussionen wurden so geschickt über drei Januar-Wochen verstreut, daß ein Auswärtiger sechsmal in Berlin hätte einfliegen müssen, wollte er seiner abweichenden Meinung Geltung verschaffen. Sollte dieses Vorgehen für Berlin typisch werden, könnte sich die einstige Insellage problemlos in die Dritte Republik hinüberretten lassen. Auch die Podiumsdiskussion am 26. Januar, mit der die Debatte abgeschlossen werden sollte, unterstützte den Eindruck einer geschickten Regie: Man bat zwei Kritiker, Eduard Beaucamp und Klaus Hartung, aufs Podium, die sich zuvor für jeweils einen der Entwürfe – Serra/Eisenman und Weinmiller – ausgesprochen hatten, sowie Bernhard Schulz, der im Berliner Tagesspiegel gleich alle vier Entwürfe abgesegnet hatte. Lea Rosh und der Berliner Kultursenator, deren Sympathie für die Entwürfe von Jochen Gerz und Daniel Libeskind schon vorher bekannt war, beschlossen die Runde.

Die vier prämierten Entwürfe nur von Fürsprechern diskutieren zu lassen, Kritiker des Verfahrens dagegen ebenso wie

Fürsprecher unprämierter Entwürfe in das Parkett eines viel zu kleinen Raumes zu verweisen, diese geschickte Promotion ließ wenig Vertrauen in die prämierten Entwürfe erkennen.

Zwei weitere Bekehrungen waren die Folge. Beaucamp hatte noch im November, trotz aller Sympathie für Serra/Eisenman, das entscheidende Argument gegen diesen Entwurf auf den Punkt gebracht: »Wie wird man den Mißbrauch dieses Säulendickichts, seine Beschmutzung und Schändung verhindern können? Wie kann man den Park, auch bei Nacht, schützen, ohne ihn abzusperren oder, eine furchtbare Konsequenz, wie ein Lager zu überwachen und auszuleuchten?« Nach Tisch las man dann den Aufruf »Baut Serra«, in dem er sein eigenes Argument samt früherer grundsätzlicher Vorbehalte ausblendete.

Walter Jens, lange ein Verbündeter des Förderkreises, hat die Seiten in anderer Richtung gewechselt: Mit der Autorität eines Teilnehmers der ersten Stunde plädiert er nun für eine erneute Öffnung des beinahe – auch mit seiner Hilfe – zu früh abgeschlossenen Verfahrens.

Nun mögen jene, die Kunst und Demokratie für unvereinbar halten, argumentieren, damit könne man nur eine weitere Runde des Zerredens durch Unberufene eröffnen wollen. Es trifft zwar zu, daß Fragen der Kunst nicht durch Mehrheitsentscheidungen entschieden werden können. Aber der einzig zulässige Schluß aus dem ästhetischen Dilemma der Demokratie ist, daß man an die sich für zuständig haltenden Minderheiten höchste Ansprüche stellen muß. Solchen Ansprüchen ist der vom Berliner Kultursenator sekundierte Förderkreis aber nie gerecht geworden, und damit hat er seine angemaßte Verfahrensautorität schon früh verspielt. Wenn dieser Befund in der Presse endlos wiederholt worden ist, dann nicht, um das

Thema zu zerreden, sondern nur, weil es so wenig bewirkte. Ein Vorschlag zur Güte.

Nötigt man den Politikern mit der Bitte zuviel Geduld ab, das große Thema nicht in falscher Eile zu verschenken, sondern noch ein wenig offenzuhalten? Oder haben sie die Größe, neben der Monumentalität der Entwürfe auch noch die Größe des Dilemmas zu erkennen und auszuhalten? Ein Vorschlag zur Güte: Man nehme das Jüdische Museum von Daniel Libeskind, das im nächsten Jahr eröffnet wird, als provisorisches Denkmal für die ermordeten Juden Europas. Es weist markante Gedenkzonen auf, sogenannte voids, sowie ein bestechendes, als memorial vorgesehenes Nebengebäude, in dem Libeskind souverän vorführt, mit wie wenig Platz ein künstlerisch durchdachtes Konzept des Gedenkens auskommt.

Es hat nur einen Nachteil: Ihm fehlt, was Berliner Respektlosigkeit die »Kranzabwurfstelle« genannt hat. Dieser Nachteil ist aber ein Vorteil: Hier lassen sich nämlich nicht die minutengenau eingeplanten Politikerrituale abwickeln, die sich im Kranzbindenzupfen für Fernsehkameras erschöpfen – hier muß man hineingehen, kann aber beim Gang durch die Sammlungen und die voids der Erfahrung näherkommen, die künstlerisch offenbar so schwer zu organisieren ist, dem Gedenken an eine vom Nationalsozialismus beinahe vollständig vernichtete mitteleuropäische Kultur.

Man nutze dieses von jeglicher Terminhysterie entlastete Provisorium, um die gravierenden Vorbehalte zusammen mit den konstruktiven Vorschlägen dort zu diskutieren, wo sie diskutiert werden müssen, im Parlament. Niemand kann wissen, was dabei herauskommen wird, womöglich ja nur die Definition eines neuen Findungsverfahrens. Würden dessen räumliche und ästhetische Voraussetzungen gründlich durchdacht, das Vorgehen ausschließlich von anerkannten Fachleuten bestimmt und die Kritik nicht ausmanövriert – es wäre das Erste.

Schnappt dagegen die Kanzlerfalle zu, wird nicht der Kanzler darin sitzen, sondern genau die politische Kultur, welche die Demokratie in Fragen der Kunst zu beweisen hat.

Süddeutsche Zeitung, 12.2.1998

Reinhart Koselleck

Die falsche Ungeduld

Wer darf vergessen werden?
Das Holocaust-Mahnmal hierarchisiert die Opfer

Es ist genug geredet worden, nun muß entschieden werden. So lautet die Parole, um das sogenannte Holocaust-Denkmal zu errichten. Es sei zu spät, jetzt könne nur noch gehandelt werden. Dieses plötzlich bemühte Argument, um die erneut anschwellende Kritik am geplanten Mahnmal aufzufangen, ist so gefährlich wie jede Halbwahrheit, die damit angeboten wird. Gewiß muß entschieden werden, aber nicht, weil genug geredet worden ist. Alle Argumente, die gegen das Mahnmal sprechen, so, wie es jetzt zustande zu kommen droht, sind längst formuliert worden. Sie haben nur den einen Nachteil, daß sie von den Auslobern ignoriert werden.

Die staatlich-privat gemischte Dreiergruppe der Stifter: also der Kanzler (Kohl), der Berliner Senat (Radunski) und der Förderkreis (Lea Rosh), weigerte sich früher, heute und, wie es nun aussieht, auch morgen, die Kritik an ihrer Planung auch nur zur Kenntnis zu nehmen. Alle Einwände sind vom Tisch gefegt worden. Das unsichtbare Leitungsgremium hat obsiegt. Am Ort, an der Finanzierung, am Zeitpunkt und am Thema der Gedenkstätte ist strikt festgehalten worden, als hätte es nie eine Anhörung gegeben. Kein Für und Wider wurde bedacht, öffentlich begründet und abgewogen. Jede Alternative, die die jetzige Konzeption als solche in Frage stellt, ist verschluckt worden. Als würden kritische Argumente dadurch falsch, daß man sie überhört. Das hat Folgelasten, die bedenkenswerter sind als alle gegenwärtige Kritik.

Erinnern wir uns. Die Kunst des Weghörens führte bereits zum Kunstwerk der Neuen Wache. Im stummen Einverständnis mit der SPD – weil Frau Kollwitz so eine brave Sozialistin war – entschied der Kanzler im Alleingang, daß eine aufgeplusterte Pietà der Kollwitz als nationales Mahnmal der beiden Weltkriege und des Nationalsozialismus aufgestellt wird. Nun steht sie da, aber die Rechnung ging nicht auf. Einklagen sollte das Denkmal, wie Käthe Kollwitz 1914 schrieb, den »Opfertod des jungen Kriegsfreiwilligen«, aber – wie sie sich 1939 revidierte – die Menschheit habe das Opfer ihres Sohnes nicht angenommen. Dies ist die von Käthe Kollwitz formulierte Botschaft ihrer Pietà , die der Bundeskanzler unserer Republik ansinnt. Unversehens ist er in die Rolle des Reichskunstwartes der Weimarer Republik geschlüpft. Dabei hat er sich übernommen. Als sei seine politische Legitimation ein Qualitätsausweis ästhetischer Urteilsbildung. Politisch, ästhetisch und ikonographisch bleibt die Pietà ein Denkmal zweiter Wahl. Das weit eindrucksvollere Denkmal der Kollwitz steht in Vladslo, wo die Eltern dem für immer verschwundenen Sohn nachsinnen

Die Pietà dagegen beklagt, wie die Inschrift uns heute belehrt, die Opfer von Krieg und Gewaltherrschaft – eine Replik auf die stalinistische Inschrift: den Opfern von Militarismus und Faschismus. Unbemerkt hat sich mit dieser Umwidmung das aktive, aber vergebliche Opfer des Kriegsfreiwilligen des Ersten Weltkrieges verwandelt in ein passives Opfer des Zweiten Weltkrieges, das nur noch erlitten worden sei. Fürwahr, eine säkulare Wandlung. Als wären alle gefallenen Deutschen des Zweiten Weltkrieges genauso passive Opfer des Nationalsozialismus wie jene Millionen schuldloser Menschen, die von uns umgebracht worden sind. Man bedenke: Den rund sechs Millionen hingemordeter Juden steht in etwa die gleiche Zahl an gefallenen Soldaten gegenüber. Aber nun werden sie allesamt als Opfer ein und derselben, der sogenannten Gewaltherrschaft rubriziert: gleicherweise die Täter – denn irgendwer muß wohl die Juden ermordet haben – wie die Opfer, die nur als passive Opfer begriffen werden können. Die Frage, wer hier wen – oder sich – für was geopfert hat oder wer hier warum für wen geopfert worden war, bleibt unbeantwortet. Die Frage wird gar nicht gestellt.

So zieht die erste die zweite Fehlentscheidung nach sich. Aber nicht nur die Inschrift der Neuen Wache, auch das Denkmal der Pietà selber hat Konsequenzen heraufbeschworen, die nicht mehr zurückgenommen werden können, solange sie steht. Denn die Pietà schließt sowohl die Juden aus wie die Frauen, die beiden größten Gruppen der unschuldig Umgebrachten und Umgekommenen des Zweiten Weltkrieges. Dies ist antijüdisch: Hinter der Trauer um den Leichnam Christi lauern jene seit dem späten Mittelalter bösartig visualisierten Juden, die den Gottessohn ermordet hätten. Und hinter der sichtbar überlebenden Mutter rufen Millionen vernichteter, ermordeter oder vergaster und verschwundener Frauen: Und wer gedenkt unser? Ein doppelter Mißgriff mit Folgen, die sich aus einer deshalb auch ästhetisch zweitrangigen Lösung zwingend ergeben. Der Denkfehler gebiert ästhetische Mißgestalten.

Prompt, und längst vor der Errichtung der Pietà, erhob sich ein Sturm der Entrüstung all derer, die sich nicht von einer Opfergemeinschaft mit den Tätern vereinnahmt sehen wollten:

der Juden, der Sinti und Roma, der Homosexuellen, der Überlebenden der Euthanasieaktion, der Behinderten einschließlich der Sterilisierten sowie derer, die als Asoziale in diese Gruppe hineindefiniert worden sind, der politischen Widerstandskämpfer aller Richtungen sowie der religiös Verfolgten oder der aus rassezoologischen Gründen Eliminierten. Sie beklagen insgesamt mehr als fünfzehn Millionen unschuldiger Menschen. Aber was zählen hier Zahlen?

Und Kohl gab nach. Er beschloß, nach 1992 nunmehr beschleunigt, ein Denkmal für die Opfer außerhalb der Neuen Wache zu errichten, um es genauer zu sagen, für die passiven Opfer – aber nur für die Juden. So generiert die eine Fehlentscheidung, die Pietà, die nächste. Mit der erzwungenen Konzession, auf seiten der Unschuldigen nur der Juden zu gedenken und nicht der Millionen anderer unschuldiger Ermordeter, türmen sich Folgen auf, die abzutragen der politische Anstand gebietet.

Drei Möglichkeiten stehen jetzt zur Verwirklichung bereit. Jede verweist zwingend auf die andere, und keine der Lösungen kann die anderen ignorieren oder gar ausschließen. Deshalb muß gefragt werden, welche Antwort der Herausforderung am ehesten gerecht wird, ein Mahnmal der NS-Täterschaft im Hinblick auf ihre Opfer zu konzipieren.

Die *erste* Möglichkeit ist jene, die Kohl heute zu favorisieren und die er Bubis versprochen zu haben scheint: ein Denkmal nur für die ermordeten Juden zu schaffen, unter striktem Ausschluß jeder anderen Opfergruppe, wie es Bubis und Lea Rosh mit unüberbietbarer Intoleranz immer wieder fordern. Damit stellt sich die Frage, ob nicht ein solches Denkmal, das nur der ermordeten Juden gedenken soll, ein Holocaust-Denkmal wird wie in anderen Ländern auch? Man kann das wollen.

Dann jedoch müssen die Juden institutionell in die Planung einbezogen werden, weil es darum geht, die jüdischen Trauerrituale und ihre spezifischen Erinnerungsformen angemessen zu berücksichtigen. Ein Holocaust-Denkmal ist nicht möglich ohne die verantwortliche Mitarbeit von Juden Deutschlands, Europas oder aus aller Welt, wohin sie sich vertrieben fanden. Die ironisch-skeptische Zurückhaltung exilierter oder entkommener Juden oder der Israelis gegenüber einem solchen »deutschen« Holocaust-Denkmal läßt freilich Zweifel aufkommen, wie eine solche Zusammenarbeit überhaupt möglich ist.

Das Leitungsgremium der Auslober entzog sich der Antwort mit Verstummen, als die Juden aus dem Expertenkolloquium im vergangenen Frühjahr solche Nachfragen stellten. Unwidersprochen verließen sie darufhin die Tagung. Das bezeugt zumindest, daß ein nur von Deutschen zu errichtendes Holocaust-Denkmal schwierig oder fragwürdig ist. Schließlich übt Herr Bubis tatsächlich – nicht legal – ein moralisches Vetorecht aus, das von den Deutschen ein nur jüdisches Holocaust-Denkmal einfordert. Das bleibt zweideutig. Nicht einmal die von den Deutschen als geisteskrank vergasten Juden will er als Holocaust-Opfer erinnert sehen. Hinter solchen Argumenten verbirgt sich eine Alternative, die noch nirgends offen zu Ende gedacht worden ist.

Entweder wir errichten mit den und für die Juden eine Erinnerungsstätte, die der ermordeten Juden gedenkt. Dann müssen wir räumlich, ikonographisch, zeitlich und finanziell die jüdischen Wünsche einlösen: ein Opfermal. Oder wir errichten ein Mahnmal beziehungsweise ein Schandmal, jedenfalls ein Denkmal, das primär an die Tat und die Täter erinnert, die die Juden erschlagen, erschossen, vergast, beseitigt und in Asche, Luft und Wasser aufgelöst haben. Also ein Täterdenkmal? Nur scheinbar sind diese beiden Projekte identisch. Errichten wir ein Mahnmal, das die unsäglichen Taten der Deutschen erinnert, dann können wir nicht haltmachen vor den Millionen Toten anderer Gruppen, die von uns als Tätern ebenso ermordet worden sind wie die Juden. Oder sollen wir als Erben der Täter eine Grenze ziehen zwischen den mit Gas Ermordeten, zum Beispiel in Sonnenstein, und jenen mit Gas Umgebrachten in Chelmno oder Sobibór? Die Vernichtungskategorien wurden von den Rasseideologen der SS entwickelt, sortiert und exekutiert – der Tod war der gleiche, so einmalig und so verschieden die Menschen auch waren, die unschuldig in diese Mordmaschine eingeschleust wurden.

Aus der Alternative: entweder ein Denkmal nur für die ermordeten Juden oder ein Denkmal, das an die Tat erinnert und die Täterschaft der Deutschen einklagt, ergibt sich eine Folgerung, die oft genannt, aber immer wieder beiseite geschoben worden ist. Aus einem Denkmal nur für die Juden allein folgt zwingend, daß wir für alle anderen Opfergruppen entsprechende Denkmäler errichten müssen. Dies ist die *zweite* Möglichkeit, die verwirklicht zu werden fordert. Jede Lösung unterhalb dieser Vielfalt von Denkmälern wäre verlogen. Doch bisher ist es nur bei Lippenbekenntnissen zur Toleranz geblieben. Für keine der anderen Opfergruppen gibt es eine staatliche Initiative oder private Pressure-groups, als seien ihre Toten Tote minderen Ranges, die eher der Vergessenheit anheimgegeben werden dürfen. Es ist die makabre Ironie dieser zweiten Lösung, daß wir uns weiterhin an die Häftlingskategorien der SS halten, die in den Konzentrationslagern alle so oder so definierten Gruppen gegeneinander ausspielte. Akzeptieren wir einmal das Denkmal nur für die Juden, dann erhebt sich daraus unentrinnbar jene oft zitierte Denkmalshierarchie, die je nach

Zahl der Ermordeten und je nach Einfluß der Überlebenden die nazistischen Tötungskategorien festschreibt und in unterschiedlichen Größenordnungen versteinert. Es stellt sich die Frage, ob wir als Nation der Täter diese Folgelasten gutheißen können.

Bereits jetzt zeigt sich, daß mit der Hierarchisierung auch quantifizierende Maßstäbe unabdingbar werden. Ästhetische Konsequenzen bleiben nicht aus. Der platzfüllende und dichtgedrängte Stelenwald von Serra und Eisenman sucht auf dem vorgegebenen Viereck ein Maximum an Masse zu visualisieren. Mit dieser metaphorischen Anstrengung bleibt das Projekt zurück hinter dem Vorbild von Treblinka. Dort finden sich, von Haupt und Duszenko geschaffen, 16 000 Grabsteine aus Granit. Sie haben nur menschliche Ausmaße, aber ihre gezielt verteilte, durch verschieden große Abstände geprägte Aufstellung verhindert, daß je ein einziger Blick alle Steine zugleich erfassen kann – die Grenzenlosigkeit der Trauer und die Uneinholbarkeit der 800 000 Toten apostrophierend. Daran gemessen ist das jetzt favorisierte Projekt zweitrangig. Wie bereits in der Neuen Wache vorgeführt, zeitigt die eine Fehlentscheidung die nächste: Sie entlarvt sich ästhetisch von selbst. Der Aufmarsch der betonierten und wie überlange Gardesoldaten ausgerichteten Stelen erschlägt jeden Betrachter. Trauer – sollte sie denn gesucht werden – wird erstickt. Stellen wir uns erst einmal der Herausforderung, für jede der von der SS kategorisierten Opfergruppen eigene Denkmäler zu errichten, so gibt es keinen zwingenden Grund, die als slawische Untermenschen ermordeten Menschen der Vergessenheit auszusetzen. Rein numerisch übersteigt deren Zahl bei weitem die der Juden und anderer Gruppen. Rund drei Millionen nichtjüdische Polen kamen gewaltsam um. Und vollends der Erinnerung entzogen blieben jene dreieinhalb Millionen Russen, die sich eingedenk, der guten Behandlung im Ersten Weltkrieg den Deutschen ergeben hatten. Die Wehrmacht ließ sie verhungern; die Überlebenden, vierzig Prozent der Gefangenen (von den Deutschen in russischer Gefangenschaft überlebten sechzig Prozent), wurden als Deserteure, als Vaterlandsverräter und als Augenzeugen des Kapitalismus auf seiner höchsten Stufe nach Sibirien transportiert. Und die Überlebenden der Überlebenden bleiben weiterhin tabuiert. Sollen auch wir sie vergessen?

Ferner kann nicht jene unmäßig hohe Zahl an Geiselerschießungen vergessen werden, die im Osten, Süden und Westen Europas, dort mehr, hier weniger, bis zur Vernichtung ganzer Ortschaften – samt Frauen und Kindern – ausgedehnt wurden. Weder moralisch noch politisch gibt es irgendeinen Grund, diese Millionen Toten, die demselben Terrorsystem zum Opfer gefallen sind wie die Juden, aus unserem Denkmal auszusparen. Daraus folgt die *dritte* Möglichkeit: daß wir nur ein einziges Denkmal errichten dürfen, ein Mal, das an alle Ermordeten und Beseitigten gemeinsam erinnert. Dann bleibt keiner der von uns ermordeten unschuldigen Menschen aus der mahnenden Erinnerung des Täter-Mals ausgeschlossen. Dies ist die wirkliche geschichtliche Folgelast, die wir als Deutsche auf uns zu nehmen haben.

Die Legitimation der Bundesrepublik Deutschland besteht darin, Menschenwürde und Menschenrechte zu wahren. Diese Verpflichtung folgt aus dem Terrorsystem der nationalsozialistischen Zeit. Und dafür müssen wir einstehen. Sühne zu leisten, finanziell, ist möglich, solange noch Überlebende darauf warten müssen. Vergebung zu finden, im religiösen Sinn, ist im säkularen Staat unmöglich. Aber die Erinnerung an die Verbrechen in unser Wissen und Verhalten einzubinden, dies bleibt eine Aufgabe unseres Gemeinwesens. Dazu gehört Mut. Deshalb steht der Bundestag, der sich bisher aus dem Denkmalsstreit herausgehalten hat, in der Pflicht. Ist die heftige, aber faire Debatte um die Verjährungsfrist der NS-Verbrechen schon so sehr vergessen, das die politische Konsequenz, ein den Verbrechen angemessenes Denkmal zu errichten, der souveränen Verfügung des Bundestags entglitten ist? Wenn sich die Legislative entschließt, die repräsentative Aufgabe an sich zu ziehen, eine zentrale Berliner Gedenkstätte für alle Getöteten und Ermordeten unseres ehemaligen Terrorsystems zu errichten, dann wird sich erweisen, daß alle Fragen nach dem rechten Ort, der rechten Zeit und nach den Finanzen lösbar und entscheidbar sind. Es kommt darauf an, die richtigen Fragen zu stellen. Für die richtigen Antworten ist es dann nicht zu spät.

DIE ZEIT, 19.3.1998

Eduard Beaucamp

Baut Eisenman!

Die Gegner des Berliner Holocaust-Denkmals und des seit langem favorisierten Modells von Eisenman/Serra dürfen noch nicht aufatmen. In der wechselvollen und vielfach irrationalen, aber auch spannenden Geburtsgeschichte dieses zentralen Monuments in der neuen Hauptstadt gibt es zum Glück keine Kehrtwendung und keinen Abbruch, nur einen bedauerlichen Zwischenfall. Der Bildhauer Richard Serra steigt aus dem Projekt aus. Warum? Haben ihn die ästhetisch wenig qualifizierten, inhaltlich oft kränkenden Debatten, das Herauszögern der Entscheidung, das Erfinden immer neuer Einwände und Behinderungen oder gar die Überarbeitungswünsche seitens der Auslober entmutigt? Am 22. Mai kam es in Berlin zur lange erwarteten Aussprache mit den Auslobern, darunter dem Bundeskanzler. Rührt daher die Verstimmung? Die Spekulationen schießen nach Serras einsilbiger Resignation ins Kraut. Die Gründe für seinen Rückzug scheinen aber banaler: Seit längerem zeichnete sich ein Konflikt zwischen beiden Partnern ab. Er erreichte für Serra einen Punkt, an dem die Zusammenarbeit mit Eisenman nicht mehr möglich und sinnvoll ist. Nun bleibt die Frage, welche Anteile am Gemeinschaftsprojekt des riesigen Stelenwaldes wem gehören. Die Idee geht auf das Konto des Architekten. Eisenman dachte zunächst an eine Rasterstruktur. Er zog den Bildhauer für die Modellierung des

Ganzen, die Differenzierung der Details hinzu. Serra schlug die Senkung des riesigen Geländes zu einer Mulde oder Schale vor. Die Stelen steigen von wenigen Zentimetern in den Außenbereichen bis zur Höhe von fünfeinhalb Metern zur Mitte auf und folgen zugleich dem Gefälle des Feldes in eine Tiefe von viereinhalb Metern. Serra sorgte für Sichtschneisen, für die sensible Irritation und Deregulierung des Säulenfeldes, die Kippung, Bewegung und Neigung der Stelen mit dem Gelände. Befürchtungen, wonach hier ein fast militärisches Aufmarschfeld der Totensteine geplant sei, waren verfehlt oder gezielte Polemik. Serra modifizierte ferner einige Vorstellungen Eisenmans: statt Natursteinen einheitlicher Gußbeton, statt des »verbrannten« Bodens aus Schamotte ein Granulat. Mit dem Rückzug will Serra, und das beruhigt, das Projekt keinesfalls gefährden und stürzen. Das Gespräch mit dem Kanzler und den Wettbewerbsauslobern soll konstruktiv und freundlich gewesen sein. Unzumutbare Einwände wurden nicht gemacht. Die Stelenhöhen werden nicht reduziert, das Gelände nicht kleiner gefaßt, und auch an eine idyllische Einfassung durch Bäume – die Künstler denken an eine ausdrucksvolle Mischbepflanzung des Rahmens durch Büsche, Sträucher und Bäume – ist nicht gedacht. Zusätze sind nur ein Streifen für die Autozufahrt im Außenbezirk sowie eine Zugangszone zum Denkmal von der Tiergartenseite. Mit der Dokumentierung der Lagernamen haben die Künstler keine Probleme: Sie würden sie am liebsten in Aufsicht in die niedrigen Stelenstümpfe in den Randbezirken des Mahnmals eingießen. Serras Ausstieg ist sehr bedauerlich. Doch wichtig ist, daß er keinerlei Urheberrechtsansprüche an seinen Anteil knüpft, mithin die Fortentwicklung des Projekts nicht blockiert. Seine Inspirationen werden bleiben. Kein Grund also zur Aufgabe des ergreifenden

Projekts, zu dem es keine vergleichbaren Alternativen gibt. Eisenman will weitermachen und nun mit einer Videosimulation das Heer der Zweifler überzeugen. Der Kanzler hat eine Entscheidung noch vor der parlamentarischen Sommerpause versprochen. Nun muß es heißen: Baut Eisenman!

Frankfurter Allgemeine Zeitung, 4.6.1998

Julius H. Schoeps

Niemand kann den Ermordeten ihre Würde zurückgeben

Im Streit über das Holocaust-Mahnmal geht so viel durcheinander, daß ein Innehalten keine Schande wäre

Am 25. August soll die definitive Entscheidung über die Errichtung des Holocaust-Mahnmals in Berlin fallen. Die Debatte im Vorfeld hat fast schon groteske Züge angenommen. Die einen wollen das Mahnmal partout nicht, jedenfalls so nicht, wie es vom Ausloberkreis geplant ist. Die anderen wollen es und sind bemüht, koste es, was es wolle, das Projekt durchzusetzen. Irritiert sind sie allenfalls etwas durch die Bemerkungen mancher Kritiker, die formal oder ästhetisch gegen das Vorhaben argumentieren.

Nicht irritiert zeigt sich der Kanzler unserer Republik, der unberührt von allen erhobenen Einwänden kürzlich erklärte, der Bau des Mahnmals sei dringend notwendig, eine weitere Aufschiebung könne sich die Bundesrepublik nicht leisten: »Was auf uns zukäme, wenn wir es nicht bauten, wäre ein schwerer Schaden für das Land.«

Besteht etwa die Gefahr, daß seitens des Auslandes in Deutschland nicht mehr investiert wird? Oder müssen unsere Automobilbauer mit Absatzeinbußen im Ausland rechnen? Eher wundert man sich im Ausland darüber, mit welcher Nachsicht Rechtsradikale und ihre Taten von der bundesdeutschen Politik behandelt werden.

Es spricht für die Bevölkerung eines Landes, wenn sie sich der Vergangenheit stellt. Zum Problem wird es freilich, wenn das Warum und Wozu, wie im Fall der Debatten um das Holocaust-Mahnmal in Berlin, diffus ist. Wer gedenkt wessen und zu welchem Zweck – das ist eine der Fragen, die von den Initiatoren des Mahnmals nicht zureichend beantwortet worden ist, vielleicht auch nicht beantwortet werden kann.

Den Opfern mit der Errichtung eines Mahnmals die Würde zurückzugeben, wie letztens Lea Rosh, die Initiatorin des Mahnmalprojekts, verlautbarte, läßt zwar guten Willen erkennen, ist aber schon deshalb ausgesprochen unglaubhaft, weil es ein Versprechen ist, das weder sie noch sonst jemand einlösen kann. Den Menschen, die in Auschwitz ermordet wurden, kann man ihre Würde nicht mehr zurückgeben. Das hätte man sich, um es zynisch zu formulieren, früher überlegen müssen. Jetzt ist es jedenfalls nicht mehr möglich.

Wenn Juden der Shoa gedenken, dann ist es zweifellos ein schmerzliches Gedenken, das sehr viel zu tun hat mit der Trauer um die ermordeten Eltern, Onkel, Tanten und Cousinen. Aber was ist es, wenn Nicht-Juden des Massenmordes an den Juden gedenken? Gedenken sie dann der Ermordeten oder geht es ihnen eher um die Taten ihrer Väter und Großväter, die an den Mordaktionen beteiligt waren? Ganz sicher sind sie nicht in gleichem Maße wie die Nachkommen der Ermordeten von Gefühlen der Trauer bestimmt, eher wohl von dem geheimen Wunsch, sich von den belastenden Schuldgefühlen zu befreien.

Sich mit Juden und Judentum zu identifizieren scheint nicht nur »in«, sondern vielen Nichtjuden heute geradezu auch ein

Bedürfnis zu sein. Man trifft sich in Restaurants und Caféhäusern, die Oren, Bath oder Arche Noah heißen, ißt dort Falafel bei halbtrockenem Carmel-Wein und erzählt sich Witze, die man für jüdisch, jiddisch oder sonstwas hält. Man ist begeistert von Klezmer-Musik und den Liedern des Ghettos, die als Inbegriff jüdischer Kultur bejubelt werden. Die Juden in Deutschland, die eigentlich nur Wert darauf legen, so leben zu können wie alle anderen, stehen dem Ansturm von Sympathie und Umarmung verständnislos gegenüber.

In den Vereinigten Staaten hat man neben dem inzwischen berühmten Washingtoner Holocaust-Museum eine Reihe weiterer Einrichtungen und Mahnmale erbaut, die sich mit der Shoa beschäftigen oder an sie erinnern. Juden, zumeist Einzelpersonen, aber auch Gemeinden und Organisationen, waren es, die hinter der Errichtung dieser Museen und Mahnmale standen. Sie gaben das Geld, machten sich aber auch Gedanken über die formale und ästhetische Gestaltung, die in der Regel bei den meisten Gedenkprojekten hervorragend gelöst wurde.

Dabei ging und geht es nicht um irgendwelche symbolischen Beschwichtigungsakte, sondern in erster Linie darum, für die amerikanisch-jüdische Bevölkerung eine Identität jenseits religiöser Überzeugungen zu definieren. Das Holocaust-Mahnmal in Boston, das konzipiert wurde als eine der Stationen auf dem *freedom trail*, ist ein glänzendes Beispiel dafür, wie man das Gedenken an die Shoa einbinden kann in ein beeindruckendes Bekenntnis zu Demokratie und Freiheit in unserer Zeit.

In der Debatte in Berlin war und ist von solchen Ansätzen leider nur wenig zu spüren. Anstatt zu sagen, das Mahnmal sollte aller Opfer des Nationalsozialismus gedenken, also unter anderem auch der Roma und Sinti, der Homosexuellen und der politisch Andersgesinnten, wird die Gruppe der Juden besonders herausgehoben. Das geschieht sicherlich unbeabsichtigt, aber es hat zur Folge, daß die Juden stigmatisiert, gewissermaßen zu geborenen Opfern gemacht werden. Ein Blick in die Konzeption der Gedenkstätte Yad Vashem in Israel hätte deutlich gemacht, daß genau das der falsche Weg ist. In Yad Vashem gedenkt man der Opfer, aber auch der zahlreichen unbesungenen Helden, Nicht-Juden in der Regel, die häufig unter Lebensgefahr Juden geholfen oder gerettet haben.

Die Auseinandersetzung um das Berliner Mahnmal ist in einer Art Grabenkampf erstarrt. In der gegenwärtig verfahrenen Situation sollte man eigentlich nicht eine sofortige Entscheidung in der Angelegenheit des Mahnmals herbeiführen. Die Debatte sollte erst einmal abkühlen. Einigen sollten sich alle Beteiligten, daß die Mahnmal-Debatte künftig öffentlich geführt und Entscheidungen nicht mehr hinter verschlossenen Türen getroffen werden. Es ist absurd, daß ein »nationales« Holocaust-Mahnmal allein durch einen privaten Auslober-Kreis, den Senat von Berlin und durch das Bundesinnenministerium beschlossen werden kann. Das gibt dem Projekt, was seine Bedeutung angeht, nicht die erforderliche Legitimation. Der Senat von Berlin wäre gut beraten, wenn er am 25. August dafür votierte, das Verfahren, wie es von verschiedenen Seiten gefordert wird, an den Deutschen Bundestag abzugeben.

Die gegenwärtige Gemengelage wird leider noch durch einen Vorschlag kompliziert, der zwar nicht neu ist, aber kürzlich mediengerecht plaziert wurde. Demnach soll auch in Deutschland nach dem Vorbild Washingtons ein Holocaust-Museum errichtet werden. Es erstaunt dabei schon gar nicht mehr, daß wieder einmal Lea Rosh mit von der Partie ist, die sich durch ihre Aktivitäten inzwischen den Ruf einer Jeanne d'Arc der deutschen Gedenkszene erworben hat. Der missionarische Eifer, den sie und ihre Gefolgsleute bei der Durchsetzung des Vorschlages an den Tag legen, erzeugt Unbehagen – ähnlich wie bei dem Projekt des geplanten Holocaust-Denkmals. Der nächste Streit ist abzusehen.

Berliner Zeitung, 12.8.1998

Heinrich August Winkler
Lesarten der Sühne

Man schrieb den 18. Dezember 1989. Im Internationalen Congress Centrum zu Berlin hielt die SPD ihren Bundesparteitag ab. Der Ehrenvorsitzende Willy Brandt, der an diesem Tag 76 Jahre alt wurde, warnte in einer großen Rede die Sozialdemokraten vor einer irrigen, gleichwohl unter den Genossen verbreiteten Meinung. Nirgendwo stehe geschrieben, sagte er, daß die Deutschen auf einem Abstellgleis zu verharren hätten, »bis irgendwann ein gesamteuropäischer Zug den Bahnhof erreicht hat«. Und dann folgte ein Satz, der bei manchen schütteren Beifall auslöste, anderen aber den Atem stocken ließ: »Noch so große Schuld einer Nation kann nicht durch eine zeitlos verordnete Spaltung getilgt werden.«

Angesprochen war, neben anderen, Günter Grass. Der Autor der »Blechtrommel« ließ seit dem Herbst 1989 kaum einen öffentlichen Auftritt versteichen, ohne der Wiedervereinigung Deutschlands unter Hinweis auf den Holocaust entgegenzutreten. »Wer gegenwärtig über Deutschland nachdenkt und Antworten auf die deutsche Frage sucht, muß Auschwitz mitdenken«, erklärte er im Januar 1990 vor der Evangelischen Akademie Tutzing. »Der Ort des Schreckens, als Beispiel genannt für das bleibende Trauma, schließt einen zukünftigen deutschen Einheitsstaat aus.«

Die deutsche Teilung oder, nach 1989, der Verzicht auf

einen deutschen Nationalstaat als Sühneopfer für Auschwitz: So dachte ein großer Teil der intellektuellen Linken in der alten Bundesrepublik. Streng historisch betrachtet, hatte die Entstehung von zwei deutschen Staaten mit der Vernichtung der europäischen Juden zwar nichts zu tun. Deutschland wurde geteilt, weil sich die vier Alliierten über seine Zukunft nicht hatten verständigen können. Und wenn die Siegermächte kein neues Deutsches Reich mehr erstehen sehen wollten, lag das nicht an Hitlers »Endlösung der Judenfrage«, sondern an der Rolle, die Deutschland bei der Auslösung des Ersten und der Entfesselung des Zweiten Weltkrieges gespielt hatte. Aber einem erheblichen Teil der deutschen Linken ging es nicht um historische Kausalitäten, sondern um die Bewältigung einer nationalen Schuld. Das ungeheuerlichste Verbrechen der deutschen Geschichte als Sinngebung der deutschen Spaltung: Wer vor 1990 so argumentierte, hoffte insgeheim wohl wirklich auf das, was Brandt für unmöglich erklärte – die Tilgung deutscher Schuld durch die Teilung der deutschen Nation.

Im März 1919, wenige Monate nach der deutschen Niederlage im Ersten Weltkrieg, zitierte Walther Rathenau in seiner Schrift »Der Kaiser« eine Äußerung, die er im August 1914 einem vertrauten Freund gegenüber getan haben wollte: »Nie wird der Augenblick kommen, wo der Kaiser, als Sieger der Welt, mit seinen Paladinen auf weißen Rossen durchs Brandenburger Tor zieht. An diesem Tag hätte die Weltgeschichte ihren Sinn verloren.«

Was 1918 für den Kaiser galt, ließ sich 1945 mit noch sehr viel größerem Recht vom »Führer« sagen. Aber erst nach dem Inkrafttreten des Grundlagenvertrages zwischen der Bundesrepublik und der DDR im Jahre 1973 begann sich bei liberalen und linken Intellektuellen die Meinung durchzusetzen, die deutsche Teilung sei eine Strafe für deutsche Schuld und darum hinzunehmen. Das Brandenburger Tor mußte folglich für alle Zukunft Symbol des gespaltenen Deutschland bleiben, weil sonst die Weltgeschichte ihren Sinn verloren hätte. Damit war der »antifaschistische Schutzwall« zu etwas geworden, woran seine Erbauer nie gedacht hatten: Die Berliner Mauer diente als jenes »riesige, unübersehbare Monument zum Gedenken an die über fünf Millionen ermordeten Juden«, dessen Errichtung Lea Rosh dann im November 1988 im sozialdemokratischen »Vorwärts« forderte.

Daß der Holocaust durch die nachträgliche Umwidmung der Mauer banalisiert wurde: der Gedanke scheint den Anhängern dieser Sühne-Lesart nie gekommen zu sein. Auschwitz hatte sich längst in das negative Symbol einer neuen, »postnationalen« westdeutschen Identität verwandelt: Das größte nationalsozialistische Vernichtungslager galt als der Inbegriff einer spätestens seit der Bismarckschen Reichsgründung von 1871 verfehlten Nationalgeschichte, es wurde als Argument nicht nur gegen einen neuen deutschen Nationalstaat, sondern auch gegen die Idee einer deutschen Nation benutzt. Die Deutschen, so lautete die unausgesprochene und dennoch tröstliche Botschaft, konnten von dem Fluch erlöst werden, der auf ihrer katastrophalen, auf Auschwitz zulaufenden Geschichte lastete. Sie mußten aufhören, sich als eine Nation zu fühlen, und sich statt dessen bemühen, gute Europäer und Weltbürger zu sein. Daß nur die Westdeutschen, nicht aber die Ostdeutschen diese Chance hatten, störte die altbundesdeutsche Linke nicht. Die These, die Teilung sei die Strafe für Auschwitz, war zu ihrer Lebenslüge geworden – zum Gegenstück der konservativen, von Konrad Adenauer vorformulierten Lebenslüge, wonach die Wiedervereinigung das vordringlichste Ziel der bundesdeutschen Politik war.

Beim Historikerstreit von 1986, der durch Ernst Nolte ausgelösten Kontroverse um die Einzigartigkeit der nationalsozialistischen Judenvernichtung und um den nationalsozialistischen Rassenmord als vermeintliche Notwehr gegen den Klassenmord der Bolschewiki, bildete sich eine postume Adenauersche Linke heraus, die von der Öffentlichkeit fast unbemerkt, eine dramatische Kehrtwende vollzog. Die Bundesrepublik galt nun nicht mehr, wie zur Hoch-Zeit der Außerparlamentarischen Opposition von 1968, als zeitgemäße Neuauflage des Faschismus, sondern als Glücksfall der deutschen Geschichte. Die Westbindung, von der Linken im weitesten Sinn, von Kurt Schumacher über Gustav Heinemann bis zu Martin Niemöller, einst erbittert bekämpft, wurde jetzt nicht nur als Tatsache akzeptiert, sondern als kulturelle Errungenschaft der Linken gewürdigt.

Im nachhinein fragt sich freilich, ob wir liberalen und linken Kombattanten des Historikerstreits es uns nicht etwas zu leicht gemacht haben. Der notwendige Widerspruch gegen Noltes apologetische Absicht führte zur Aufstellung neuer Verbotstafeln. Fortan waren Fragen verpönt, die die historische Forschung hätten voranbringen können. Da war die Rolle der Bürgerkriegsangst beim Aufstieg des italienischen Faschismus und des deutschen Nationalsozialismus. Wer sich damit oder mit dem kommunistischen Beitrag zum Triumph der extremen Rechten befaßte, mußte hören, er argumentiere wie Nolte. Wer von »totalitärer Herrschaft« sprach, um das spezifisch Neue bestimmter Diktaturen des 20. Jahrhunderts herauszuarbeiten, provozierte den alten Vorwurf, er setze »rot« und »braun« gleich. Wer kommunistische Verbrechen untersuchte, geriet fast automatisch in den Verdacht, »rechts« zu sein und Auschwitz relativieren zu wollen.

Nun ist Deutschland aber seit 1990 wieder ein Nationalstaat, wenn auch kein klassischer, souveräner Nationalstaat nach Art des Deutschen Reiches, sondern ein europäisch und atlantisch fest eingebundener, mithin postklassischer Nationalstaat wie andere Mitgliedstaaten der EU auch. Die westdeutschen Intellektuellen indes, die fest davon überzeugt waren, daß sie die Sache mit der Nation endgültig hinter sich hätten, haben sich von diesem Schock bis heute nicht erholt. Fast könnte man meinen, an die Stelle des alliierten Vorbehalts in bezug auf Deutschland als Ganzes, der bis zum 3. Oktober 1990 galt, sei seitdem der entsprechende intellektuelle Vorbehalt getreten.

Wäre es nicht doch an der Zeit, von dem einen oder anderen ein erläuterndes Wort zu hören – etwa zu jener These von der »Binationalisierung« Deutschlands, die in den siebziger Jahren Karriere zu machen begann, oder zu der Behauptung, nicht der Nationalstaat, sondern die Mehrstaatlichkeit sei von jeher die angemessene politische Existenzform der Deutschen gewesen? Und ist aus dem Abstand von zwölf Jahren nicht doch das Eingeständnis möglich, daß es neben der plump nationalkonservativen Entsorgung der Vergangenheit à la Nolte auch sublimere Entsorgungsversuche gegeben hat – die eigenen?

Das Jahr 1998, das Jahr der 150. Wiederkehr der Revolution von 1848 und des 100. Todestages von Bismarck, hätte Anlässe genug geboten, sich mit der These auseinanderzusetzen, es führe ein direkter Weg von der Reichsgründung zum Holocaust – einer These, die Joschka Fischer dieser Tage in dem Verdikt gebündelt hat, die deutsche Geschichte der vergangenen 150 Jahre sei nicht weise, »sondern extrem brutal, blutig und zerstörerisch« verlaufen. Doch in den zahllosen Revolutionsfeierstunden war so gut wie nie davon die Rede, daß die Mehrheit der deutschen Nationalversammlung in der Frankfurter Paulskirche bis in das Jahr 1849 hinein ein Großdeutschland unter Einschluß nicht nur des deutschsprachigen Österreich, sondern auch von Triest, Böhmen und Mähren anstrebte – ein Reich, das, wenn überhaupt, nur durch einen großen europäischen Krieg hätte durchgesetzt werden können.

Bismarcks »kleindeutsche« Lösung der deutschen Frage wirkt also vergleichsweise bescheiden. Und bei aller Kritik an seiner Innenpolitik und den verfassungspolitischen Defiziten des Kaiserreichs: Die Reichsgründung von 1871 war, was Marx und Engels sogleich anerkannten, ein historischer Fortschritt. Die Deutschen überwanden die partikularstaatliche Zersplitterung. Sie trennten sich zunächst einmal von großdeutschen Illusionen und mittelalterlichen Reichsträumen. Sie fanden Anschluß an die westeuropäische Normalität des Nationalstaats. Der Weg von Bismarck zu Hitler verlief alles andere als geradlinig und keineswegs so, wie Joschka Fischer es darstellt.

Fischer ist nicht der einzige deutsche Politiker, der mit der deutschen Nationsbildung im 19. Jahrhundert noch immer hadert. Oskar Lafontaine, den Willy Brandt in seiner Philippika vom Dezember 1989 vor allem im Visier hatte, entdeckte bald nach 1990 die »Nation Europa«. Er berief sich dabei auf seinen verstorbenen Parteifreund Carlo Schmid, übersah aber, daß dieser, ohne dessen gewahr zu sein, den Begriff einer obskuren Quelle entnommen hatte: »Nation Europa« war vier Jahrzehnte lang der Titel einer rechtsradikalen, von einem früheren SS-Experten für Bandenbekämpfung redigierten Zeitschrift, die sich 1990 in »Nation und Europa« umbenannte. Mit der »Nation Europa« wird es wohl nichts werden, und der »Staatenverbund«, der die Europäische Union dem Maastricht-Urteil des Bundesverfassungsgerichts von 1993 zufolge ist, tut gut daran, ein Wort des Historikers Hermann Heimpel zu beherzigen: »Daß es Nationen gibt, ist historisch das Europäische an Europa.«

»Nation« muß und darf freilich nicht so definiert werden, wie das seit Jahrhunderten in Deutschland üblich ist: als Sprach- und Abstammungsgemeinschaft. Die westliche, auf Ernest Renan zurückgehende Auffassung, wonach die Nation ein »plébiscite de tous les jours« ist, also eine Willens- und Abstimmungsgemeinschaft, ist zwar nirgendwo in Reinkultur verwirklicht, bildet aber ein wirksames staatsbürgerliches Korrektiv zum ethnischen, um nicht zu sagen: völkischen Verständnis von Nation, das es keineswegs nur in Deutschland gibt, das indes nirgendwo so mörderische Konsequenzen gehabt hat wie hier.

Die Wiedervereinigung bedeutete nicht das Ende der Versuche, den Holocaust für politische Zwecke zu instrumentalisieren. 1995 argumentierten die Sozialdemokraten so, wie fundamentalistische Bündnisgrüne es noch heute tun. Der Holocaust wurde als Grund dafür ins Feld geführt, daß Deutschland sich angesichts neuer Verbrechen gegen die Menschlichkeit grundsätzlich anders zu verhalten habe als die anderen westlichen Demokratien, also an den international vereinbarten Militäreinsätzen in Bosnien sich nicht beteiligen dürfe. Auschwitz als Argument, das in letzter Konsequenz auf die Hinnahme neuer Völkermorde hinausläuft: wahrhaftig ein pathologischer Lernprozeß.

Der laufende Streit um das französische »Schwarzbuch des Kommunismus« bestätigt den Befund. Auf einer Veranstaltung der »Volksuni« in Berlin nannte der Historiker Wolfgang Wippermann das Buch einen Versuch, Auschwitz zu relativieren und »die Linke überhaupt zu delegitimieren«. Der Antifaschismus als einigendes Band der Linken, Auschwitz als Parteiabzeichen: Von der sittlichen Entrüstung zum blanken Zynismus, von der Zerknirschung zur Anmaßung ist es mitunter nur ein Schritt. Da mögen Stalin oder Mao noch so schreckliche Menschheitsverbrechen begangen haben, die Aufarbeitung dieser Untaten fällt für manche deutschen Linken nicht nur unter ein Vergleichs-, sondern auch unter ein Wahrnehmungs- und Benennungsverbot.

Wippermanns Credo »Wir sollten an der Holocaustfixierung festhalten« habe einen religiös anmutenden Unterton, hat Stefan Reinecke kürzlich in der »taz« bemerkt: »Du sollst kein Jahrhundertverbrechen neben mir haben.« Das ist scharf beobachtet und ebenso zutreffend wie Reineckes Folgerung: »So rückt die Vernichtung der Juden in die Nähe einer negativen Sinnstiftung.« Der Sinn liegt offenbar darin, daß die Deutschen auserwählt wurden, das absolut Böse zu tun, und darum berechtigt, ja verpflichtet sind, ihren Negativrekord gegenüber unerwünschter Konkurrenz zu behaupten.

Eine solche »Holocaustfixierung« ist von negativem Nationalismus kaum mehr zu unterscheiden und nicht minder pseudoreligiös als »echter« Nationalismus. Daß aus der Sakralisierung des Holocaust die Ideologie einer neuen deutschen Sendung wird, ist aber eher unwahrscheinlich. Nach den Erfahrungen mit zwei Diktaturen ist der Bedarf an politischer Religion in Deutschland stark zurückgegangen. Auch Linke sollten wissen: Deutsche Sonderwege mitsamt dem dazugehörigen Sonderbewußtsein sind den Deutschen in der Vergangenheit meist nicht gut bekommen.

Der Spiegel, 24.8.98

Johannes Willms
Monumentale Heuchelei

Seien wir einmal ehrlich: Auch viele Befürworter des zentralen Holocaust-Mahnmals mit Standort Berlin waren von Anfang an immer nur mit halbem Herzen bei der Sache. Die Ursache der Heuchelei liegt in den mannigfachen deutschen Befangenheiten, in Scham und Verdrängung, denen niemand entrinnen kann. Viele werden deshalb, so darf man getrost vermuten, klammheimliche Erleichterung darob verspüren, daß die Entscheidung über den Bau des Berliner Holocaust-Mahnmals erneut verschoben wurde. In der Sache ist dieser Beschluß richtig und begrüßenswert. Zu beklagen sind jedoch die Umstände und die zu vermutenden Motive, die dafür den Ausschlag gaben.
Seit rund zehn Jahren wird über das Für und Wider des Mahnmals gestritten. Das Niveau der Auseinandersetzung war streckenweise beachtlich hoch und damit dem Gegenstand auch angemessen. Die Vertagung der Entscheidung markiert jedoch einen jähen Absturz von dieser Höhe in Niederungen taktischer Überlegungen, die in vielerlei Hinsicht aufschlußreich sind. Dies gilt zum einen für das moralische Bewußtsein der unmittelbar politisch verantwortlich Handelnden, den Regierenden Bürgermeister von Berlin, Eberhard Diepgen, und den amtierenden Bundeskanzler Helmut Kohl.

Diepgen, der erst in letzter Zeit verschiedentlich verlauten ließ, daß er das geplante Mahnmal ablehne – wobei er es stets im Ungefähren ließ, ob er damit den vorgesehenen Standort unweit des Brandenburger Tors, den Entwurf als solchen, dessen Dimensionen oder die Idee überhaupt meinte – gab damit ungewollt preis, was ihn eigentlich umtreibt: Seine Haltung läßt sich mit der eines Dorfbürgermeisters vergleichen, der den Slogan »Unser Dorf soll schöner werden« als oberstes Gesetz seines Handelns verinnerlicht hat. Solcher Absicht muß ein Mahnmal aber diametral entgegenstehen, das erklärtermaßen etwas auszustellen sucht, das man normalerweise nur zu gerne verbirgt: Scham ob ungeheurer Verbrechen, die nicht irgendwo, in einem anderen Land, in einer anderen Stadt, sondern eben in der deutschen Hauptstadt Berlin geplant und angeordnet wurden.

Bei Bundeskanzler Kohl – der verschiedentlich zu einem positiven Machtwort in Sachen Mahnmal gedrängt wurde und der seinerseits auch durchblicken ließ, daß er gewillt sei, es in diesem August zu sprechen – lassen sich die Beweggründe, jetzt einer Vertagung der Entscheidung zuzustimmen, ganz leicht erklären: Am Wahltag, dem 27. September, zählt jede Stimme, und damit eben auch jene von Wählern am rechten Rand, die durch ein positives Kanzlervotum für das Holocaust-Mahnmal abgeschreckt werden und sich für eine andere, womöglich gar rechtsextreme Partei entscheiden könnten.

Der jetzt gefaßte Beschluß, die Entscheidung zu verschieben, macht außerdem deutlich, daß die bisherige Mahnmal-Diskussion mit qualitativ höchst unterschiedlichen Prämissen geführt wurde. Es sieht nur vordergründig so aus, als sei die Mahnmal-Diskussion von großer Höhe ganz plötzlich gleichsam spiralenartig in taktisch-politische Niederungen abgestürzt. Richtig ist, daß von allem Anfang an Erhabenes und höchst Widriges miteinander vermischt waren.

Der erste Anstoß zu diesem Mahnmal ging, wie erinnerlich, von einem privaten Förderverein aus, den die Journalistin Lea Rosh gegründet hat und dem sie seither vorsitzt. Wirkliche Dynamik erhielt ihr Anliegen aber erst durch das Engagement des Kanzlers. Der setzte sich mit seinem heftig befehdeten Projekt einer nationalen Mahn- und Gedenkstätte in Schinkels »Neuer Wache« durch, in der unterschiedslos allen Opfern von Krieg und Gewaltherrschaft gedacht werden soll. Um den lebhaften Protest, der sich daran entzündete, daß hier an tote Täter wie deren Opfer unterschiedslos erinnert werden soll, zu dämpfen, versprach Kohl, sich für das Holocaust-Mahnmal einzusetzen.

Derlei nennt man treffenderweise einen Kuhhandel. Wie sich jetzt zeigt, war dieser Einfall alles andere als ein Segen für das gesamte Projekt. Es geriet damit auf eine Bahn, deren Verlauf von mancherlei Interessen und Rücksichten bestimmt wurde, die weniger mit der in Rede stehenden Sache als mit dem Prestige der unmittelbar Beteiligten zusammenhingen. Bezeichnend dafür war beispielsweise, daß viele intellektuelle Befürworter des Denkmals sofort ins Lager seiner Gegner überliefen, als der Kanzler das Mahnmal zur Chefsache erklärt hatte.

Was nun? Auch wenn das Mahnmal nicht errichtet werden sollte, wie viele jetzt glauben, so war dennoch der Streit darum nicht müßig. Er machte deutlich, daß die Deutschen das schrecklichste Kapitel ihrer Geschichte nicht abschließen können. Wie soll dies symbolisch gelingen, wenn selbst auf materieller Ebene, will sagen, der Entschädigung oder der Vermögensrückgabe auch nach mehr als fünfzig Jahren die Schuld erst durch hartnäckige Recherchen und massiven Druck einer interessierten Öffentlichkeit eingestanden wird.

Die Scham, für die ein Holocaust-Mahnmal einstehen soll,

wäre vor diesem Hintergrund nur eine monumentale Heuchelei. Insofern bedeutet die Verschiebung der Entscheidung lediglich eine Zäsur, aber nicht das Ende der so dringlichen Diskussion.

Süddeutsche Zeitung, 26. 8. 1998

Anhang

Ausschreibungstext des ersten Wettbewerbs

Anlaß und Ziel

Die sogenannte Endlösung vernichtete Millionen jüdischer Menschenleben. Berichte aus dem Inferno, die uns die wenigen Überlebenden geben, sind für jene, die nicht mit der Vernichtungsmaschinerie in Berührung kamen, außerhalb aller Vorstellungsmöglichkeit. Seelische Qualen und Zerstörungen, körperliche Vernichtung der Millionen, die nicht berichten konnten, können niemals von Lebenden mitgefühlt, mitgelitten oder auch nur annähernd erfaßt werden.

Ihr Weg war der einsamste, nur begleitet von Leidensgenossen.

Worte wie Mitleid, Anteilnahme, Mitgefühl versagen angesichts der Beispiellosigkeit des Leids; die Dimension sprachlicher Ausdrucksmöglichkeiten ist gesprengt.

In diesem Terror wurde die jüdische Gesamtbevölkerung der Welt um ein Drittel dezimiert. Bei Kriegsende hatte sich ihre Verteilung über die Kontinente einschneidend verändert. Lebte vor der Zeit des Nationalsozialismus der Großteil in Europa, so lebte danach nahezu die Hälfte aller Juden in den Vereinigten Staaten.

Dieses Verbrechen ist die schwerste Last Deutschlands, auch heute, ein halbes Jahrhundert später.

Berlin war die Hauptstadt, das Zentrum der Nazi-Herrschaft; hier auch wurde sie von den Alliierten besiegt.

In seinem Bunker, hinter der Reichskanzlei an der Voßstraße, diktierte Adolf Hitler am 29. April 1945 sein politisches Testament, in dem er sich zu seinen Taten bekannte und u.a. formulierte, daß er niemanden im Unklaren gelassen habe, daß in diesem Krieg nicht nur

Millionen erwachsener Männer den Tod erleiden und nicht nur Hunderttausende Frauen und Kinder in den Städten bombardiert und verbrannt werden dürften, ohne daß, wie er sich äußerte, »der eigentlich Schuldige« – so bezeichnete er die Juden – »seine Schuld zu büßen hat«, und er ergänzte zynisch: »wenn auch durch humanere Mittel«.

Nur wenige Meter von Hitlers Amtssitz entfernt, wo die Worte formuliert wurden, die zu den Taten führten, die das Schicksal aller jüdischen Bürger Europas durch Leid, Exil und Tod unumkehrbar veränderten, wird das zentrale deutsche Denkmal für die ermordeten Juden Europas in den ehemaligen »Ministergärten« errichtet werden.

Auch die Nachkriegsgeschichte Deutschlands zeichnete dieses Areal: Bis zur Wiedervereinigung trennte dort der Todesstreifen – zwischen der »Staatsgrenze der DDR« und einer zweiten Mauer »gegen den inneren Feind« – die beiden Stadthälften Berlins.

Dieser Standort symbolisiert deshalb in besonderer Weise das Gedenken der Millionen ermordeten Juden als Verpflichtung aller Deutschen.

Noch kann nur die Kenntnis der Geschichte diesen Bereich der ehemaligen »Ministergärten« entschlüsseln.

Um endlich sichtbar zu machen, was nahezu fünfzig Jahre keine öffentliche Forderung war, arbeitet seit Jahren der »Förderkreis zur Errichtung eines Denkmals für die ermordeten Juden Europas e. V.«. Der »Förderkreis zur Errichtung eines Denkmals für die ermordeten Juden Europas e. V.« ging aus der Bürgerinitiative »Perspektive Berlin« hervor. Die »Perspektive Berlin« brachte 1988 erstmalig den Plan für ein solches Denkmal an die Öffentlichkeit, sammelte Zehntausende von Unterschriften und Geld.

Die Bundesrepublik Deutschland und das Land Berlin haben sich die Zielsetzung des Förderkreises zu eigen gemacht. Die Bundesrepublik Deutschland, vertreten durch das Bundesministerium des Inneren, das Land Berlin, vertreten durch die Senatsverwaltung für Bau- und Wohnungswesen und der »Förderkreis zur Errichtung eines Denkmals für die ermordeten Juden e. V.« sind gemeinsam Auslober dieses künstlerischen Wettbewerbs; damit wird deutlich:

Es ist das Deutschland von heute, das sich in Gänze der Verpflichtung stellt,

- der Wahrheit nicht auszuweichen, sie nicht dem Vergessen preiszugeben
- die jüdischen Ermordeten Europas zu ehren
- ihrer in Trauer und Scham zu gedenken
- die Last deutscher Geschichte anzunehmen
- ein Zeichen zu setzen für ein neues Kapitel menschlichen Zusammenlebens, in dem kein Unrecht an Minderheiten möglich sein darf.

Wettbewerbsverfahren

Auslober und Bauherr sind
– Die Bundesrepublik Deutschland,
vertreten durch das Bundesministerium des Inneren
– der »Förderkreis zur Errichtung eines Denkmals für die ermordeten Juden e. V.«
– das Land Berlin, vertreten durch die Senatsverwaltung für Bau- und Wohnungswesen in Abstimmung mit der Senatsverwaltung für Kulturelle Angelegenheiten und der Senatsverwaltung für Stadtentwicklung und Umweltschutz.
[...]

Die Ausschreibung erfolgt als anonymer künstlerischer Wettbewerb. Zwölf international namhafte Künstler werden zugeladen.

Am Beginn des Wettbewerbs steht ein öffentliches Kolloquium mit dem Preisgericht und den Wettbewerbsteilnehmern.

[...]

Teilnahmeberechtigt sind bildende Künstlerinnen und Künstler sowie Künstler verwandter Sparten. Die Kooperation mit Schriftstellern, Historikern, Architekten, Stadt- und Landschaftsplanern und anderen ist zugelassen; aufgrund der Bedeutung und Schwierigkeit der Aufgabe wird sie empfohlen.

Teilnehmer und Teilnehmergruppen, die in der Bundersrepublik Deutschland seit mindestens 6 Monaten wohnen und/oder arbeiten, sind berechtigt, sich an dem Wettbewerb zu beteiligen.

Folgende zwölf Künstler werden zusätzlich eingeladen. Die Nennung der Namen erfolgte auf Vorschlag einer Findungskommission; sie bestand aus den Herren

- Dr. Hugo Borger, Köln
- Dr. Eberhard Roters, Berlin
- Dr. Peter Raue, Berlin

Die Künstler sind:

- Magdalena Abakanovicz (Warschau)
- Christian Boltanski (Malakoff)
- Rebecca Horn (Berlin)
- Magdalena Jetelova (Bergheim-Erft)
- Dani Karavan (Paris)
- Fritz Koenig (München)
- Jannis Kounellis (Rom)
- Gerhard Merz (Köln)
- Karl Prantl (Wien)
- David Rabinovitch (New York)

– Richard Serra (New York)
– Günther Uecker (Düsseldorf)

[Das Preisgericht besteht aus:]

Harry Szeemann
Ausstellungs-Autor, Tegna/Schweiz

Ansgar Nierhoff
Bildhauer, Köln

Michael Schoenholtz
Bildhauer, Berlin

Arie Rahamirnoff
Architekt und Stadtplaner, Jerusalem

Dr. Salomon Korn
Architekt, Frankfurt

Dr. Walter Jens
Präsident der Akademie der Künste
in Berlin-Brandenburg

Dr. Eberhard Jäckel
Historisches Seminar, Stuttgart

Dr. Horst Möller
Historiker, München

Frank Schirrmacher
Journalist, FAZ, Frankfurt/M.

Lea Rosh
Direktorin des Landesfunkhauses
des NDR, Hannover/Berlin

Dr. Stefanie Endlich
Kunstpublizistin, Berlin

Dr. Oscar Schneider
MdB, Bundesminister a. D., Bonn

Dr. Hanna-Renate Laurien
Präsidentin des Abgerordnetenhauses, Berlin

Ulrich Roloff-Momin
Senator für Kulturelle Angelegenheiten,
Berlin

Wolfgang Nagel
Senator für Bau- und Wohnungswesen,
Berlin

Dr. Thomas Deecke
Direktor Neues Museum Weserburg, Bremen

Jo Jastram
Bildender Künstler, Kneesedorf

Dr. Herbert Otto Hajek
Bildender Künstler, Stuttgart

Stefan Scholz
Architekt, Berlin

Holger Wallat
Architekt, Köln

Dr. Wolfgang Benz
Zentrum für Antisemitismusforschung,
Berlin

Dr. Eberhard Kolb
Historisches Seminar, Köln

Dr. Gregor Schöllgen
Historiker, Erlangen

Dr. Hermann Rudolph
Der Tagesspiegel, Berlin

Dr. Margherita von Brentano
Philosophin, Berlin

Josephin Jahnke
Kunsthistorikerin, Berlin

Freimut Duve
MdB, Bonn

Dr. Hans Jochen Vogel
MdB, Bonn

Dr. Winfried Sühlo
Staatssekretär beim Senator für Kulturelle
Angelegenheiten, Berlin

Dr. Hans Stimmann
Senatsbaudirektor, Berlin

Die eingereichten Arbeiten werden vorgeprüft und den Preisrichtern von der Vorprüfung vorgestellt. Die Beurteilung der Arbeiten bleibt dem Preisgericht vorbehalten.

Die zwölf eingeladenen Künstler erhalten ein Bearbeitungshonorar von je 50 000 DM, sofern eine den Ausschreibungsbedingungen entsprechende Arbeit eingereicht wird ... Für Bearbeitungshonorare bzw. Preise stehen insgesamt 900 000 DM (incl. MwSt.) zur Verfügung. Es werden 6–18 Preise à 50 000 DM (incl. MwSt.) vergeben. Das Preisgericht bestimmt dabei die Rangfolge. Das Bearbeitungshonorar wird mit der Preissumme verrechnet. Die Preissumme wird auf das Künstlerhonorar bei der Ausführung angerechnet ...
[...]

Die Wettbewerbsausschreibung kann ab 18. April bis 6. Mai 1994 kostenlos ... abgeholt oder angefordert werden.

Am 11. Mai 1994 findet ein öffentliches Kolloquium statt. Es dient der Einführung in die Thematik, schließt eine Ortsbesichtigung ein, ermöglicht den Teilnehmern Rückfragen, da der Ausschreibungstext schon 4 Wochen zuvor angefordert werden kann, es dient der Ausgabe der Planungsunterlagen, wenn mittels Einzahlungsquittung nachgewiesen werden kann, daß die Schutzgebühr entrichtet wurde.

Bis zum 27. Mai 1994 können Ausschreibung und Planunterlagen ... angefordert werden.

Ort des Kolloquiums: Abgeordnetenhaus von Berlin, Festsaal, Berlin-Mitte

[...]

Situation und Planungsvorgaben

Dieses Ereignis war insofern einzigartig, als sich etwas Derartiges vorher niemals ereignet hatte. Erstmals beschloß ein Staat, eine Gruppe von Menschen, die er als Juden kennzeichnete, ohne Rücksicht darauf, ob sie Juden waren oder sich als solche verstanden, einschließlich der Alten, der Frauen, der Kinder und Säuglinge restlos zu töten, und setzte diesen Beschluß mit staatlichen Maßnahmen und Machtmitteln in die Tat um, indem er die Angehörigen dieser Gruppe nicht nur tötete, wo immer er sie ergreifen konnte, sondern in vielen Fällen, zumeist über große Entfernungen hinweg, in eigens zum Zweck der Tötung geschaffene Einrichtungen verbrachte.

In den Jahrhunderten davor waren die Juden, und zwar nur die Glaubensjuden, von ihren Feinden immer nur in ihrer näheren Umgebung verfolgt und getötet und aus deren Ländern vertrieben worden. So verfuhren auch die Nationalsozialisten von 1933 bis 1941, allerdings mit einer anderen (angeblich rassischen) Definition. Doch dann gingen sie darüber hinaus. Nach dem Einmarsch in die Sowjetunion am 22. Juni 1941 begannen sie, die dort lebenden Juden zu erschießen. Im Oktober 1941 begannen sie, die in Deutschland lebenden Juden in die besetzten polnischen und sowjetischen Ostgebiete zu deportieren. Im Dezember 1941 begannen sie, die polnischen Juden systematisch zu töten. Im März 1942 begannen sie, auch die übrigen europäischen Juden, soweit sie sie ergreifen konnten, in inzwischen errichtete Vernichtungslager zu deportieren.

Die Länder, aus denen Juden deportiert und ermordet wurden, waren außer dem damaligen Großdeutschen Reich (etwa in der Reihenfolge des Beginns der Deportationen und nach den Vorkriegsbezeichnungen): Luxemburg, die Slowakei, Frankreich, die Niederlande, Belgien, Norwegen, Jugoslawien, Albanien, Griechenland, Dänemark, Italien und Ungarn. Bulgarien und Rumänien lieferten Juden aus den von ihnen im Krieg erworbenen Gebieten aus. Die Juden in Polen und der Sowjetunion wurden zumeist an oder bei ihren Wohnorten getötet.

Die meisten Juden wurden nicht in Deutschland und nicht in Konzentrationslagern ermordet, sondern (außer in der Sowjetunion, wo die meisten im Freien erschossen wurden) in eigens zum Zweck der Tötung errichteten und mit Giftgas betriebenen Vernichtungslagern, die sämtlich auf polnischem Territorium lagen. Die ausschließlichen Vernichtungslager waren Chemno, Belzec, Sobibór und Treblinka. Massentötungen wurden ferner in den Konzentrationslagern Auschwitz und Lublin-Majdanek verübt.

Die Zahl der ermordeten Juden wird nach gründlichen Berechnungen von der Forschung auf zwischen 5,29 und knapp über sechs Millionen geschätzt. Das entspricht etwa einem Drittel der gesamten damaligen jüdischen Weltbevölkerung. Davon kamen etwa 165 000 deutsche Juden, das entspricht etwa drei Prozent der Gesamtzahl. Das heißt, daß etwa 97 Prozent aller ermordeten Juden nichtdeutsche waren, und das verdeutlicht noch einmal die Einzigartigkeit.

Dr. Eberhard Jäckel

Das Grundstück liegt in den ehemaligen »Ministergärten«, damit am westlichen Rand der historischen Stadtmitte, im Bezirk Mitte von Berlin.

Im Norden grenzt es an die jetzt noch provisorische, später vierspurig ausgebaute Verlängerung der Behrenstraße. Die Behrenstraße wird auf ihrer nördlichen Seite mit einer hohen Gedäudekante – 22 m Gesimshöhe und einem oberen Dachabschluß bei maximal 30 m – geschlossen. Vermutlich wird der Zugang zur Amerikanischen Botschaft auch von der Behrenstraße her erfolgen.

Im Süden wird der Standort des Denkmals auf der Höhe der Französischen Straße von einer großzügigen Sichtführung im Sinne einer »Mittelachse« begleitet werden; sie wird als Option für eine Verkehrsstraße offen gehalten. Beidseitig einer Fahrbahn sind großzügige Promenaden für Fußgänger vorgesehen.

Westlich endet das Grundstück an der baumbestandenen Ebertstraße, die dem Tiergartenrand folgt.

Die östliche Grenze des Grundstücks wird durch die neue nord-südlich verlaufende Erschließungsstraße fixiert. Den räumlichen Abschluß bildet hier – auf der Höhe des Wettbewerbsgrundstücks – einer der geplanten 20 m hohen Baukörper, die als Riegel den Gebäuden der Wilhelmstraße vorgelagert sind.

Für den Wettbewerb steht eine Fläche von bis zu 20 000 qm zur Verfügung.

Das Grundstück wird der Bundesrepublik Deutschland zugeordnet werden. Die Bundesrepublik stellt das Grundstück für die Errichtung des Denkmals für die ermordeten Juden Europas zur Verfügung. Die Entscheidung, in wessen Eigentum das Grundstück später übergehen soll, wird nach Abschluß des Wettbewerbsverfahrens getroffen.

Das Grundstück wird z. Zt. und zukünftig mindestens von zwei Straßen erschlossen, der Ebertstraße und der verlängerten Behrenstraße. Die Art des Ausbaus der Französischen Straße ist noch nicht endgültig fixiert, das kann bedeuten, daß das Grundstück auch auf der Südseite an Verkehr angebunden sein wird. Die geplante nord-südlich geführte Erschließungsstraße wird das Wettbewerbsgrundstück auf der Ostseite erschließen.

Fußläufig wird das Grundstück

- aus der historischen inneren Stadt über die Verlängerung der Französischen Straße,
- vom Pariser Platz über die Wilhelm-/Behrenstraße,
- vom Brandenburger Tor, vom Potsdamer Platz und aus dem Tiergarten über die Ebertstraße erreicht.

Mit Bussen anreisende Besucher können diese am Standort des Denkmals verlassen und besteigen. Der Bus parkt an einem von der Stadt ausgewiesenen Ort (z. B. an der Straße des 17. Juni).

Mit öffentlichem Personennahverkehr ist das Grundstück vom S-Bahnhof Unter den Linden (ca. 5 Gehminuten) und von den S- und U-Bahnhöfen Potsdamer Platz (ca. 7 Gehminuten) sowie dem U-Bahnhof Mohrenstraße (ca. 7 Gehminuten) zu erreichen. Im Bereich des Potsdamer Platzes ist eine Erweiterung des unterirdischen Bahnhofes mit Haltepunkt der Regionalbahn vorgesehen.

[...]

Das Wettbewerbsgrundstück ist eben. Gärten, Schutt, Trümmer, »Mauer« sind zerstört, abgetragen und planiert. Das Grundstück ist zur Zeit im wesentlichen vegetationslos; es ist unversiegelt ...

Mit der Planung für die ehemaligen »Ministergärten« wird eine großzügige stadträumliche Situation geschaffen, in der das Denkmal im Übergangsbereich zwischen innerer Stadt und Großem Tiergarten einen angemessenen und würdigen Ort findet.

Die Gestaltung dieses Bereichs, der so lange dem Leben der Stadt entzogen war, soll mit dem Gewicht der Aufgabe diesen Ort in das Leben der Stadt zurückführen und weit über sie hinaus wirken.

Wettbewerbsaufgabe

Das Gelände für das geplante Denkmal – zwischen Brandenburger Tor und Potsdamer Platz – steht für Extreme der vergangenen 60 Jahre deutscher Geschichte.

Seine Nähe zur Reichskanzlei, dem Amtssitz Hitlers, verweist auf die Täter, aber auch auf ihre Unterwerfung und Entwaffnung. Schließlich markiert dieser Ort nahezu 40 Jahre der Trennung zwischen den beiden Deutschland.

Nahe den eingeebneten Trümmern dieser Ereignisse soll das Denkmal für die ermordeten Juden Europas entstehen.

Heutige künstlerische Kraft soll die Hinwendung in Trauer, Erschütterung und Achtung symbiotisch verbinden mit der Besinnung in Scham und Schuld. Erkenntnis soll erwachsen können, auch für künftiges Leben in Frieden, Freiheit, Gleichheit und Toleranz.

Das Thema und das Ziel dieses Wettbewerbs sind damit beschrieben. Die künstlerische Aufgabenstellung bleibt offen, dabei ist die Möglichkeit der Verbindung von Skulptur mit gebautem Raum gegeben.

Die Kunst soll ihre Form der Auseinandersetzung selbst bestimmen.

Es wird nicht der Versuch unternommen, das Resultat vorab zu definieren. Den Auslobern ist bewußt, daß die Offenheit schwierig und keine Garantie für ein gutes Ergebnis ist. Sie wird aber für notwendig erachtet, um die Chance zu bewahren, Substantielles, Eigenständiges und Nachhaltiges zu erreichen.

[...]

Ausschreibungstext des zweiten Wettbewerbs (»Engeres Auswahlverfahren«)

Vorbemerkung

Die Neufassung der Entwurfsaufgabe des Denkmals für die ermordeten Juden Europas ist das Ergebnis der öffentlichen Diskussion seit dem Wettbewerb von 1994/1995 und der drei Colloquien, die im Januar, Februar und im April 1997 vom Senator für Wissenschaft, Forschung und Kultur abgehalten wurden. Auftraggeber dieser neuen Bearbeitung sind die drei Auftraggeber des damaligen Wettbewerbs, die Bundesregierung Deutschland, vertreten durch das Bundesministerium des Inneren, das Land Berlin, vertreten durch den Senator für Wissenschaft, Forschung und Kultur, und der »Förderkreis zur Errichtung eines Denkmals für die ermordeten Juden Europas e. V.«.

Im folgenden werden den Entwerfern, die um neue Vorschläge gebeten werden, Folgerungen aus der Diskussion seit 1995 und den Colloquien vorgelegt.

Der Sinn und die Aufgaben des Denkmals

Die Denkmäler jedes Landes verkörpern die Erfahrungen dieser Nation, die Selbst-Idealisierung, die politischen Notwendigkeiten und die ästhetischen Traditionen. Aus diesem Grund unterscheiden sich die Formen, die Denkmäler in Amerika, in Polen, Israel oder Holland bekommen haben, so merklich voneinander – und werden sich auch von deutschen Denkmälern unterscheiden. Deutschlands nationales Denkmal für die ermordeten Juden Europas wird notwendigerweise Deutschlands eigene gegenwärtige Erinnerung an den Holocaust definieren, eine komplexe und schwierige Erinnerung.

Die Bezeichnung »Denkmal für die ermordeten Juden Europas« macht deutlich, daß das Denkmal dem Gedenken Millionen europäischer Juden gewidmet ist, die unter dem Nazi-Regime der systematischen Verfolgung, Entwürdigung und planmäßigen Ermordung zum Opfer fielen – etwa 3 % davon aus Deutschland, 97 % aus 17 anderen Ländern Europas. In der Hauptstadt des Landes der Täter soll mit dem Denkmal der Menschen gedacht werden und der mit ihnen vernichteten Kultur. Der vielfach gebrauchte Ausdruck »Holocaust-Denkmal« ist ungenau, weil der Begriff Holocaust für den nationalsozialistischen Völkermord insgesamt steht, also den Genozid aus Rassismus an den Juden und auch an den Sinti und Roma; jeder Angehörige dieser Gruppen sollte allein wegen seiner Abstammung ermordet werden. Neben dem Holocaust verübten die Nationalsozialisten ungezählte weitere Verbrechen an politischen, religiösen und behinderten Opfern, an sozial Verfemten und sowjetischen Kriegsgefangenen, an Homosexuellen und an vielen Angehörigen der slawischen Völker.

Der Massenmord an den Juden ist jedoch ein Verbrechen sui generis. Er steht nicht nur für die Vernichtung von annähernd 6 Millionen Juden, darunter 1,5 Millionen Kinder; er riß auch eine 1000-jährige Kultur aus dem Herzen Europas. Jede Auffassung dieses Verbrechens, die es auf den Horror der Zerstörung allein reduziert, verkennt den ernormen Verlust und die Leere, die es hinterließ. Die Tragödie des Massenmords an den Juden ist nicht nur, daß Menschen auf so schreckliche Weise umkamen (viele Millionen anderer Menschen kamen ebenfalls auf schreckliche Weise ums Leben), sondern daß so viel unwiederbringlich verlorenging. Ein angemessener Denkmalentwurf wird die zurückgebliebene Leere berücksichtigen und sich nicht nur auf das Gedenken an Terror und Zerstörung beschränken. An das, was verlorenging, muß ebenso erinnert werden wie daran, wie es verlorenging.

Das Deutschland von heute gedenkt mit dem Denkmal der Opfer, der Taten und des ungeheuren, unwiederbringlichen Verlustes, der bleibenden Leere, die sie auf dem Kontinent hinterlassen haben.

Die Einzigartigkeit des Mordes an den Juden Europas ist der Grund für ein gesondertes Denkmal. Dem Verbrechen an anderen Opfergruppen, ihrem Leiden und Sterben wird mit diesem Denkmal kein nachgeordneter Rang zugewiesen. Auch den Sinti und Roma als Opfern des Völkermordes wird ein zentrales Denkmal errichtet werden. Die Diskussion um die Frage, ob das Gedenken an andere Opfergruppen die Form einer Vielzahl separater zentraler Denkmale in der Hauptstadt annehmen sollte oder ob es in der Neuen Wache seinen angemessenen Ort hat, ist schon eröffnet.

Es ist wichtig, das Denkmal nicht mit zu vielen Aufgaben zu belasten, die eine überzeugende Entwurfslösung eher behindern würden. Das Denkmal kann und soll zum Beispiel nicht die Aufgabe einer Gedenkstätte wahrnehmen, sondern soll die vorhandenen Gedenkstätten an historischen Orten der NS-Verbrechen ergänzen und ihnen zusätzliche öffentliche Aufmerksamkeit verschaffen. Gegenüber der Informations- und Dokumentationsaufgabe einer Gedenkstätte richten sich das Denkmal und der Ort der Erinnnerung an die kontemplative und emotionale Empfänglichkeit des Besuchers. Der Sinn des Denkmals wird durch einen klaren Widmungstext unterstrichen werden. Dieser muß von den Auftraggebern mit Hilfe von Experten formuliert werden.

Gestalterische Fragen

Die Gestalt des Denkmals sollte eine Antwort auf die Konzeption sein und zugleich die Frage beantworten, welche Fassung das Areal als ein zukünftiger neuer Platz im Stadtgefüge Berlins erhalten soll. Angesichts der gestalterischen Fragen, die die Ergebnisse des Wettbewerbs von 1995 aufgeworfen haben, ist festzuhalten, daß Größe keine absolute Setzung ist, sondern viel entscheidender die Frage nach der Maßstäblichkeit innerhalb der städtischen Struktur bleibt. Das heißt nicht, daß das Denkmal sich unauffällig machen oder auf störende, ja verstörende Elemente verzichten müßte, wenn diese Teil einer überzeugenden künstlerischen Konzeption sind. Es ist Aufgabe des Künstlers bzw. Architekten, Vorschläge zur Differenzierung der Standortfläche zu machen.

Der Standort ehemalige Ministergärten

Der gegenwärtige Brachland-Charakter des Standorts (Größe 20 000 qm, d.h. anderthalbfache Größe des Pariser Platzes) ist die Folge der jahrzehntelangen Lage an der Ostseite der Mauer, die Berlin und die Welt teilte. Die Mauer folgte in diesem Abschnitt dem Verlauf der Zollmauer, die im 18. Jahrhundert die Residenzstadt umschloß.

Das Gebiet ist künftig zu verstehen als ein wichtiges Gelenk zwischen der Innenstadt und dem Tiergarten, dem zentralen öffentlichen Parkraum Berlins, als ein öffentlicher Ort im Herzen der deutschen Hauptstadt. Diese Rolle des Standortes der Stadt ist neu, sie war historisch wegen der Abgeschlossenheit der Ministergärten nicht vorhanden. Zwischen dem Brandenburger Tor und dem Potsdamer Tor hatte die ehemalige Residenzstadt keine Verbindung nach Westen. Die nördlich des Leipziger Platzes später eingefügte Voßstraße war nur bedingt ein Zugang zum Tiergarten. Erst heute kann der Raum zwischen Behrenstraße und möglicherweise verlängerter Französischer Straße auch als künftiger neuer großer Zugang aus der Innenstadt zum Tiergarten angesehen werden. Wegen der Dominanz des motorisierten Autoverkehrs am Brandenburger Tor wie am Potsdamer Tor wäre ein neuer gesamtstädtischer Zugang zum Tiergarten zwischen den Toren eine Antwort auf die gewandelten räumlichen und funktionalen Anforderungen der Stadtmitte.

Der Standort kann, zusammen mit dem südlich anschließenden Freigelände bis zu den Gebäuden der Vertretungen der Bundesländer, als eine Anlagerung, ein neuer Vorort des Tiergartens verstanden werden. Diese sollte außerhalb des Parks, östlich der Ebertstraße, eine plausible Entsprechung und Steigerung zu den Grünräumen und Baum-Architekturen um das Goethe-Denkmal am Ostrand des Tiergartens bilden. Damit kann unter den Bedingungen der neuen stadträumlichen Situation zwischen Brandenburger und Potsdamer Tor ein überzeugendes Äquivalent für die ehemaligen Ministergärten geschaffen werden, eine neue Verbindung zwischen Innenstadt und Park.

Aus dieser zukünftig anderen stadträumlichen Situation des Standortes an der Nahtstelle zwischen Tiergarten und Stadt sind auch Gesichtspunkte für die Lokalisierung und Ausdehnung des Denkmals, für seine Ausrichtung, für die Nebeneinrichtungen (Parkplätze für Autos und Busse) u. a. abzuleiten. Bei der äußeren und inneren Erschließung (Lage von Eingang und Ausgang usw.) sind auch die durch die Verkehrsführung gegebenen Voraussetzungen zu berücksichtigen. So ist z. B. die besonders stark belastete Einmündung der Behrenstraße in die Ebertstraße als Zugang ungeeignet, ebenso wie die Einmündung der evtl. verlängerten Französischen Straße. Das Denkmal würde dann in einer stadträumlich bedeutenden Position stehen, die die Anlage eines neuen Stadtplatzes in Nachbarschaft zum Pariser Platz motivieren würde.

Mit seiner Funktion eines neuen und zentralen, jedoch allgemein zugänglichen und unbebauten Vorraumes zwischen Innenstadt und Tiergarten bringt der Standort das Denkmal in Kontakt mit Allen, die diesen Durchgangsraum benutzen werden. Die Bewegungsströme sollten eher in den Raum des Denkmal-Standortes hineingezogen als an den Rand oder auf die umgebenden, stark befahrenen Straßen abgedrängt werden. Das Areal ist groß genug, um sowohl durch geeignete Abschirmung einen Ort der Ruhe zu erzeugen als auch durch geeignete Öffnung die notwendige »Einladung« auszusprechen.

Mit dem Denkmal wird das Netz historisch, politisch und kulturell bedeutsamer Orte um den Tiergarten um einen eigenständigen, gewichtigen öffentlichen Ort ergänzt. Die Verbindungslinien zwischen diesen Orten führen in den Park hinein und durch den Park hindurch:

– Das Schloß Bellevue, Sitz des Bundespräsidenten, ist über die Diagonale der Bellevue-Allee durch den Tiergarten hindurch mit dem Potsdamer Platz und dem Kulturforum verbunden.

– Das Kanzleramt, die Gedenkstätte Deutscher Widerstand in der Stauffenbergstraße und die Westseite der Staatlichen Museen verbindet die Große Querallee.

– Das Sowjetische Ehrenmal steht durch die Trasse der ehemaligen preußischen »Siegesallee« in Verbindung mit dem Kemperplatz am Kulturforum.

– Das Kulturforum (Philharmonie, Matthäikirche, Staatliche Museen) soll entsprechend seiner ursprünglichen Planung über eine Verlängerung der Matthäikirchstraße in den Tiergarten hinein angebunden werden.

– Die Kongreßhalle/Haus der Kulturen der Welt wird mit dem Kanzleramt und dem Bundestag über die Südallee des »Bandes des Bundes« verbunden sein. Von Süden öffnet sich zum Haus der Kulturen der Welt eine tiefe Lichtung des Tiergartens.

Am Tiergarten und östlich des Denkmal-Standortes versammeln

sich auch die Botschaften vieler europäischer Länder: Dänemark, Estland, Finnland, Frankreich, Griechenland, Großbritannien, Island, Italien, Norwegen, Österreich, Polen, Rußland, Spanien, Schweden, Schweiz, Tschechien, Ungarn. Aus den meisten dieser Länder kamen die Opfer des Mordes an den europäischen Juden. Das Denkmal gilt ihren von Deutschen planmäßig ermordeten jüdischen Bürgern. Damit ist der Standort auch zu betrachten im Hinblick auf die »europäische« Topographie, die es in der deutschen Hauptstadt am Tiergartenrand und in östlich anschließenden Bereichen geben wird.

Der Standort ist jedoch in dem historisch entwickelten topographischen Zusammenhang mit diesem nahegelegenen staatlich-politischen Bezirk um das Reichstagsgebäude und dem Brandenburger Tor zu sehen. Neue Elemente werden unter den gewandelten Bedingungen der künftigen Stadtentwicklung die Zentralität des Ortes weiter verstärken, so vor allem die Südbebauung des Pariser Platzes mit der US-Botschaft und der Akademie der Künste und die Vertretungen der Bundesländer im südlichen Anschluß.

An seiner Ostseite wird das Areal durch eine neue Erschließungsstraße von einer 20 m hohen geschlossenen Wohnbebauung getrennt sein, die dort errichtet werden soll.

Rahmenbedingungen

Auftraggeber des engeren Auswahlverfahrens sind
– die Bundesrepublik Deutschland, vertreten durch das Bundesministerium des Inneren,
– der »Förderkreis zur Errichtung eines Denkmals für die ermordeten Juden Europas e. V.« und
– das Land Berlin, vertreten durch die Senatsverwaltung für Wissenschaft, Forschung und Kultur als geschäftsführender Auftraggeber in

Abstimmung mit der Senatsverwaltung für Bauen, Wohnen und Verkehr sowie mit der Senatsverwaltung für Stadtentwicklung, Umweltschutz und Technologie.

Es handelt sich um ein nicht anonymes Auswahlverfahren, zu dem folgende Künstlerinnen und Künstler eingeladen werden:

Christian Boltanski	Malakoff (F)
Eduardo Chillida	San Sebastian (E)
Peter Eisenman	New York City
Jochen Gerz	Paris
Zvi Hecker	Tel Aviv/Berlin
Hans Hollein	Wien
Rebecca Horn	Berlin
Dani Karavan	Paris
Daniel Libeskind	Berlin
Markus Lüpertz	Düsseldorf
Gerhard Merz	Berlin
David Rabinowitch	New York
Ulrich Rückriem	Köln
James Turrell	Flagstaff, Arizona
Gesine Weinmiller	Berlin
Rachel Whiteread	London

Ebenfalls eingeladen werden die folgenden Teilnehmer, deren Arbeiten bei dem 1995 abgeschlossenen künstlerischen Wettbewerb zum Denkmal für die ermordeten Juden Europas mit Preisen ausgezeichnet wurden:

1. Preis	Simon Ungers	Köln/New York
1. Preis	Christine Jackob-Marks, Hella Rolfes, Hans Scheib, Reinhard Stangl	Berlin
3. Preis	Fritz Koenig,	

	Christoph Hackelsberger	Ganslberg/Landshut
4. Preis	Arno Dietsche, Anna Simon-Dietsche	Berlin/Todtnau
5. Preis	Josée Dionne	Berlin/Montreal
6. Preis	Georg Seibert	Berlin
7. Preis	Jörg Esefeld, Heinz Nagler, Rolf Storz, H.-J. Wöhrle	Schiltach/Stuttgart
8. Preis	Klaus Madlowski, Mathias Gladisch	Berlin
9. Preis	Rudolf Herz, Reinhard Matz	Köln

Den eingeladenen Künstlern wird die Kooperation mit einem Architekten empfohlen.

Die Teilnehmer wurden durch eine von den Auftraggebern eingesetzte Kommission benannt.

Diese Kommission besteht aus folgenden Personen:

Prof. Dr. Werner Hofmann	Hamburg
Prof. Josef Paul Kleihues	Berlin
Prof. Dr. Dieter Ronte	Bonn
Prof. Dr. Christoph Stölzl	Berlin
Prof. Dr. James E. Young (korrespondierendes Mitglied)	Amherst, Mass., USA

Die Teilnehmer, Mitglieder der Kommission, Berater, Gäste und die weiteren Verfahrensbeteiligten erklären sich durch ihre Beteiligung oder Mitwirkung an diesem Verfahren mit den Rahmenbedingungen einverstanden.

Die Beurteilung der eingereichten Arbeiten erfolgt zunächst durch ein Gremium, dem die Mitglieder der Findungskommission sowie folgende Personen angehören:

N. N. (Vertreter des Senats von Berlin)

N. N. (Vertreter der Bundesregierung)

N. N. (Vertreter des Förderkreises zur Errichtung eines Denkmals für die ermordeten Juden Europas e. V.)

Ignatz Bubis Vorsitzender des Zentralrats der Juden in Deutschland

Zu einzelnen Sachfragen werden Berater hinzugezogen, darunter Herr Walter Hötzel (Architekt und Kostensachverständiger), die Vertreter aus den Fachabteilungen der zuständigen Senatsverwaltungen und andere Experten.

Die Sichtung der Arbeiten zur Vorbereitung der Entscheidungsfindung wird durch Dipl. Ing. Arch. Florian von Buttlar, N. N. und Dipl. Ing. Arch. Jörg Zander durchgeführt.

Honorar und Bausumme

Jeder Teilnehmer erhält ein Pauschalhonorar in Höhe von 10 000 DM (incl. MwSt.), sofern er eine diese Rahmenbedingungen entsprechende Arbeit einreicht. Anfallende Reisekosten werden auf Nachweis erstattet (siehe Formblatt).

Für die Ausführung des Denkmals steht eine Summe von maximal 15 Mio DM (incl. MwSt.) zur Verfügung. In dieser Summe sind das Künstlerhonorar, die Herstellungskosten und die Kosten der Außenanlagen enthalten.

Eigentum und Urheberrecht

Die von den Teilnehmern eingereichten Arbeiten bleiben im Besitz der Teilnehmer, sofern es sich um Originale handelt. In diesem Fall sind dem Auftraggeber kostenlos Kopien bzw. Modellfotos der eingereichten Arbeiten zu überlassen. Das Urheberrecht und das Recht zur Veröffentlichung der Entwürfe bleiben den Teilnehmern erhalten.

Der Auftraggeber beabsichtigt, die zur Beurteilung zugelassenen Arbeiten nach Abschluß des Verfahrens zu dokumentieren, auszustellen und auch über Dritte zu veröffentlichen. Die Namen der Verfasser werden dabei genannt. Die Teilnehmer stimmen hiermit einer Veröffentlichung durch den Auftraggeber ohne weitere Vergütungsansprüche zu.

Mögliche Standorte für das Mahnmal

Die beiden Karten zeigen die Standorte, die im Kolloquium benannt worden sind. Alle diese Standorte wurden im Auftrag der Senatsverwaltung für Wissenschaft, Forschung und Kultur untersucht. Die Ergebnisse wurden im März 1997 im Rahmen einer Dokumentation des Kolloquiums publiziert.

1. Ministergärten (Wettbewerbsstandort)
2. Tiergarten (Standort Goethedenkmal)
3. Platz der Republik Südseite
4. Platz der Republik Westseite
5. Platz der Republik Nordseite (»Forum«)
6. Spreebogen
7. Bebelplatz
8. Schloßfreiheit
9. Marx-Engels-Forum
10. Topographie des Terrors
11. Ehem. Jüdischer Friedhof Große Hamburger Straße

6.
5.
Kanzleramt
BT
Alsenblock
BT
Reichstagufer
4.
Platz der
Republik
Deutscher
Bundestag
BT
BT
BT
ARD
Bundes-
presseamt
Dorotheenstraße
BT
3.
Pariser
Platz
RUS
BT
Glinkastraße
Behrenstraße
2.
1.
Wilhelmstraße
Mauerstr.
BM
Arbeit
Landesvertretungen
Lennéstraße
Voßstraße
Philharmonie
Leipziger
Platz
Potsdamer
Platz
Bundesrat
BM
Finanzen
Staats-
bibliothek
National-
galerie
Niederkirchnerstraße
10.
Landwehr

11.
S-Bhf. Hackescher Markt
Karl-Liebknecht-Straße
Museumsinsel
Lust-
garten
9.
Berliner
Rathaus
Friedrichstraße
Palast der Republik
Unter den Linden
7
8.
Schloß-
platz
Bauakademie
Breite Straße
Behrenstraße
BM Auswärtiges Amt
Mühlendamm
Kurstraße
Gendarmen-
markt
Hausvogtei-
platz
Fischerinsel
Gertraudenstraße
BM Justiz
Mohrenstraße
Spittel-
markt
Kronenstraße

Chronik

1983–84 Wettbewerb für Gestaltungsideen für den Umgang mit dem Prinz-Albrecht-Gelände, dem früheren Sitz zentraler NS-Institutionen wie Gestapo, SS, SD, SA und Reichssicherheitshauptamt. Es gibt zwar einen Wettbewerbssieger, aber einen Beschluß, den Entwurf zu realisieren, gibt es nicht.

24. August 1988 In einer Diskussionsveranstaltung zur Zukunft des Prinz-Albrecht-Geländes fordert die Journalistin Lea Rosh, dort ein Mahnmal für die ermordeten Juden zu errichten. Eine Unterschriftensammlung wird begonnen. Die SPD-nahe Bürgerinitiative »Perspektive Berlin« wird gegründet, Vorsitzende ist Rosh: »Im Land der Täter« müsse endlich »ein weithin sichtbares Zeichen« gesetzt werden. Bereits bei der Vorstellung der Pläne bricht eine Kontroverse darüber aus, ob das Mahnmal nur den ermordeten Juden oder auch allen anderen Opfern der Naziherrschaft gewidmet sein sollte.

9. November 1988 Am 50. Jahrestag der Pogromnacht spricht Bundestagspräsident Philipp Jenninger im Bundestag; wegen der Kritik an mißverständlichen Passagen seiner Rede tritt er zurück. Nachfolgerin wird Prof. Dr. Rita Süssmuth.

April 1989 In einem Aufruf erinnert Romani Rose, Vorsitzender des Zentralrast deutscher Sinti und Roma, daran, daß auch ihre Vorfahren Opfer derselben Politik wurden, die zur Ermordung der Juden führte.

April 1989 Der Verein »Aktives Museum« wendet sich gegen die Errichtung eines Mahnmals auf dem Prinz-Albrecht-Gelände.

13. April 1989 Jakob Schulze-Rohr von der »Perspektive Berlin« widerspricht Romani Rose.

Juni 1989 »Perspektive Berlin« lädt zu einem beschränkten Wettbewerb ein, Teilnehmer sind Ruth Gindhardt, Horst Hoheisel, Paul Pfarr und Georg Seibert.

16. September 1989 Diskussionsveranstaltung der »Perspektive Berlin« in der Akademie der Künste.

18. September 1989 Gerhard Schoenberner, Leiter der »Gedenkstätte Haus der Wannseekonferenz« bedauert den »Ton moralischer Einschüchterung«.

7. November 1989 Aus der »Perspektive Berlin« geht ein »Förderkreis zur Errichtung eines Denkmals für die ermordeten Juden Europas« hervor; er beginnt, in Anzeigen und bei Bundespolitikern für das Vorhaben zu werben. Dem Förderkreis steht Lea Rosh vor, im Kuratorium sitzen u. a. der damalige Daimler-Benz-Chef Edzard Reuter, der Schriftsteller Siegfried Lenz, der Leipziger Gewandhaus-Dirigent Kurt Masur, der Historiker Eberhard Jäckel und der Bundesverfassungsrichter a. D. Helmut Simon.

9. November 1989 Öffnung der Berliner Mauer. Jetzt soll das Mahnmal nach dem Willen der Befürworter auf dem Gelände der ehemaligen Reichskanzlei gebaut werden, damit, so Lea Rosh, sich »die Opfer über die Täter erheben«.

Januar 1990 Ein Mahnmal im Gelände-Komplex »Topographie des Terrors« wird vom Förderkreis abgelehnt; statt dessen wird ein neuer Standort in den ehemaligen Ministergärten, südlich des Brandenburger Tores, vorgeschlagen. Der Förderkreis beauftragt den Schweizer Ausstellungsmacher Harald Szeemann, ein Mahnmalkonzept zu entwickeln. Er schlägt den »synthetisch intergrierten Denkmalstyp« vor: eine große Skulptur mit einem unterirdischen »Ereignisweg«.

Juni 1991 Der Streit um die Zueignung des geplanten Mahnmals spitzt sich zu. Weil der Förderkreis, unterstützt vom Zentralrat der Juden in Deutschland, auf einer Erinnerungsstätte allein für die ermordeten Juden besteht, werfen Sinti und Roma den Mahnmalsbefürwortern »Ausgrenzung« und »Selektion« zwischen »Opfern erster und zweiter Klasse« vor.

Oktober 1991 Karol Broniatowskis Mahnmal zur Erinnerung an die Deportationen der Berliner Juden am Bahnhof Grunewald wird eingeweiht.

November 1991 Der Jüdische Weltkongreß fordert Bundeskanzler Kohl auf, dem Denkmal für die ermordeten Juden in Europa zuzustimmen.

Januar 1992 Das Haus der Wannseekonferenz wird als Gedenk- und Bildungsstätte eingeweiht.

März 1992 Bundesinnenminister Seiters und Berlins Kultursenator Roloff-Momin signalisieren Lea Rosh ihre Zustimmung zu einem Mahnmal in der Nähe des »Führerbunkers«. Das Innenministerium entscheidet mit Rücksicht auf den Standpunkt des Zentralrats der Juden in Deutschland, gegen ein gemeinsames Mahnmal mehrerer »Opfergruppen«.

Juli 1992 Das Bundesinnenministerium stellt sich im Streit um das Mahnmal auf die Seite des Förderkreises: Es solle zunächst eine Gedenkstätte nur für die ermordeten europäischen Juden errichtet werden.

November 1992 Als Mahnmal-Ort ist ein Grundstück in den ehemaligen Ministergärten südlich des Brandenburger Tores vorgesehen. Bund und Berlin verpflichten sich, die Hälfte der Realisierungskosten zu übernehmen, die andere Hälfte soll der Förderkreis durch Spenden aufbringen.

April 1993 Das Holocaust-Museum in Washington wird eingeweiht, 50. Jahrestag des Aufstandes im Warschauer Ghetto.

Juni 1993 Das Mahnmal in Berlins »Bayerischem Viertel« von Renate Stih und Frieder Schnock wird eingeweiht.

September 1993 Jetzt spricht sich Bundeskanzler Kohl für ein Mahnmal im Sinne des Förderkreises aus. Im Gedenken an die jüdischen Opfer der Shoa solle es eine »eigene Erinnerungsstätte« geben.

Oktober 1993 Neuer Streit zwischen den Opfergruppen. Sinti und Roma fordern jetzt eine eigene Gedenkstätte »in räumlicher Nähe« zum Mahnmal für die ermordeten Juden und mit diesem »gestalterisch verbunden«. Ignatz Bubis, der Vorsitzende des Zentralrats der Juden, erklärt, eine Verbindung könne er sich allenfalls in »gärtnerischer Form« vorstellen. Ein Gespräch zwischen Bubis und dem Vorsitzenden des Zentralrats der Sinti und Roma, Rose, bricht Bubis ab, nachdem Rose ihm vorwirft, »Apartheid« zu praktizieren.

14. November 1993 Die neu gestaltete Neue Wache mit der Pietà von Käthe Kollwitz wird eingeweiht. Bei diesem Anlaß verspricht Kohl Bubis, der sich gegen das universalistische Konzept ausspricht, daß es ein ausschließlich den ermordeten Juden Europas geweihtes Mahnmal geben wird.

17. Dezember 1993 Artikel von Romani Rose in DER ZEIT, der sich gegen den Senatsbeschluß wendet.

18. April 1994 Der künstlerische Wettbewerb für das Mahnmal wird ausgeschrieben. Daimler-Benz kündigt an, sich mit acht Millionen DM an den Kosten zu beteiligen. 2600 Künstler fordern Wettbewerbsunterlagen an.

Mai 1994 Der Wettbewerb ist, so der Berliner Bausenator Wolfgang Nagel, auf deutsche Künstler und Architekten beschränkt, weil »der Wettbewerb im Land der Täter stattfindet«. Unmut entsteht unter den Wettbewerbsteilnehmern, als bekannt wird, daß zusätzlich zur offenen Ausschreibung zwölf weitere Künstler, auch aus dem Ausland, eingeladen worden sind, Entwürfe zu präsentieren, und diesen – anders als den übrigen Teilnehmern – ein Honorar von je 50 000 DM zugesagt worden ist.

Die Kosten des Mahnmals werden auf rund 16 Millionen DM veranschlagt, die zu je einem Viertel aus Bundes- und Berliner Landesmitteln und zur anderen Hälfte aus Spenden der Bevölkerung bestritten werden sollen. Bisher sind an solchen Spenden erst 120 000 DM zusammengekommen. Daimler-Benz-Chef und Förderkreismitglied Reuter dementiert einen Zeitungsbericht, wonach sein Unternehmen acht Millionen DM für das Projekt bereitstellen wolle.

November 1994 Die Senatsverwaltung für Bau- und Wohnungswesen erklärt ihre Absicht, ein Mahnmal für die Roma und Sinti vor dem Reichstag zu errichten.

16. März 1995 Die Jury, der unter anderm Walter Jens, Eberhard Jäckel, Lea Rosh, Bundesbauminister Oscar Schneider und die Berliner Senatoren Nagel und Roloff-Momin angehören, gibt das Ergebnis des Wettbewerbs bekannt. Acht der eingereichten Entwürfe werden prämiert. Statt eines werden zwei erste Preise vergeben: Einmal für den Entwurf von Simon Ungers, ein 85 mal 85 Meter großes Quadrat von vier mannhohen Stahlträgern, in die die Namen von Konzentrationslagern spiegelbildlich eingetragen sind, so daß das Sonnenlicht sie in die Mitte projiziert. Ebenfalls einen ersten Preis erhält der Entwurf einer Berliner Gruppe um Christine Jackob-Marks: Sie will eine elf Meter hohe, 20000 Quadratmeter große schiefe Ebene aus Beton errichten, in die sämtliche Namen der in der Shoa ermordeten Juden eingraviert werden sollen. Eine Machbarkeitsstudie soll entscheiden, welches Modell realisiert wird.

11. April – 7. Mai 1995 Die 528 Wettbewerbsentwürfe werden im Staatsratsgebäude ausgestellt. Überwiegend ablehnende Kommentare erscheinen.

In der Süddeutschen Zeitung werden die prämierten Entwürfe als »Variante Kitsch & Identifizierung« charakterisiert. Henryk M. Broder urteilt im »Spiegel«: »Seit der Erfindung des Nierentisches ... hat sich so viel geballte Häßlichkeit nicht mehr so ungeniert größenwahnsinnig dargeboten.«

8. Juni 1995 Bubis spricht sich für den Entwurf von Ungers aus; zu Jackob-Marks' Entwurf sagt er: »Geschmackloser geht es nicht.« Die Idee, das Mahnmal zu finanzieren, in dem Spender Namen von Ermordeten in Patenschaft erwerben, sei ein »Ablaßhandel«.

28. Juni 1995 Bund, Land Berlin und Förderkreis einigen sich darauf, den Jackob-Marks-Entwurf zu realisieren. Mit der »Grabplatte« würden, so Berlins Bausenator Wolfgang Nagel, die »Opfer aus ihrer Anonymität« geholt. Gegen Kritik an der Monumentalität des Entwurfs sagt Nagel: »Wenn man die Namen von 4,2 Millionen Menschen nennen will, dann geht das nur durch Monumentalität.«

30. Juni 1995 Bundeskanzler Kohl erklärt nach einem Gespräch mit Berlins Regierendem Bürgermeister Diepgen, der Jackob-Marks-Entwurf sei nicht akzeptabel, und fordert, die Diskussion erneut zu eröffnen. Lea Rosh weist die Einwände des Kanzlers zurück. Berlins Bausenator Nagel nennt die Diskussion »beschämend«. Der Zentralrat der Juden in Deutschland warnt vor einer Verzögerung beim Bau des Mahnmals. Die Entscheidung wird bis nach den Berliner Landtagswahlen im Oktober verschoben.

Neue Kritik am Mahnmalentwurf: Diesmal richten sich die Einwände gegen die vorgesehene Zahl von 4,2 Millionen Namen von Ermordeten. Simon Wiesenthal wendet ein, nicht alle Namen der Shoa-Opfer seien dokumentiert, deshalb könne die angestrebte Vollständigkeit überhaupt nicht erreicht werden. Der Direktor von Yad Vashem, Avner Schalev, erklärt, ihm sei schleierhaft, wie man auf die Zahl von 4,2 Millionen Opfern gekommen sei. Hinterbliebene von Shoa-Opfern machen datenrechtliche Einwände gegen eine Nennung der Namen der ermordeten Angehörigen geltend.

Der Generalsekretär des Jüdischen Weltkongresses, Israel Singer, meint: »Die Juden brauchen das Denkmal nicht.« Der Historiker Arno Lustiger erklärt, er wäre froh, wenn »die Bundesregierung das Unternehmen stoppen würde, bevor weiteres Geld in dieses Unsinnsprojekt gesteckt wird.« Er fordert statt des Mahnmals eine Gedenkstätte mit Bibliothek, Datenbank, Betsaal und Fotoausstellung.

Mehrere Prominente, darunter der Europaabgeordnete der Grünen Daniel Cohn-Bendit, der Publizist Johannes Gross und der Verleger Wolf Jobst Siedler fordern, den Mahnmalswettbewerb neu auszuschreiben.

Lea Rosh beharrt auf dem Entwurf Jackob-Marks'. Der Juryvorsitzende Walter Jens rät zum Überdenken.

Wegen der bevorstehenden Wahlen zum Berliner Abgeordnetenhaus verschiebt der Senat seine für 1995 geplante Entscheidung über den Bau des Mahnmals auf das folgende Jahr.

Januar 1996 Bausenator Nagel erklärt, es werde keinen neuen Wettbewerb für das Holocaust-Mahnmal geben.

Januar 1996 SPD-MdB Conradi fordert die Beteiligung des Bundestages an der Debatte.

Februar 1996 Der Gedenkstättenbeauftragte des Zentralrats der Juden in Deutschland, Salomon Korn, fordert einen neuen Wettbewerb und plädiert für einen neuen Standort am Reichstag. Bubis widerspricht: Noch in diesem Jahr müsse mit der Realisierung des Mahnmals begonnen werden.

Der Förderkreis rückt von seiner bisherigen starren Haltung ab und erklärt, nicht länger unbedingt auf dem Entwurf von Jackob-Marks zu bestehen. Man könne die sieben besten Entwürfe des seinerzeitigen Wettbewerbs neu prüfen. Eine neue Ausschreibung lehnt der Förderkreis ebenso ab wie einen neuen Standort für das Mahnmal. Dagegen fordert Korn einen Standort im Regierungsviertel, um so »eine Beziehung zur deutschen Geschichte« herzustellen.

April 1996 Bund, Land Berlin und Förderkreis bekräftigen ihren Willen zur Errichtung des Mahnmals am vorgesehenen Standort. Über die Gestaltung des Mahnmals soll, auf der Grundlage der ersten sieben Wettbewerbs-Entwürfe, in einem Kolloquium von Historikern, Politikern, Künstlern und Stadtplanern beraten werden. Die Grundsteinlegung wird von 1996 – wie ursprünglich geplant – auf den 27. Januar 1999 verschoben.

Mai 1996 In Anwesenheit eines knappen Drittels der Abgeordneten befaßt sich der Bundestag mit dem Mahnmal. Grünen-MdB Beck fordert, am Standort Brandenburger Tor festzuhalten, den Sinti und Roma ein Mahnmal am Reichstag zu errichten und auch an Homosexuelle und Behinderte zu erinnern. Vertreter aller Parteien sprechen sich gegen den ihrer Ansicht nach zu monumentalen »Grabplatten«-Entwurf aus und statt dessen für ein Denkmal von »Schlichtheit und Eindringlichkeit«. Bundestagspräsidentin Süssmuth warnt vor weiteren Verzögerungen bei der Errichtung des Mahnmals.

September 1996 Salomon Korn fordert noch einmal einen neuen Wettbewerb für ein Mahnmal am Reichstag.

November 1996 Berlins Kultursenator Peter Radunski (CDU) lädt 90 Experten zu einem dreiteiligen Kolloquium am 10. Januar, 14. Februar und 11. April 1997 ein. Es findet im Gebäude des ehemaligen Staatsrats statt, die Moderation haben der ehemalige Regierende Bürgermeister Klaus Schütz und der ehemalige Bundesbauminister Oscar Schneider. Das Kolloquium soll um die Fragen gehen, warum die »Berliner Republik« das Denkmal brauche, um seinen Standort, den historisch-politischen Kontext, die städtebauliche Einbindung, um Typologie, Ikonographie und Dimensionierung. Die Entscheidung falle auf Grundlage des Wettbewerbes, der Standort werde beibehalten.

Januar 1997 Radunski schlägt vor, neue Entwürfe für das Mahnmal einzuholen. Dazu bedürfe es keines neuen Wettbewerbs; die neun bestplazierten Einreicher von 1995 sollten aufgefordert werden, neue Projekte vorzustellen, die, so der Senator, »kleiner, stiller, bescheidener« als bisher ausfallen müßten. Bis Mitte 1998 solle die Planung abgeschlossen sein, in der zweiten Jahreshälfte der Bau selbst fertiggestellt werden; im Januar 1999 könnte das Mahnmal eingeweiht werden.

10. Januar 1997 Erstes Kolloquium. Dietrich Goldschmidt, Gedenkstätten-Beirat im »Haus der Wannsee-Konferenz«, kritisiert die Entwürfe. Dem Massenmord könne mit Monumentalität nicht entsprochen werden. Die veranschlagten 15 Millionen DM sollten für die »Topographie des Terrors« verwendet werden.

14. Februar 1997 Zweites Kolloquium. Mehrere Teilnehmer verlassen den Raum, als festgestellt wird, daß sie nur als »Ja-Sager« eingeladen worden seien. Starke Differenzen treten auf hinsichtlich des Verfahrens, des Standorts, der Opfergruppen und des voraussichtlichen Termins für die Grundsteinlegung.

20. Februar 1997 Michael S. Cullen fordert im »Tagesspiegel«, daß der Bundestag entscheiden möge; es gehe um Legitimität und Verantwortung. Die Initiatoren hätten ihr eigenes Projekt »an die Wand gefahren«.

11. April 1997 Drittes und letztes Kolloquium. Radunski verspricht, daß man neue Standorte in Erwägung ziehen und auch die sonstigen Einwände in die Planung einbeziehen wird. Einen zweiten Wettbewerb lehnt er ab.

April 1997 Bund, Land Berlin und Förderkreis beschließen, neue Entwürfe für das Mahnmal zu erbitten und einen neuen Standort in Erwägung zu ziehen. »Die Ergebnisse des ersten Wettbewerbs werden so nicht realisiert«, erklärt für die Auslober Berlins Kultursenator Radunski. Um zu kaschieren, daß hier ein neuer Wettbewerb ausgelobt wird, wird behauptet, es handelt sich um ein »engeres Auswahlverfahren«.

Juli 1997 Neuer Wettbewerb um das Mahnmal: 25 in- und ausländische Künstler und Architekten werden eingeladen, Entwürfe vorzulegen – die ersten neun Preisträger des ersten Wettbewerbs sowie 16 weitere Teilnehmer. Achtzehn der Eingeladenen sagen ihre Teilnahme zu. Bis November soll eine Findungskommission über den endgültigen Entwurf entscheiden.

September 1997 Julius H. Schoeps und Salomon Korn kritisieren den geplanten Mahnmal-Standort. Außerdem bezweifeln sie die Kompetenz der Jury für den zweiten Wettbewerb; sie sei von politischen Vertretern beherrscht.

November 1997 Die Jury nimmt vier Entwürfe in die engere Wahl. Unter ihnen ist keine der in der ersten Ausscheidung prämierten Einreichungen. Bis Ende Januar 1998 soll eine Entscheidung getroffen werden zwischen den Arbeiten von Gesine Weinmiller (Berlin), Jochen Gerz (Paris), Daniel Libeskind (Berlin) sowie einem Gemeinschaftsprojekt von Peter Eisenman und Richard Serra (New York).

Januar 1998 Die ausgewählten vier Künstler »verteidigen« ihre Entwürfe im Marstall – am 13. Januar Eisenman und Serra, am 16. Januar Jochen Gerz, am 19. Januar Daniel Libeskind und am 23. Januar Gesine Weinmiller. Presseberichten zufolge soll der Eisenman/Serra-Entwurf realisiert werden, nachdem Bundeskanzler Kohl sich für dieses Projekt ausgesprochen habe. Der Entwurf sieht ein begehbares Feld von 4200 dicht beieinanderstehenden Betonstelen vor. Allerdings soll der Kanzler Änderungswünsche vorgetragen haben, die unter anderem die Ausmaße des Projekts betreffen. Auch sollen Inschriften das Denkmal eindeutig den ermordeten Juden zuordnen, wie es auch Ignatz Bubis vorgeschlagen hat.

Die Vorarbeiten für das Holocaust-Mahnmal müssen zeitweilig eingestellt werden, nachdem auf dem vorgesehenen Areal Reste eines Bunkers entdeckt werden, der mutmaßlich zur Wohnung des NS-Propagandaministers Goebbels gehörte.

Februar 1998 19 prominente Intellektuelle, darunter Günter Grass, George Tabori, Marion Gräfin Dönhoff und György Konrád, fordern in einem Offenen Brief zum Verzicht auf die Errichtung eines Holocaust-Mahnmals auf: »Wir sehen nicht, wie eine abstrakte Installation von bedrückend riesigem Ausmaß einen Ort der stillen Trauer und Erinnerung, der Mahnung oder sinnhaften Aufklärung schaffen könnte.« Kritisiert wird in dem Offenen Brief auch, daß das geplante Mahnmal »nicht allen Opfern des nationalsozialistischen Rassen- und Herrenmenschenwahns« gelte. Zu den Unterzeichnern gehört auch Walter Jens, einer der ursprünglichen Befürworter des Mahnmals und Vorsitzender der Jury des ersten Wettbewerbs.

Der Vorsitzende der Jüdischen Gemeinde zu Berlin, Andreas Nachama, fordert eine Denkpause vor einer endgültigen Entscheidung über das Mahnmal. Ein Konzept, das nicht überzeuge, wäre eine Katastrophe.

März 1998 Berlins Regierender Bürgermeister Eberhard Diepgen äußert Zweifel an den vorliegenden Entwürfen und am Mahnmal als solchem. Im Zentrum der Hauptstadt dürfe keine »Mahnmalmeile« entstehen. In keinem Fall solle man sich unter Zeitdruck setzen lassen. Damit stellt sich Diepgen gegen Bundeskanzler Kohl, der eine Entscheidung noch für den März gefordert hat. Diepgen will nicht, daß Berlin eine »Hauptstadt der Reue« wird.

April 1998 Die Mahnmals-Auslober verschieben ihre Entscheidung über die endgültige Gestaltung, die für Ende März vorgesehen war, auf Ende April.

Eisenman und Serra legen einen neuen, überarbeiteten Entwurf vor. Die Stelen sind jetzt mit den Namen von etwa 100 Lagern und Hinrichtungsstätten versehen; zusätzlich wird eine Tafel die Zahl der ermordeten Juden aus 18 europäischen Ländern aufführen.

Mai 1998 Bundestagspräsidentin Süssmuth glaubt nicht mehr daran, daß das geplante Holocaust-Mahnmal noch gebaut wird. Sie fordert deshalb eine endgültige Entscheidung noch vor der Bundestagswahl. Ein Nein sei ehrlicher als eine weitere Hängepartie.

Eisenman und Serra teilen nach einem Gespräch mit Bundeskanzler Kohl mit, daß sie ihren Entwurf erneut überarbeiten werden. Das Kanzleramt erklärt, noch vor der Sommerpause werde endgültig darüber entschieden, welcher Entwurf realisiert werde.

Juni 1998 Serra zieht sich aus der Zusammenarbeit mit Eisenman zurück. Zur Begründung führt er nicht näher erläuterte »professionelle Gründe« an. Gleichzeitig erklärt Serra, das gemeinsam erarbeitete Projekt stehe weiter zur Verfügung und werde von ihm auch weiter unterstützt.

Eisenman stellt einen erneut modifizierten Entwurf vor: Er ist kleiner als ursprünglich, von Bäumen umgeben, und weithin in die Erde eingelassen. Das Entwurfsmodell wird in das Deutsche Historische Museum nach Berlin gebracht, wo es keiner, nicht einmal der Generaldirektor des Museums, betrachten darf.

Juli 1998 Der für den Fall eines SPD-Wahlsieges als Staatsminister für Kultur vorgesehene Verleger Michael Naumann kritisiert die Idee eines Mahnmals grundsätzlich. Naumann spricht von »Albert-Speerhafter Monumentalität« und glaubt, ein »elegantes, ästhetisch befriedigendes Denkmal« könne angesichts der Verbrechen, für die es stehe, den Vorwurf der »Schamlosigkeit« provozieren. Auch hält er die vorhandenen KZ-Gedenkstätten für authentischere Orte des Gedenkens. Bubis widerspricht Naumann scharf.

In einem Offenen Brief fordern Michael S. Cullen und Julius H. Schoeps, die Entscheidung in den Bundestag zu verlagern; sie kritisieren, daß der Entwurf von Eisenman geheimgehalten wird.

Bundeskanzler Kohl will noch im August zu einer endgültigen Entscheidung über das Mahnmal kommen. Dagegen fordert die Berliner CDU, keinesfalls vor der Bundestagswahl eine Entscheidung zu treffen. Unterstützung für den Kohlschen Standpunkt kommt aus der Berliner SPD, die sich damit wiederum gegen ihren Kanzlerkandidaten Schröder stellt, der das Nein von Naumann unterstützt. Der bekräftigt, daß unter einer SPD-Regierung der Bau eines Holocaust-Mahnmals in Berlin »unwahrscheinlich« sei.

Der Berliner Senat kündigt an, sich am 18. August mit den Modellen für das Mahnmal befassen zu wollen. Offen sei jedoch, ob an diesem Tag auch eine endgültige Entscheidung fallen werde.

Der stellvertretende SPD-Bundesvorsitzende Thierse fordert einen neuen, dritten Wettbewerb.

Mitte August 1998 Der Friedensnobelpreisträger Elie Wiesel spricht sich gegen ein Mahnmal und für ein Lernzentrum aus. Naumann sagt, daß es eine Debatte im Bundestag geben wird.

25. August 1998 Der Berliner Senat beschließt, sich erst nach den Bundestagswahlen mit dem Mahnmal zu befassen.

16. September 1998 Der israelische Schriftsteller Amos Oz spricht sich gegen ein Mahnmal aus.

1. Oktober 1998 Gegen ein Mahnmal spricht sich der amerikanische Schriftsteller jüdischer Abstammung Arthur Miller aus. Man könne von einem »Friedhof« – so beschreibt er den Entwurf von Eisenman – nichts erwarten; man solle lieber ein Zentrum errichten, wo Jugendliche sich über den Faschismus informieren können.

9. Oktober 1998 In Berlin wird bekannt, daß im Entwurf für den nächsten Bundeshaushalt Berlin als »künftiger Träger dieser Anlage« bezeichnet wird. Michaele Schreyer, Sprecherin Fraktion der Grünen im Berliner Abgeordnetenhaus, sagt, daß die finanzpolitischen und die Grundstücksfragen geklärt werden sollten, bevor sich der Bundestag mit dem Mahnmal befasse.

10. Oktober 1998 Die Arbeitsgemeinschaft der Leiter der KZ-Gedenkstätten fordert eine schnelle Entscheidung des Bundestags.

10. Oktober 1998 Auf der Frankfurter Buchmesse bekräftigt der mit dem Friedenspreis des Buchhandels ausgezeichnete Schriftsteller Martin Walser seine schon früher geäußerte Kritik am geplanten Mahnmal: »Es würde Schändungen provozieren. Da kommen Halb- oder Dreiviertel-Erwachsene mit Spraydosen, und man kann sich denken, was denen zuerst einfallen würde. Wir kämen aus den Schlagzeilen gar nicht mehr heraus.« Sinnvoller wäre es zum Beispiel, die Schüler läsen Victor Klemperers Tagebücher und suchten dann auf einer Klassenreise die jüdischen Spuren in Dresden: »Das Gewissen darf keine Geschmackssache werden, und so etwas wäre immer eine Geschmackssache.«

11. Oktober 1998 In seiner Rede in der Frankfurter Paulskirche kritisiert Walser die »Instrumentalisierung« der deutschen Vergangenheit: »Auschwitz eignet sich nicht dafür, Drohroutine zu werden.« Er wendet sich gegen eine »Dauerpräsentation unserer Schande« in den Medien. Walser warnt Intellektuelle und Schriftsteller davor, sich als moralische Instanzen zu verstehen. Gewissen sei nicht delegierbar. Walser setzt sich ab von Günter Grass, der gesagt hatte, daß sich die Deutschen die Teilung gewissermaßen verdient hätten, wegen Auschwitz.

»In der Diskussion um das Holocaustdenkmal in Berlin kann die Nachwelt einmal nachlesen, was Leute anrichten, die sich für das Gewissen von anderen verantwortlich fühlen. Die Betonierung des Zentrums der Hauptstadt mit einem fußballfeldgroßen Alptraum. Die Monumentalisierung der Schande. Der Historiker Heinrich August Winkler nennt das ›negativen Nationalismus‹. Daß der, auch wenn er sich tausendmal besser vorkommt, kein bißchen besser ist als sein Gegenteil, wage ich zu vermuten. Wahrscheinlich gibt es auch eine Banalität des Guten.«

13. Oktober 1998 Bubis wirft Walser »geistige Brandstiftung« vor. Michael Wolffsohn beschwört Gerhard Schröder und die neue Regierung, bereits am 9. November zum 60. Jahrestag der Pogromnacht ein Mahnmal zu beschließen. Jens Jessen sieht einen »religiösen Mechanismus am Werk, der am Ende alle Erkenntnis der Geschichte bedroht.«

20. Oktober 1998 In der an diesem Tag unterzeichneten Koalitionsvereinbarung zwischen SPD und Grünen steht der Satz, daß der Bundestag über die Frage des Holocaust-Mahnmals entscheiden wird.

21. Oktober 1998 Andreas Nachama fordert, daß statt eines Mahnmals eine neue »Hochschule für Jüdische Wissenschaft« an der Stelle errichtet werden solle, wo unter einem gemeinsamen Dach auch katholische und evangelische Theologie gelehrt werden könne.

21. Oktober 1998 Naumann schlägt vor, statt des Mahnmals das Gelände teilweise für einen Park, teilweise für eine Berliner Niederlassung der von Steven Spielberg ins Leben gerufenen »Shoa-Foundation« zu nutzen. Spielberg hat bereits mehr als 48 000 Interviews mit Überlebenden in 29 Sprachen führen lassen; alle sind redigiert und digitalisiert und können miteinander verbunden werden.

22. Oktober 1998 Naumanns Vorschlag erntet Zustimmung und Kritik. Eberhard Diepgen hält den Vorschlag für einen möglichen »Weg aus der Sackgasse«. Weiter sagt Diepgen: »Bei einer endgültigen Entscheidung über das Holocaust-Mahnmal kann Berlin ... nicht übergangen werden.« Grünen-MdB Volker Beck ist skeptisch, er will an dem bislang praktizierten Verfahren festhalten; die Entscheidung des Bundestags solle auf der Grundlage des Wettbewerbs und des vereinbarten Ortes gefällt werden. Michel Friedman ist nicht für ein »Entweder-Oder«, sondern für ein »Sowohl-als-Auch«; er findet, daß man die Shoa-Foundation mit Eisenmans Stelen verbinden kann, und kritisiert Diepgen als »Heuchler«, der gegen das Mahnmal agitiert, obwohl er zu den Auslobern gehört. Lea Rosh sagt: »Die Stiftung von Spielberg kann das Denkmal nicht ersetzen.« Nicht »die Juden selbst«, sondern die Nachkommen der Täter müssen das Mahnmal stiften. Es sei »schon eigenartig, wenn sich die neue Bundesregierung von dem alten Konzept verabschiedet und einen Juden einlade, an die ermordeten Juden zu erinnern.« Sie sei gespannt zu hören, was Spielberg selbst zu dieser Idee sagt. Schließlich fordert Andreas Nachama den Bundestag auf, die Entscheidung, so oder so, binnen 100 Tagen zu treffen.

ROBERT JAN VAN PELT / DEBÓRAH DWORK

Auschwitz

Von 1270 bis heute

470 Seiten mit 234 Abb. Gebunden.

DM 78,–/sFr 68,–/öS 569,–

Der Name Auschwitz ist wie kein anderer zum Synonym für die Ermordung der europäischen Juden geworden. Auschwitz wurde 1270 als deutsche Stadt gegründet. Die Autoren verfolgen im ersten Teil ihres Buches die Geschichte der Stadt durch die Zeiten der deutschen Ordensritter, der polnischen Teilungen, der Germanisierungspläne des 19. Jahrhunderts bis zur Errichtung des Konzentrations- und Vernichtungslagers.
Im zweiten Teil dokumentieren van Pelt und Dwork mit großer Genauigkeit Entstehung und Expansion des Lagers, die Aktivitäten der IG Farben sowie Organisation und Durchführung der Judenvernichtung. Durch dieses Buch ist auch der letzte Zweifel an der grauenhaften Realität des Holocaust ein für allemal widerlegt.

»Dieses Werk verdient nur ein Prädikat: Es ist einzigartig.«
(Hans-Martin Lohmann, Die Zeit)

JULIUS H. SCHOEPS

Jüdische Emanzipation und bürgerliche Revolution

A. Bernstein in seiner Zeit

320 Seiten. DM/sFr 19,90, öS 145,—

Parallel zum Aufstieg des Bürgertums in Deutschland zwischen 1780 und 1870 vollzog sich die Emanzipation des Judentums, der Weg vom Ghetto in das politisch-soziale Leben. Eine kurze, aber intensive deutsch-jüdische Beziehungsgeschichte begann, die ihr gewaltsames Ende nach 1933 fand. Am Lebensweg des Berliner Journalisten, Schriftstellers, Religionsreformers und Volksaufklärers A. Bernstein (1812-1884), des Onkels von Eduard Bernstein, können paradigmatisch die Hoffnungen und Enttäuschungen dieser Aufbruchszeit abgelesen werden.

»Ein wesentlicher Beitrag zur Geschichte des deutschen Judentums.«
(Peter Levinson)